物流成本管理

张国健　李艳萍　主编

经济管理出版社
ECONOMY & MANAGEMENT PUBLISHING HOUSE

图书在版编目（CIP）数据

物流成本管理 / 张国健，李艳萍主编. —北京：经济管理出版社，2011.1
ISBN 978-7-5096-1014-5

Ⅰ. ①物… Ⅱ. ①张… ②李… Ⅲ. ①企业管理—物流—成本管理 Ⅳ. ①F273.4

中国版本图书馆 CIP 数据核字（2010）第 108699 号

出版发行：**经济管理出版社**

北京市海淀区北蜂窝 8 号中雅大厦 11 层

电话：（010）51915602　　邮编：100038

印刷：三河市海波印务有限公司　　　　　　经销：新华书店

组稿编辑：王光艳　　　　　　　　责任编辑：王光艳　邱永辉

技术编辑：黄　铄　　　　　　　　责任校对：郭　佳

720mm×1000mm/16　　　　　　　　15.75 印张　302 千字

2011 年 3 月第 1 版　　　　　　　　2011 年 3 月第 1 次印刷

印数：1－6000 册　　　　　　　　　定价：30.00 元

书号：ISBN 978-7-5096-1014-5

前　言

随着市场竞争的不断加剧，企业中"第一个利润源"（原材料）和"第二个利润源"（人力资源）所能提供的利润空间在不断地下降，寻找新的利润增长点成为企业发展的关键。物流作为经济活动的重要支持要素，在世界范围内，已成为一个充满生机并且蕴涵巨大发展潜力的产业，是构筑企业核心竞争力的基础和"第三个利润源"。努力降低物流成本是提高企业经济效益的重要途径。

国际社会衡量一个国家的物流发展水平主要看该国物流成本占 GDP 的比重，比重越低越先进。当前，我国企业的物流成本占 GDP 的比重仍然高达20%以上，而美国等发达国家物流成本占 GDP 的比重为10%，一些中等发达国家如韩国也仅为 GDP 的16%。因此，我国的物流成本存在着较大的降低空间，国外著名的物流公司正是看到了中国物流产业如此巨大的利润空间，才纷纷抢滩我国物流市场的。由此看来，加强物流成本的管理对我国企业来说刻不容缓。鉴于此，为了提高我国企业的物流成本的管理水平，帮助学生掌握物流成本管理的职业知识和职业技能，我们编写了《物流成本管理》教材。

在教材编写中，我们对《物流成本管理》课程进行了基于物流成本管理工作过程和工作内容的课程开发，精心设计了七个学习情境内容，在对每一个学习情境进行描述的基础上，通过案例引入和分析，提出课程学习的知识和能力目标的要求，通过完成每个情境下的工作任务来组织项目的实施。在课业的设计上，精心设计了能提高学生实际业务操作能力的实训项目。此外，为了拓展学生的专业外语能力，在附录部分还将物流成本管理的专业英文词汇做了标注。

本教材与同类教材相比具有如下特色：第一，站在企业的角度，从物流成本计算、分析、决策和控制等方面入手，力图探索出适应我国企业物流成本管理的新途径和新方法，为我国企业有效地进行物流成本管理与控制提供理论和实践的指导，该教材的应用性、实用性强。第二，采用定量与定性、现实问题与解决方案相结合的方法，试图从会计学与物流学相结合的角度来探讨物流成本管理问题，针对性强。第三，用系统论的观点和原理，从采购、运输、仓储、配送、流通加工、装卸搬运、包装、物流信息等方面来具体研究物流成本的管理方法，操作性强。

　　张国健、李艳萍教授任本书主编，负责教材的整体设计和统稿；陈瑞勇、王维红任副主编，协助主编对教材进行修改和完善。参加本书编写的人员有刘秀荣、王维红、李艳萍、张国健、贾建萍、陈宝领、张璟媛、金祥志、陈瑞勇。高级会计师李文茹、曹阳对本书的设计提出了很多有益的建议，辜位清对教材的内容进行了审定。

　　本书可作为高等院校物流、会计和经济管理各专业教材，也可作为在职企业经营管理人员的学习参考书。

　　编写中，我们参考了有关专家、学者的论著、资料等，在此一并深表感谢。由于编者水平有限，加之新设计的情景教材的结构尚有许多不成熟和待完善之处，恳请读者批评指正。

编　者

2011 年 1 月

目　录

总　论

物流作为一种先进的组织方式和管理技术，被广泛认为是企业在降低物资消耗、提高劳动生产率以外的重要利润源泉，在国民经济和社会发展中发挥着重要作用。

随着市场竞争的日益激烈，现代企业的经营组织已越来越显示出新的特点，经营过程中一些独立的生产和销售由其他实体来承担，地区性产品的需求量增加，客户的个性化服务要求多，企业的压力越来越大。企业需要极大程度地改进经营过程和向客户提供产品的过程，在改善企业自身的经营机能的同时，努力改进由提供产品到客户服务整个过程中的各种管理行为，提高客户的满意度，降低企业的总成本，因此，企业必须要将物流管理提升到核心竞争力的新高度。物流管理正在成为企业的经营管理职能之一，物流成本管理是企业物流管理的核心，为此，所有国家都在谋求降低物流成本的途径。专家们认为"物流既是主要成本的产生点，又是降低成本的关注点"，"物流是降低成本的宝库"。企业对于物流的关心首先是从关心物流成本开始的，所以，加强企业物流成本管理对于降低企业的物流成本、提高物流活动的经济效益有着十分重要的意义。

从某种程度上说，现代物流水平也已成为一个国家综合国力的重要标志。控制物流成本、减少物流费用，应是提高我国国民经济整体水平的重要手段。物流产业作为引人瞩目的新兴产业，是未来新的经济增长点和"第三个利润源"，而保证这一利润实现的关键就是进行物流成本管理，有效降低企业的物流成本。

案 例 引 入

物流成本的重要性

你在超市里花6元钱买一瓶饮料时，你也许不太注意，这6元钱里包含了人工成本、原材料成本以及物流成本，最后才是一瓶饮料的利润。其实，这瓶饮料的制造成本（也就是将人工成本和原材料的费用加在一起），只不过4元左右，利润不过几毛钱，而相比之下，物流的成本却超过了 1 元钱。一瓶饮料在仓储、运输上消耗的费用能够占到销售价格的 20%～30%。事实上，物流成本已经成为企业生产成本中不可忽视的一笔消耗。

随着市场竞争的日益加剧，原材料、劳动力成本利润空间日益狭小，劳动生产率的潜力空间也有限，加工制造领域的利润趋薄，靠降低原材料消耗、劳动力成本或大力提高制造环节的劳动生产率来获取更大的利润已较为困难。因此，商品生产和流通中的物流环节成为继劳动力、自然资源之后的"第三个利润源"，而保证这一利润源实现的关键是降低物流成本。

情 境 描 述

一、物流成本概述

物流成本是衡量物流运作绩效的重要工具，也是物流研究的重点内容之一。物流成本的研究已经越来越引起企业界和物流学术界的重视，物流成本直接影响到了企业的经济效益。

1. 物流成本的概念

在物流过程中，为了提供有关服务，开展各项业务活动，必然要占用和消耗一定的活劳动和物化劳动，这些活劳动和物化劳动的货币表现，即为物流成本，也称为物流费用。因此，物流成本是指物流活动中所消耗的物化劳动和活劳动的货币表现。具体包括货物在包装、运输、储存、装卸搬运、流通加工、物流信息、物流管理等过程中所耗费的人力、物力和财力的总和，以及与存货有关的资金占用成本、物品损耗成本、保险和税收成本。物流成本是物流的核心概念之一，整个物流技术和物流管理的发展过程就是不断追求物流成本降低的过程。因此，任何企业都需要把物流成本管理纳入企业生产经营过程进行战略性思考。

利用物流成本对物流进行管理，这是由物流成本本身具有的三个特性决定的。

（1）成本能真实地反映物流活动的实际情况。企业的物流活动中若出现不合理现象，物流成本就会增大；相反，当物流活动是合理的活动时，则物流成本自然减少，这些都是实际情况的反映。企业应及时发现问题，准确评估管理水平。

（2）成本能成为评价所有活动的共同尺度。即通过金额评价各项活动，得出不同的结果，从成本上反映出来就是成本有差异，所有的活动都可以用成本这个统一的尺度来掌握，能够在统一场合进行比较分析。

（3）物流成本与服务之间存在二律背反关系。物流活动中各要素成本间交替损益的状态，使人们无法以某一环节活动的优劣和某一单项指标的高低去评价物流系统的合理性。而物流服务与成本之间的协调，物流各项活动成本之间的相互影响，最终都将体现在物流总成本上，因此，从本质上说，所有的物流活动最终都是能够变成成本加以掌握的。

2. 物流成本的构成与分类

物流成本涉及范围广、构成内容复杂。因此，为了进行物流成本的计算，首先应确定计算口径，并对物流成本的构成进行分析。按不同的物流费用集合以及考察问题的切入点不同，计算物流成本，可按物流成本项目、物流成本产生的范围、物流成本支付形态、物流成本性态这四种类型分别进行。

（1）按物流成本项目分类。按成本项目划分，物流成本由物流功能成本和存货相关成本构成。其中，物流功能成本包括物流活动过程中所发生的包装成本、运输成本、仓储成本、装卸搬运成本、流通加工成本、物流信息成本和物流管理成本；存货相关成本包括企业在物流活动过程中所发生的与存货有关的资金占用成本、物品损耗成本、保险和税收成本。按这种方法分类是为了考察物流成本由哪些项目构成。企业物流成本项目构成的具体内容，如表0-1所示。

表0-1　企业物流成本项目构成

成本项目			内容说明
物流功能成本	物流运作成本	运输成本	一定时期内，企业为完成货物运输业务而发生的全部费用，包括从事货物运输业务的人员费用、车辆（包括其他运输工具）的燃料费、折旧费、维修保养费、租赁费、养路费、过路费、年检费、事故损失费、相关税金等
		仓储成本	一定时期内，企业为完成货物储存业务而发生的全部费用，包括仓储业务人员费用、仓储设施的折旧费、维修保养费、水电费、燃料与动力消耗等
		包装成本	一定时期内，企业为完成货物包装业务而发生的全部费用，包括包装业务人员费用、包装材料消耗、包装设施的折旧费、维修保养费、包装技术设计、实施费用以及包装标记的设计、印刷等辅助费用
		装卸搬运成本	一定时期内，企业为完成货物装卸搬运业务而发生的全部费用，包括装卸搬运业务人员费用、装卸搬运设施的折旧费、维修保养费、燃料与动力消耗等
		流通加工成本	一定时期内，企业为完成货物流通加工业务而发生的全部费用，包括流通加工业务人员费用、流通加工材料消耗、加工设施的折旧费、维修保养费、燃料与动力消耗等
	物流信息成本		一定时期内，企业为采集、传输、处理物流信息而发生的全部费用，指与订货处理、储存管理、客户服务水平有关的费用。具体包括物流信息人员费用、软硬件折旧费、维修保养费、通信费等

成本项目		内容说明
物流功能成本	物流管理成本	一定时期内，企业物流管理部门及物流作业现场所发生的管理费用，具体包括管理人员费用、差旅费、办公费、会议费等
存货相关成本	资金占用成本	一定时期内，企业在物流活动中负债融资所发生的利息支出（显性成本）和占用内部资金所发生的机会成本（隐性成本）
	物品损耗成本	一定时期内，企业在物流活动中所发生的物品跌价、损耗、毁损、盘亏等损失
	保险和税收成本	一定时期内，企业支付的与存货相关的财产保险费以及因购进和销售物品应缴纳的税金支出

（2）按物流成本产生的范围分类。按物流成本产生的范围划分，物流成本由供应物流成本、企业内物流成本、销售物流成本、回收物流成本以及废弃物流成本构成。具体内容，如表 0-2 所示。这种方法强调物流的先后顺序，因而便于分析各个物流阶段中的物流成本情况，这种分类方法对专项物流部门、综合性物流部门具有较强的实用性。

表 0-2　企业物流成本的范围构成

成本范围	内容说明
供应物流成本	指经过采购活动，将企业所需原材料（生产资料）从供给者的仓库运回企业仓库的物流过程中所发生的物流费用
企业内物流成本	指从原材料进入企业仓库开始，经过出库、制造形成产品以及产品进入成品库，直到产品从成品库出库为止的物流过程中所发生的物流费用
销售物流成本	指为了进行销售，产品从成品仓库运动开始，经过流通环节的加工制造，直到运至中间商的仓库或消费者手中为止的物流活动过程中所发生的物流费用
回收物流成本	指退货、返修物品和周转使用的包装容器等从需方返回供方的物流活动过程中所发生的物流费用
废弃物流成本	指经济活动中失去原有使用价值的物品根据实际需要进行收集、分类、加工、包装、搬运、储存等，并分送到专门处理场所的物流活动过程中所发生的物流费用

（3）按物流成本支付的形态分类。按物流成本支付形态划分，企业物流总成本由内部物流成本和委托物流成本构成。企业内部物流成本是指企业在供应、销售、退货等阶段，因运输、包装、搬运、整理等发生的由企业自行支付的物流成本。内部物流成本按支付形态分为材料费、人工费、维护费、一般经费和

特别经费。委托物流成本是指委托外部企业从事物流活动的所有开支。具体内容如表 0－3 所示。这种分类方法与财务会计统计分类方法一致。

表 0－3　企业物流成本支付形态的构成

成本支付形态		内容说明
内部物流成本	材料费	资材费、工具费、器具费等
	人工费	工资、福利、奖金、津贴、补贴、住房公积金等
	维护费	土地、建筑物及各类物流设施设备的折旧费、维护维修费、租赁费、保险费、税金、燃料与动力消耗费等
	一般经费	办公费、差旅费、会议费、通信费、水电费、煤气费等
	特别经费	存货资金占用费、物品消耗费、存货保险费和税费
委托物流成本		企业向外部物流机构所支付的各项费用

（4）按物流成本性态分类。成本性态也称为成本习性，指的是成本与业务量之间的依存关系。物流成本按性态特征，可划分为变动成本和固定成本。

1）变动成本。变动成本是指其发生总额随业务量（如购进量、购进次数、配送量、配送次数）的增减变化而近似呈正比例增减变化的成本，如采购成本、订货费用、运输费用等。应注意的是，此处指的是成本总额而非单位成本。对于变动成本，若从单位业务量的成本数据来看，它又是固定的，不受业务增减变动的影响。

2）固定成本。固定成本指在一定时期和一定的业务量范围内，其成本总额保持稳定，与业务量的变化无关的成本，如按直线法计算的固定资产折旧费、管理人员的工资、租金等。需要注意的是，固定成本的总额只在一定时期和一定业务量范围内才是固定的，如果业务量超过了相关范围，固定成本也会发生变动。同时，对于固定成本分摊到每一单位业务量上的数额，只要业务量没有超出固定成本能负担的相关业务量范围，则它的单位业务量固定成本会随着业务量的增加而降低。

此外，还有一类被称为混合成本，它既不与产量的变化呈正比例变化，也非保持不变，而是随产量的增减变动而适当变动，受变动成本影响较大的称为半变动成本，受固定成本的特征影响较大的称为半固定成本，习惯上统称为混合成本。在物流系统的运营过程中，混合成本所占的比重比较大，可按一定的方法将混合成本分解成变动成本与固定成本两部分。该分类方法主要在研究成本与业务量之间的依存关系时，对于挖掘企业内部潜力，加强成本控制和管理的科学性，提升企业经济效益具有重要的意义。

上述四种分类方法是物流成本主要的分类方法。在实际的物流成本管理中，管理人员也可以根据本企业实际的物流情况和所要分析的物流状况的不同角度或侧面，灵活采用多种不同的分类方法进行物流成本的计算和分析。

3. 物流成本的特征

物流被称作"第三个利润源"，在物流领域降低成本有很大的潜力，特别是在物流水平不高的国家，物流成本在企业销售成本中占了很大的比例，因此，加强对物流活动的管理和控制以及降低企业各种物流费用有着非常重要的意义。要加强物流成本管理，应该首先认识物流成本的一般特征及在当今企业活动中的影响因素。

物流成本作为企业成本的组成部分，除了具备一般成本所有的特征（如消耗性、可量化、可比较等），更具有计算要素难以确定、隐含性、成本削减的乘数效应、效益背反性及界定和核算的复杂性特征。

（1）物流成本的计算要素难以确定。企业对外公布的财务统计数据中的物流费用，所反映的只是物流成本的一部分，有相当数量的物流费用是不可见的。这一特征产生的原因如下：

1）物流成本的计算范围太广。主要包括：供应物流，工厂内物流，从工厂到仓库、配送中心的物流，从配送中心到商店的物流等。这么广的范围，涉及的单位多，牵扯的面也广，很容易漏掉其中的某一部分，如果出现漏算物流费用的情况，计算结果将会相差甚远。

2）以不同的对象计算物流成本，结果相差很大。按照国家标准规定的物流的定义，物流涉及的过程较多。在以物流的过程为对象计算物流成本时，哪些过程应该作为成本的计算对象，哪些过程不应该作为成本的计算对象，难以确定。只将运输和保管费用计入物流成本和将运输、保管、装卸、包装、流通加工以及信息传递等物流各个过程发生的费用以及各物流过程中间协调费用全部计入物流成本进行计算，两者的计算结果差别极大。

3）确定哪些费用应该列入物流成本计算中，有一定的难度。例如，向外部支付的运输费、保管费、装卸费等费用一般都容易列入物流成本；而本企业内部发生的物流费用，如与物流相关的人工费、物流设施建设费、设备购置费，以及折旧费、维修费、电费、燃料费等是否也列入物流成本中？这些费用都与物流费用的大小直接相关。因而，物流费用犹如一座海里的冰山，露出水面的仅是冰山的一角。

4）从销售的关联性角度看，相关的物流与非物流费用较难界定。例如，促销费用、过量服务所额外支出的费用、过量进货、过量生产等产生的库存费用等一般与标准费用混在一起，给物流成本的计算和管理增加了很大的难度。

（2）物流成本的隐含性。物流成本的隐含性表现在两方面：一是在现行会计核算制度中并没有单独核算物流成本的项目，而是将物流成本分解到其他成本中，因此很难全面地了解物流成本的真实情况；二是大量的物流成本被疏漏掉了，在物流成本中，比如，运输费用、包装材料费用、保管费用、装卸搬运费等一些物流费用支出可以依据单证和计算的显性成本反映出来，但是还有大量的隐性物流成本并不能直接反映出来，如库存商品占用资金的利息费用、物流设施设备的闲置损耗等都不能很清楚地体现出来，在进行物流成本核算时容易将这些隐性成本漏掉。由于物流成本核算项目的这种隐性特点，因而造成了物流成本核算的不准确、不全面。

（3）物流成本削减的乘数效应。乘数效应是一个变量的变化以乘数加速度的方式而引起最终量的增加。物流成本的升降对企业利润，尤其是对利润率是以乘数效应发生作用的，即物流成本的下降可以使企业利润率成倍增长，物流成本的上升也可使企业利润率明显地下降。假定销售额为 100 万元，物流成本为 10 万元，利润率为 10%，如物流成本下降 1 万元就会带来 1 万元的直接利润，为了获得 1 万元利润，销售额就应为 10 万元，即降低 1 万元的物流成本和销售 10 万元的商品带来的利润是一样的。由于降低 1 万元的物流成本，使企业利润增加了 1 万元，因而企业利润率将增加到 11%。

（4）物流成本的效益背反。"背反现象"常称为"交替损益"现象，即改变系统中任何一个要素，会影响其他要素的改变。物流的若干功能要素之间存在着损益的矛盾，也就是说某一个功能要素的优化和利益发生的同时，必然会存在另一个或另几个功能要素的利益损失；反之亦如此。这是一种此长彼消，此盈彼亏的现象，在物流领域中，这个现象尤其严重。

（5）物流成本界定和核算的复杂性。由于物流活动是伴随着企业生产和销售活动而发生的，涉及面广，关联性强，因而导致很多成本项目都无法准确地区分物流成本的内容。而且，企业现行的会计核算制度是按照劳动力和产品来分摊成本的，物流成本被列入到不同的成本费用项目中，如在"材料采购"、"管理费用"、"销售费用"及"财务费用"等账户中进行核算，没有单独的成本项目，因此，很难全面地了解物流成本的信息及构成。如企业购买原材料所支付的各项物流运输费用、采购费用等都归集在原材料成本中，与物流有关的利息计入"财务费用"，厂内运输成本通常被计入"生产成本"。

二、物流成本相关理论学说

1."黑大陆"学说

1962 年，世界著名的管理学家彼得·德鲁克在《财富》杂志上发表了题为

《经济的黑色大陆》一文，他将物流比做"一块未开垦的处女地"，强调应高度重视流通及流通过程中的物流管理。他认为，"流通是经济领域的黑暗大陆"。这里，彼得·德鲁克虽然泛指的是流通，但是由于流通领域中物流活动的模糊性特别突出，是流通领域中人们认识不清的领域，因而"黑大陆"学说主要是针对物流而言的。

"黑大陆"的含义是指尚未认识、尚未了解，在"黑大陆"中，如果理论研究和实践探索照亮了这块"黑大陆"，那么摆在人们面前的可能是一片不毛之地，也可能是一片宝藏之地。"黑大陆"学说是对 20 世纪经济学界存在的愚昧的一种反对和批判，指出在当时资本主义繁荣和发达的状况下，科学技术、经济发展都远无止境；"黑大陆"学说也是对物流本身的正确评价：这个领域未知的东西还很多，理论和实践皆不成熟。从某种意义上说，"黑大陆"学说是战略分析的结论，这一学说对于研究物流领域起到了启迪和动员作用。

2. "物流冰山"学说

"物流冰山"说是日本早稻田大学西泽修教授提出的。他在研究物流成本时发现，先期的财务会计制度和会计核算方法都不能掌握物流费用的实际情况，因而人们对物流费用的了解是一片空白，甚至有很大的虚假性；他把这种情况比做"物流冰山"。冰山的特点是大部分沉在水面以下，这是我们看不到的黑色区域，而我们看到的只不过是冰山露出水面的那一部分而已。

西泽修教授用物流成本具体分析了彼得·德鲁克的"黑大陆"学说。事实证明，物流领域的方方面面对我们而言还是不清楚的，"黑大陆"和"冰山"的水下部分乃是物流尚待开发的领域，也是物流的潜力所在。

根据"物流冰山"理论，要把隐藏在水面下的物流成本全部核算出来是不可能的。传统的会计体系不仅没有提供足够的物流成本分摊数据，而且也没有这个必要。在现实工作中，仍然只是把"冰山浮出水面的一角"作为物流成本核算的对象。主要的核算内容是：运输成本、仓储成本、保管成本、搬运装卸成本、包装成本、流通加工成本、配送成本、物流信息管理成本等。在许多企业中，包装成本仍然是单独核算，并没有进入物流成本核算体系，如图 0-1 所示。

3. "第三个利润源"学说

"第三个利润源"学说也是日本早稻田大学教授、日本物流成本学说的权威学者西泽修在 1970 年提出的。

从历史发展来看，人类历史上曾经有过两个大量提供利润的领域：第一个是资源领域；第二个是人力领域。在资源领域，起初是依靠对廉价原材料、燃料的掠夺或获得来增加利润，其后则是依靠科技进步，节约消耗、节约代用、

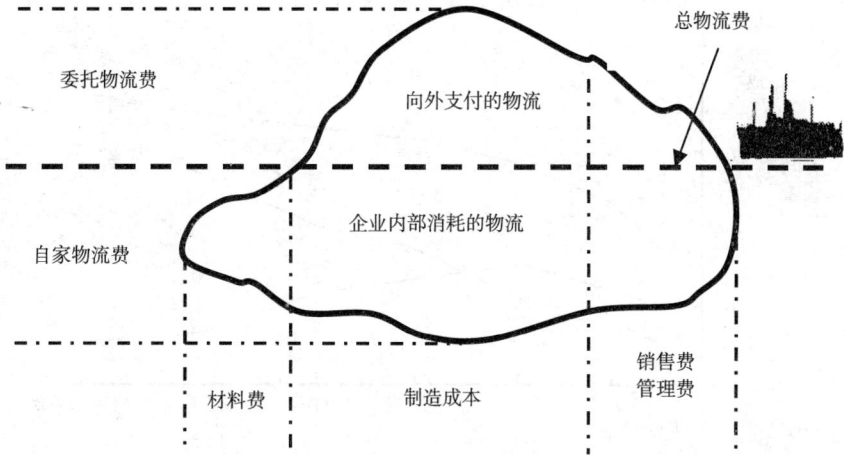

图 0-1　"物流冰山"图

综合利用、回收利用乃至大量人工合成资源而获取高额利润，这一领域习惯称为"第一个利润源"。在人力领域，最初是依靠廉价劳动来增加利润，其后则是依靠科技进步提高劳动生产率，降低人力消耗或采用机械化、自动化来降低劳动耗用从而降低成本、增加利润，这一领域习惯称为"第二个利润源"。在前两个利润源潜力越来越小，利润开拓越来越困难的情况下，物流领域的潜力被人们所重视，按时间序列排为"第三个利润源"。

这三个利润源注重于生产力的不同要素：第一个利润源的挖掘对象是生产力要素中的劳动对象；第二个利润源的挖掘对象是生产力要素中的劳动者；第三个利润源则主要挖掘生产力要素中劳动工具的潜力，与此同时又挖掘劳动对象和劳动者的潜力，因而更具有全面性。

4. "效益背反"说

"效益背反"是物流领域中非常普遍的现象，是这一领域中内部矛盾的反映和表现。"背反"现象也称为"交替损益"现象，是指物流的若干功能要素之间存在着损益的矛盾。物流系统的"效益背反"包括物流成本与服务水平的"效益背反"和物流各功能活动的"效益背反"。

高水平的物流服务是由高水平的物流成本作保证的。在没有较大的技术进步的情况下，物流企业很难做到既提高了物流服务水平，又降低了物流成本。一般来讲，提高物流服务水平，物流成本即上升，两者之间存在着"效益背反"，如图 0-2 所示。

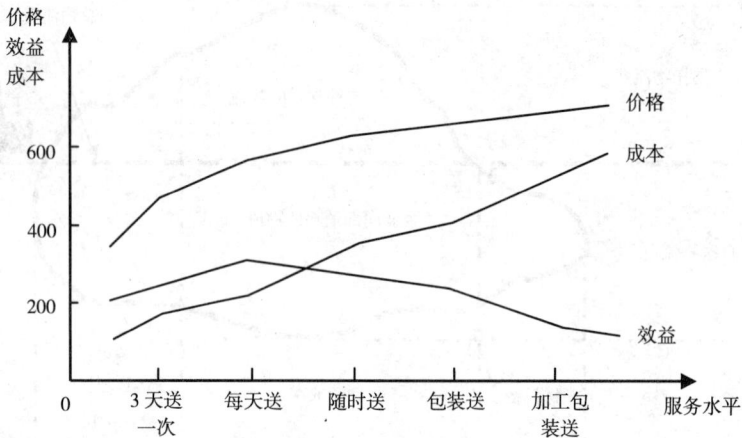

图0-2 物流服务与物流成本的"效益背反"

物流是由运输、包装、仓储、装卸及配送等物流活动组成的集合，物流的各项活动处于一个相互矛盾的系统中，要想更好地达到某个方面的目的，必然会使另一方面受到一定的损失，这便是物流各功能活动的"效益背反"。例如，包装问题，在产品销售市场和销售价格皆不变的前提下，假定其他成本因素也不变，那么包装方面每少花一分钱，这一分钱就必然转到收益上来，包装越省，利润则越高。但是，一旦商品进入流通之后，如果简省的包装降低了产品的防护效果，造成了大量损失，就会造成储存、装卸、运输功能要素的工作劣化和效益大减，显然，包装活动的效益是以其他的损失为代价的；我国流通领域每年因包装不善出现的上百亿元的商品损失，就是这种"效益背反"的实证。

5. 其他物流成本学说

其他物流成本学说包括：成本中心说、利润中心说、服务中心说、战略说和系统说。这些学说实际上是对物流系统起什么作用、达到什么目的的不同认识、不同观念，因而也派生出不同的管理方法。

（1）成本中心说。成本中心说是指物流在整个企业战略中，只对企业营销活动的成本发生影响，物流是企业成本的重要产生点，因而，解决物流的问题，并不是要搞合理化、现代化，不在于支持、保障其他活动，而主要是通过物流管理和物流的一系列活动降低成本。所以，成本中心既是指主要成本的产生点，又是指降低成本的关注点，物流是"降低成本的宝库"等说法正是这种认识的形象表述。显然，成本中心说没有将物流放在主要位置，更没有把其放在企业发展战略的主角地位，改进物流，如果其目标只是在于降低成本，这势必也会影响物流本身的战略发展。当然，成本和利润是相关的，成本和企业生存也是相关的，成本中心说也不是只考虑成本不顾其他，毕竟这一学说是人们对物流主体作用和目标的认识。

（2）利润中心说。利润中心说是指物流可以为企业提供大量直接和间接的利润，是形成企业经营利润的主要活动。非但如此，对国民经济而言，物流也是国民经济中创利的主要活动。

（3）服务中心说。服务中心说代表了美国和欧洲等一些国家和地区学者对物流的认识，这种观点认为，物流活动最大的作用，并不在于为企业节约了消耗、降低了成本或增加了利润，而是在于提高企业对用户的服务水平，进而提高了企业的竞争能力。因此，他们在使用描述物流的词汇上选择了"后勤"（Logistics）一词，特别强调其服务保障的职能。通过物流的服务保障，企业以其整体能力来压缩成本、增加利润。

（4）战略说。目前，学术界和产业界越来越多的人已逐渐认识到，物流更具有战略性，是企业发展的战略而不是一项具体任务。将物流和企业的生存与发展直接联系起来的战略说的提出，对于促进物流业的发展具有重要的意义，企业不追求物流的一时一事的效益，而着眼于总体，着眼于长远。战略性的规划、战略性的投资和战略性的技术开发是促进物流现代化发展的重要原因。

（5）系统说。系统说是指物流利润的大部分会间接转移到企业整体效益的提高上，不能仅从物流费用的节省来简单地衡量物流利润。物流产生利润，实际上是对物流成本、物流利润的一种重新划分，它至少包括以下几个部分：物流时间的节省，物料、半成品、产成品在物流各环节停留时间的减少，意味着物资向资金流转速度的加快、物流费用的降低和用户满意度的提高。物流费用的降低当然可以直接体现出物流利润的增加；物流速度的提高所产生的效益主要表现为生产周期的缩短、企业物资及资金流转速度的加快；用户满意度的提高有利于产品形象和企业形象的优化。

三、物流成本管理概述

随着生产技术和管理技术的提高，企业之间的竞争日趋激烈，企业要想在降低生产技术方面的竞争中获胜越来越困难，竞争的焦点开始从生产领域转向物流环节，转向运输、存储、包装、装卸、流通加工等物流活动领域。人们开始研究如何在这些领域里降低物流成本，提高服务质量，创造"第三个利润源"。物流管理从此从企业传统的生产和销售活动中分离出来，成为独立的研究领域和学科范围。物流管理的本质就是求实效，即以最少的消耗，实现最优的服务，达到最佳的经济效益。

1. 物流成本管理的概念

物流成本管理就是对物流成本进行计划、分析、核算、控制和优化，以达到降低物流成本的目的。由于物流就是一个集众多物流活动为一体的系统，因此，物流成本管理也是一个系统工程，物流成本管理不仅关注物流活动的本身，还要综合考虑服务水平、商品库存以及其他影响物流活动的各种因素。同时，物流成本管理并不能简单地追求在各个环节上各自的最低成本，因为物流各环节的效益之间存在效益背反的现象，各物流活动之间存在着交替损益的关系。物流成本管理的系统方法强调要进行总成本的分析，达到总成本最低，同时又满足既定的客户服务水平的目的，避免因降低了运输成本而增加了仓储成本等现象的发生。只有从企业的整个系统和战略的高度来加强物流成本管理，才可能从真正意义上降低整体物流总成本。

2. 物流成本管理的意义

物流成本管理的目的就是要在既定的客户服务水平下，追求最低的物流成本，即在物流成本和顾客服务之间寻求一种平衡，并由此创造企业在竞争中的战略优势。根据这个目标，物流管理所要解决的基本问题就是保证把合适的产品以合适的数量、合适的价格在合适的时间送到顾客指定的地点。

物流成本管理是通过对物流成本的有效把握，充分利用物流要素之间的相互关系，科学、合理地组织物流活动，加强对物流活动过程中物流成本支出的有效控制，降低物流活动中各种资源的消耗，从而达到降低物流总成本、提高社会经济效益和企业利润的目的。根据物流成本管理影响的层面，把物流成本管理的意义分为宏观意义和微观意义。

（1）宏观意义。

1）有利于提高社会消费水平。通过加强物流成本管理，降低商品流通中的物流费用，意味着企业可以利用相对低廉的价格出售自己的产品，提高消费者的购买力，为消费者带来更多的利益，提高整个社会的消费水平。

2）有利于提高产品国际竞争力。如果我国的物流效率普遍提高，物流费用平均水平降低到一个新的水平，那么我国产品在国际市场上的价格竞争力将会增强，这将会进一步扩大出口，拓展国际市场。

3）有利于促进节约型经济的发展。加强物流成本管理，对企业而言可以降低物品在运输、仓储、配送、流通加工、装卸搬运等流通环节的损耗，提高利润；对于整个社会而言，物流成本的下降，意味着达到同样的工作效果，在物流领域所消耗的各种资源得到节约；意味着以尽可能少的资源投入创造出尽可能多的物质财富，减少资源消耗，进而推动资源节约型企业的创建。

（2）微观意义。

1）有利于企业取得价格优势，增强竞争力。物流成本在产品成本中占有较大比重，在其他条件不变的情况下，通过加强物流成本管理，降低企业产品的成本，使产品以更低廉的价格在市场上出售，在竞争中取得价格优势，从而提高产品的市场竞争力，扩大销售，并以此为企业带来更多的利润。

2）有利于促进企业管理水平的提高。物流成本管理是一项系统性的工作，物流成本管理不仅仅是物流部门的事情，还涉及企业整体，要求企业所有部门、所有人员给予重视并参与进来。企业管理水平的高低直接影响着物流消耗的大小，同时，加强物流成本管理也可以改进企业的管理水平，比如对现有财务核算进行完善，对组织机构进行改革，采用先进的管理方法等。

3. 物流成本管理的内容

物流成本管理的内容同财务成本管理的内容是一致的，也包括预测、决策、预算、控制、核算、分析等几个部分。物流成本管理的各项内容之间相互配合、相互依存，构成了一个有机整体。

（1）物流成本核算。物流成本核算是根据企业确定的成本计算对象，采用合适的成本计算方法，按规定的成本项目，通过一系列物流费用汇集与分配，从而计算出各物流活动成本计算对象的实际总成本和单位成本。通过物流成本计算，可以如实地反映物流的实际耗费，同时，也是对各种物流费用的实际支出的控制过程。

（2）物流成本预测。物流成本预测是根据有关物流成本数据和企业具体的发展情况，运用一定的技术方法，对未来的成本水平及其变动趋势做出科学的估计。成本预测可以提高物流成本管理的科学性和预见性。物流成本预测普遍存在于物流成本管理的许多领域中，如对一定量或一定时期的仓储成本的预测、运输过程中的运输成本和货物周转量的预测、流通过程中加工耗费时间的预测、配送过程中各项成本开支的预测和配送时间的预测等。

物流成本预测是成本决策、预算、控制和分析的基础工作，预测的准确性直接影响着物流成本管理的工作质量。通过物流成本的预测管理，可以对未来的成本支出进行事前控制，增强企业的物流成本意识，挖掘降低物流成本的潜力。

（3）物流成本决策。物流成本决策是在物流成本预测的基础上，结合其他有关资料，运用一定的科学方法，从若干个方案中选择一个满意方案的过程。物流成本决策决定了今后物流成本管理的工作方向。进行成本决策、确定目标成本是编制成本预算的前提，也是实现成本控制，提高经济效益的重要途径，如企业在建立配送中心过程中，涉及配送中心选址决策、投资成本决策和设施设备选取决策等。

（4）物流成本预算。物流成本预算是根据物流成本决策所确定的物流目标成本、降低物流成本的要求以及有关资料，通过一定的程序，运用一定的方法，以货币形式规定预算期物流各环节耗费水平和成本水平，并提出保证成本计划顺利实现所采取的措施。通过物流成本计划管理，可以在物流活动的全方位向企业员工提出明确的成本目标，实行管理责任制，增强企业全员的物流成本管理意识，控制物流环节费用，挖掘降低物流成本的潜力，保证企业物流成本目标的实现。

（5）物流成本控制。物流成本控制是根据计划目标，对物流成本形成和发生过程以及影响物流成本各种因素和条件加以主动控制，以保证实现物流成本预算完成的一种行为。物流成本控制包括事前控制、事中控制和事后控制。物流成本事前控制是整个物流成本控制中最重要的环节，它是把各项作业活动的成本控制在作业活动发生之前，为今后的工作提供一个约束。要达到较好的控制结果，还应把事前控制、事中控制和事后控制结合起来，对物流成本中的问题及时发现、及时采取措施纠正，保证物流成本目标的完成和实现。

（6）物流成本分析。物流成本分析是对物流活动运行的结果，运用一定的方法，对物流成本进行的预测、决策、核算和控制的过程，揭示物流成本水平变动的原因及存在的问题，分析影响物流成本变动的各种因素，进行物流成本管理的改进。通过物流成本分析，可以提出积极的建议，采取有效措施，合理地对物流成本的有关问题进行优化。

（7）物流成本绩效评价。物流成本绩效评价是对考核对象的成本计划及有关指标的实际完成情况进行总结和评价。成本考核首先要求明确考核对象的经济责任，制定责任成本，然后才能对其业绩进行考核。成本考核的目的在于调动各责任者的积极性，促使其改进工作，降低成本，提高效率。为了发挥成本考核的激励作用，成本考核应与奖惩制度相结合。

4. 物流成本管理的方法

有效地开展物流成本管理，还必须掌握好物流成本管理方法。一般认为，物流成本管理的综合方法有横向管理法、纵向管理法和计算机技术管理系统等方法。

（1）物流成本横向管理法。

1）物流成本预测和计划。物流成本预测是在编制物流计划以前进行的。它是在对本年度物流成本进行分析，充分挖掘降低物流成本的潜力，寻求降低物流成本的有关技术经济措施，以保证物流成本计划的先进性和可靠性。

物流成本有月度计划、季度计划、年度计划和短期计划（半年或一年）、中期计划（三年）、长期计划（五年或十年）等计划体系。

2）物流成本计算。物流成本计算是收集物流活动经济数据的主要渠道和途径，使物流过程透明化。这个透明度表现在：①通过物流成本计算程序，为各层次的经营管理者提供物流管理所需的成本资料，使物流经济活动透明化。②为后期物流预算编制和控制提供所需的基础数据，使物流成本管理中的计划透明化。③提供物流服务或相关产品价格计算的成本依据，使物流定价透明化。

3）物流成本控制。物流成本控制有狭义和广义两种理解。狭义的物流成本控制，就是在企业的物流活动中，对日常的物流成本支出，采取各种方法进行严格的控制和管理，使物流成本降低到最低限度，以达到预期的物流成本目标。广义的物流成本控制，则包括事前、事中和事后对物流成本进行预测、计划、计算、分析的全过程，也就是物流成本管理。实质上都是对物流成本的控制。

4）物流成本分析。通过物流成本分析找差距、查原因、研究成本的真实情况，借以揭露物流环节中的主要矛盾，挖掘企业的潜在力量，寻求克服薄弱环节的途径，提出降低物流成本的具体措施，以保证物流成本的不断降低。

物流成本分析的方法多种多样，具体采用哪种方法，要根据其目的、物流特点和所掌握资料的性质与内容而确定。常用的方法主要有指标对比分析法和因素分析法等。

5）物流成本信息反馈。物流成本信息反馈指对在物流过程中所发生的有关成本方面的各种资料和数据进行收集、整理、汇总，传输给有关领导和部门，使其掌握情况，加强对物流成本的控制，保证物流成本目标的实现。根据物流成本信息反馈的结果，及时调整最优方案，以指导物流成本控制工作，以便更好地进入到下一循环的物流成本管理。

6）物流成本决策。物流成本决策是企业领导部门利用物流成本信息反馈的结果。物流成本决策是以物流成本数据为依据，结合其他技术、经济因素进行研究、分析，决定采取的行动方针，并进行可行性分析，然后选择最佳方案。

（2）物流成本纵向管理法。物流成本纵向管理，也就是物流过程的优化管理。物流系统是一个庞大而复杂的系统，要对它进行优化，需要借助于先进的管理方法和管理手段。可先在其单项活动范围内进行，再发展到对整个物流系统进行模拟，采用最有效的数理分析方法来组织物流系统，使之合理化。

1）制订最优运输计划，实现物资运输优化。运用线性规划、非线性规划，制订最优运输计划，实现物资运输优化。假定某种物品在工厂中的生产成本为已知；从某厂到消费地的单位运输费用和运输距离，以及各工厂的生产能力和消费地需要量都已确定，则可用线性规划来解决。如工厂的生产量发生变化，生产费用函数是非线性的，就应使用非线性规划来求解。属于线性规划类型的运输问题，常用的方法有单纯形算法和表上作业法。

2）选择货物的最佳配送线路，实现物资配送优化。运用系统分析技术，选择货物的最佳配比及配送线路，实现物资配送优化。配送在物流系统中占有重要地位，配送线路是指各送货车辆向各个用户送货时所要经过的路线。配送线路的合理与否，对配送速度、合理利用车辆和配送费用都有直接影响。目前较成熟的确定优化配送线路的方法是节约法，也叫节约里程法。

3）合理确定库存量，实现物资储存优化。运用存储论，确定经济合理的库存量，实现物资储存优化。储存是物流系统的中心环节。某种物资从生产到用户之间需要经过几个阶段？在每个阶段库存量保持多少为合理？为了保证供给，需隔多长时间补充库存？一次进货多少才能达到费用最省的目的？这些问题都可以在存储论中找到解决的办法，其中比较著名的是经济订购批量公式。

此外，还可以运用模拟技术，对整个物流系统进行研究，实现物流系统的最优化。

（3）计算机技术管理系统。计算机技术管理系统可将物流成本的横向、纵向连接起来，形成一个不断优化的物流系统的循环。通过一次次循环、计算、评价，整个物流系统在不断地优化，最终找出其总成本最低的最佳方案。

建立以计算机技术为基础的物流成本管理系统，是物流管理系统的重要组成部分。物流成本管理系统可以实现从其他物流管理子系统，如订货管理子系统、库存管理子系统、配送和运输管理子系统、采购管理子系统自动获取物流活动引起的相关数据，直接进行物流费用的计算。将数据处理的结果与物流总体计划子系统生成的物流成本预算计划或指标进行自动比较，判断物流费用控制是否正常，最终找出控制总成本最低的最佳方案。

企业在物流成本管理实践中，要根据本企业的经营活动特点，选择适合本企业的成本管理方法。也就是说，由于企业经营情况的复杂性，每个企业都有自己的经营特点，而且不同企业间存在着较大差异，这就要求企业在确定成本管理方法时，要充分考虑本企业的特点，灵活选择适合本企业的管理方法。

（4）物流成本管理新模式：作业成本法。所谓作业成本法，是一种以作业（包括业务、附加价值等）为对象的成本核算与分析方法体系。物流作业成本法的"作业"是指在提供物流服务过程中不可缺少的物流活动、操作环节、运作流程等。作业成本法的基本思想是：根据"作业耗用资源，产品耗用作业"的指导思想，以作业为成本计算对象，首先依据资源动因将资源的成本追踪到作业，再依据作业动因将作业的成本追踪到产品，最终形成产品的成本。物流企业应用作业成本法进行成本管理时，主要考虑物流成本的分摊方式和作业成本分析方法两部分内容。

1）物流成本分摊方式。作业成本法的成本分摊不同于传统的成本分摊方式，其主要内容：①对物流运作过程（运输、仓储、配送等环节）中的作业进行成本分析。包括：员工工资、物流设备耗损、物品停滞时间、物品空间占用等费用的划分。②将物流成本分摊到各作业环节时，需要分析相关作业的必要性、能否为用户带来增值等，使物流作业直接与顾客的增值需要联系起来。然后，将物流作业成本分配到通过这些作业实施而完成的物流服务项目上。通过作业成本法的成本分摊方式，使物流成本管理更具科学性和可操作性。

2）作业成本分析方法。用作业成本法分析物流成本的基础是物流作业，应用作业成本法进行物流成本分析的要点包括：①分析物流作业。其要点包括：物流活动的范围、性质、数量、比较和联系。②挖掘物流作业成本动因。寻找导致冗余作业产生的原因，为物流作业成本降低提供实践依据。③建立物流作业计量体系。物流作业分析和成本动因分析一般是定期进行的，为了确保物流各作业环节都利于物流服务质量的提高和企业内部成本控制的实效，需要建立物流作业计量体系。

知识拓展

一、美国、日本有关物流成本的定义

美国管理会计师协会的《物流成本管理公告》明确指出："物流成本是指企业在计划、实施、控制内部和外部物流活动的过程中所发生的费用。它包括企业在采购、运输、仓储、存货管理、订单处理、客户服务、预测和生产计划、相关信息系统及其他物流支持活动等典型的物流活动中所发生的费用。"日本通商产业省编制的《物流成本核算活用手册》认为："物流成本是指有形或无形的资源的供应者到需要者为止的实物流动所需要的成本，具体包括包装、装卸、运输、保管及信息处理等各种物流活动所发生的费用。"

上述美国和日本的物流成本核算规范所指的物流成本是从物流活动需求方（如制造企业）的角度做出的定义，是指企业典型物流活动所发生的费用。

二、第三方物流创造的利润来源

第三方物流发展的推动力就是要为客户及自己创造利润。第三方物流公司必须以有吸引力的服务来满足客户需要，服务水平必须符合客户的期望，要使客户在物流方面得到利润，同时自己也要获得收益，因此，第三方物流公司必须通过自己物流作业的高效化、物流管理的信息化、物流设施的现代化、物流运作的专业化、物流量的规模化来创造利润。

作业利益：第三方物流服务能为客户提供改进企业利益的"物流作业"。一方面，第三方物流公司可以通过第三方物流服务提供给客户自己不能自我提供的物流服务或物流服务所需要的生产要素，这是物流外包产生并获得发展的重要原因。在企业自行组织物流活动的情况下，或者局限于组织物流活动所需要的专业知识，或者局限于自身的技术条件，使企业内部物流系统难以满足自身物流活动的需要，而企业自行改进或解决这一问题又往往是不经济的。另一方面，第三方物流服务可以改善企业内部管理的运作表现，增加作业的灵活性，提高质量和服务、速度和服务的一致性，使物流作业更具效率。

经济利益：为客户提供经济利益是第三方物流服务存在的基础。一般低成本是由低成本要素和规模经济的经济性创造的，其中包括劳动力要素成本。通过物流外协，企业可以将不变成本转变成可变成本，又可以避免盲目投资而将资金用于其他用途从而降低成本。

三、美国物流成本测算的主要特点

美国物流成本占国内生产总值（GDP）的比重，大体可分为四个阶段：第一阶段是 1960～1980 年，稳中有升，基本上保持 14%～16% 的比例。第二阶段是 1981～1990 年，有较大的下降，从 16% 下降到 11%。第三阶段是 20 世纪的最后 10 年，呈缓慢下降趋势，大体维持在 10%～11%，最低时达到 9.9%。需要指出的是，在上述三个阶段中，物流成本的绝对数量一直在上升，但是上升的幅度低于国民经济的增长幅度。第四阶段是 21 世纪以来，不仅物流成本占 GDP 的比重下降，而且物流成本的绝对数量也在下降，这是由于美国经济总体情况发生了变化。美国物流成本测算方法有下述几个主要特点：

第一，时间成本和资金成本占有非常重要地位的美国一直用 Alford – Bangs 公式来测算库存成本，即用全部存货价值乘以库存率。从 1960～2002 年，美国的库存率有 13 年相当于全部库存价值的 25%，19 年大于 25%，最高时达到 34.7%，只有 1991 年以来的最近一二十年，库存率才低于库存值的 25%，多数时间为 22%～25%。这表明，只有在物流成本中包含速度、时间成本和资金成本的内涵，才能对物流做出准确的评价。

第二，全口径美国运输成本不仅包括运输部门的营运费用，也包括企业自营运输的费用；库存成本不仅包括公共仓库的费用，也包括企业自有仓库的成本；不仅包括制造业，也包括批发业零售业、服务业、农业、采矿业以及建筑业的数据，非常完整全面。

第三，注重调查行业物流成本。由于宏观物流成本只考察整个国家的物流费用，其数据是通过多种统计调查方法得到的，对企业物流运作没有直接的指导意义。因此美国 Establish 咨询公司通过《物流成本和服务数据库调查》来获取行业分析数据，进而给出了分行业的物流成本占销售额比重的标杆值。如工业耐用品行业为 7.7%；非耐用消费品行业为 7.7%；制药业为 4.4%（2000 年）。迄今为止，该公司已经积累了包括 30 个行业、为期 8 年的数据。

第四，物流成本核算体系科学合理，并进行长期跟踪。无论是宏观物流统计还是行业物流成本统计，都需要长期的持续的跟踪和观察，美国的物流成本测算已有四十多年的历史，形成了一套完整、系统的模式和方法。

内 容 小 结

物流成本管理是物流管理的核心内容。现代物流的最终目的是要在保证一定物流服务水平的前提下实现物流成本的降低。可以说整个物流技术和物流管理的发展过程就是不断追求物流成本降低的过程。总论部分，通过引入案例，分析了物流成本的重要性，阐述了物流成本的构成、特征与分类，从多角度让学生认识物流成本。物流成本相关理论为物流成本的研究奠定了良好的基础，了解主流物流成本管理的相关理论，有利于使学生把握物流成本管理的研究方向。通过总论的学习，使学生能灵活运用所学知识分析有关经济现象，并能对企业进行物流成本管理问题的分析。

课 业 训 练

一、复习思考题

1. 什么是物流成本？你更愿意从哪个角度认识物流成本？
2. 物流成本管理的意义是什么？
3. 试分析物流成本的特征。
4. 简述"物流冰山"理论的具体内容。
5. 什么是"第三个利润源"？
6. 物流成本管理的内容有哪些？
7. 如何确定物流成本核算的对象？
8. 什么是"效益背反"现象？如何处理物流成本与服务水平的"效益背反"关系？

二、案例分析题

安利降低物流成本的秘诀

同样面对物流信息奇缺、物流基础设施落后、第三方物流企业服务能力参差不齐的现实，国内同行物流成本居高不下，而安利（中国）的储运成本仅占全部经营成本的 4.6％。安利（中国）大中华区储运部运营总监许绍明透露了安利降低物流成本的秘诀：全方位物流战略的成功运用。

安利采用了适合中国国情的"安利团队＋第三方物流供应商"的全方位运作模式。核心业务如库存控制等由安利统筹管理，实施信息资源最大范围的共享，使企业价值链发挥最大的效益。而非核心环节，通过外包形式完成。如以广州为中心的珠江三角洲地区主要由安利的车队运输，其他绝大部分货物运输都是由第三方物流企业来承担。另外，全国几乎所有的仓库都是外包的第三方物流企业的仓库，而核心业务，如库存控制、调配指令及储运中心的主体设施与运作主要由安利本身的团队统筹管理。目前已有多家大型第三方物流企业承担安利大部分的配送业务。安利则会派专员进行市场调查以评估与之合作的供应商是否提供具有竞争力的价格及所提供的服务是否满足公司要求的服务标准。这样，既能整合第三方物流企业的资源，与其建立联盟关系，同时又通过对供应链的核心环节——管理系统、设施和团队的掌控保持安利自身优势。从安利的物流运作模式来看，至少有两个方面值得国内企业借鉴。

1. 投资决策的实用主义

在美国，安利仓库的自动化程度相当高，而在中国，很多现代化的物流设备并没有被采用，因为美国的土地和人工成本较高，而中国这方面的成本较低，两相权衡，安利避高就低。许绍明说："如果安利中国的销售上去了，有了需要，我们才会考虑引进自动化仓库。"刚刚启用的安利新物流中心，也很好地反映了安利的"实用性原则"。新物流中心占地 40000 平方米，是原来仓库的 4 倍，而建筑面积达 16000 平方米。这样大的物流中心如果全部自建的话，仅土地和库房等基础设施方面的投资就需要数千万元。安利采取与另一物流发展商合作的模式，合作方提供土地和库房，安利租用仓库并负责内部设施的投入。只用了1 年的时间，投入 1500 万元，安利就拥有了一个面积充实、设备先进的新物流中心。而国内不少企业，在建自己的物流中心时，将主要精力都放在了基建上，不仅占用了企业大量的周转资金，而且费时费力，效果并不见得很好。

2. 核心环节的大手笔投入

安利仅在信息管理系统上就投资了 9000 多万元，其中主要的部分之一就是用于物流、库存管理的 AS400 系统，它使公司的物流配送效率得到了很大的提高，同时大大降低了各种成本。安利先进的计算机系统将全球各个分公司的存货数据联系在一起，各分公司与美国总部直接联机，详细储存每项产品的生产日期、销售数量、库存状态、有效日期、存放位置、销售价值和成本等数据。有关数据通过数据专线与各批发中心直接联机，使总部及仓库能及时了解各地区、各店铺的销售和存货状况，并按照店铺的实际情况及时安排补货。在仓库库存不足时，安利的库存及生产系统也会实时安排生产，并预定补给计划，以避免个别产品出现断货情况。总之，物流成本管理的有效实施，为安利带来了更多的利益。

案例来源：http://wuliu.sz.bendibao.com/

问题：

（1）安利通过哪些途径来降低物流成本？

（2）安利主要采用了什么策略对物流成本进行控制？

（3）安利物流成本的合理管理对国内企业带来的启示是什么？

三、实训题

资料：美国、加拿大两国不同规模的公司物流成本开支与构成情况，如表 0-4、表 0-5、表 0-6、表 0-7、表 0-8 所示。

表 0-4　2000 年美国普通公司物流成本开支

项　目	占销售额比例（%）	加拿大元（百镑）
运输	3.54	42.91
仓储	2.39	27.8
订单清关/客户服务	0.76	8.44
管理	0.85	4.29
库存搬运	2.03	30.63
物流总成本	9.57	114.07

表0-5　2000年加拿大普通公司物流成本开支

项　目	占销售额比例（%）	加拿大元（百镑）
运输	3.38	24.17
仓储	2.39	20.03
订单清关/客户服务	0.69	13.94
管理	0.73	7.10
库存搬运	2.09	20.91
物流总成本	9.28	86.15

表0-6　美国公司、加拿大公司物流成本构成情况

成本内容	美国公司（%）	加拿大公司（%）
客户服务/订单清关	8	8
仓储	25	25
运输	37	36
管理	9	8
库存搬运	21	23
合计	100	100

表0-7　美国小公司物流成本

年销售额（百万美元）	少于200	200~500	500~1250	大于1250
物流成本占销售额的比例（%）	10.45	8.73	7.36	3.4

表0-8　加拿大中等公司物流成本

年销售额（百万美元）	少于200	200~500	500~1250	大于1250
物流成本占销售额的比例（%）	10.10	10.97	10.24	3.4

要求：

（1）试分析美国公司和加拿大公司物流成本的构成情况。

（2）在物流成本中，哪几种成本占主要比例？

（3）分析公司规模和物流成本的关系。

情境一　采购成本管理

对于采购，我们并不陌生，一般认为，采购无非是执行其他部门的命令进行简单的购买。然而，自20世纪90年代以后，世界经济进入了一个新的发展阶段，采购被赋予了新的含义。经济的全球化使企业在一个快速变化的新世界和新经济秩序中生存与发展，采购行为已成为企业制定重大战略时特别要关注的问题。从某种意义上讲，采购与供应链管理可以使一个企业成为利润的"摇篮"，同样也可以使一个企业成为利润的"坟墓"。目前，世界上越来越多的企业开始重新认识采购，并认识到在供应链的各环节中，采购是首要的因素之一。节约庞大的采购资金等于间接增加剩余价值，增强产品竞争力。因而，越来越多的企业开始探索如何最大限度地节约采购成本，实施更有效的策略来管理采购。

案例引入

从采购入手降低成本

某生产婴儿食品的大型公司过去每年花在采购方面的开支接近8亿美元。由于该公司处在一个高利润的行业，因而它对采购成本的管理不太重视，而且，对采购成本做详细的审查在一个蒸蒸日上的经济环境中显得也没什么必要。然而，当经济开始回落、市场增长减慢时，该公司终于意识到，它现在不得不花更大的力气以求保住利润了。由于过去几年对采购过程未进行严格的管理，因而采购方面无疑是该公司降低成本、维持利润的首要突破点。该公司首先从保养、维修及运营成本入手，很快做出决定：请专家制定一套电子采购策略。这一做法有助于通过集中购买及消除大量的企业一般行政管理费用来达到节省开支的目的。然而在最后的分析中，节省的效果却并未达到该公司的预期。

为了寻求更佳的节省效果，该公司开始把注意力转向其主要商品，如原料纸盒、罐头及标签。公司分析了可能影响到采购成本的所有因素，包括市场预测、运输、产品规格的地区差异、谈判技巧及与供应商关系等。调查结果显示，在材料设计、公司所选择的供应商的数量和类型、谈判技巧以及运输方面均存在明显的缺陷：公司几乎从不将自己的采购成本与竞争对手的采购成本进行比较；公司缺乏将营销及购买部门制度化地集合在一起的机制；公司节省成本的机制不灵活。当意识到未能进行采购成本管理而造成诸多损失时，公司开始对这些问题进行了处理：①设定商品的优先次序。随后进行了一系列成本收益的统计，并运用 6 个驱动力指标对竞争对手的情况进行了比较。②建立一套积极的谈判方式。充分了解供应商成本，并对各供应商成本相互比较，对某供应商的成本结构做深入分析。公司发现，事实上该供应商是在其自身相对较高的成本基础上给产品定价的，对于该供应商而言，这一定价确实已是不能再低了。于是，公司对其他供应商的成本结构进行了研究。研究结果显示，有一些企业的成本结构使它们能够以较低的价格出售产品，从而占据有利的市场地位。公司同样对它的一家"一站式"供应商进行了研究，这家供应商不仅供应纸盒，还生产纸盒用的纸材并承揽纸盒印刷业务。经过对其他纸业及印刷业厂家成本的研究发现，其实它能够以低得多的价格买到纸材并进行印刷。当公司在谈判中指出这一点时，供应商不得不降低了产品价格。事实证明，解剖纵向供应链以研究分散的成本是一种有价值的谈判手段。这些工作的结果使公司原料成本节省了 12%，节省下来的这些钱被平分至产品规格的改进及谈判技巧的完善工作上。

情 境 描 述

采购是保证生产正常运转的必要条件，而且也是降低资金占用、降低企业物流成本、提高利润的关键。在保证采购质量的基础上，加强采购成本管理，对于加快企业的资金流转、减少资金占用、降低财务费用和产品成本、提高利润等有着重要的作用。在制造企业的产品成本构成中，采购的原材料及零部件成本占企业总成本的比例随行业的不同而不同，在 30% ~ 90%。从世界范围来说，平均水平在 60% 以上；而在我国的制造企业中，各种物资的采购成本要占到企业销售成本的 70%。

在国际竞争日益激烈化、产品生命周期逐渐缩短、消费者的产品需求多样化等压力下，企业需要不断开发新的利润点。随着采购成本占销售金额比重的不断增加，降低采购成本成为企业提高利润的关键。而物流采购成本的控制已不能仅限于购买到适合企业需要的低价原材料，而且要以整个供应链成本降低的思想来确定物流采购成本的工作，只有这样，才能够确保企业总成本最优，而不是采购成本最优。

案例一：美心——厂商协同降低采购成本

2002 年，美心公司与大多数高速发展的企业一样，开始面临增长"瓶颈"。公司掌门人夏明宪毅然采取以利润换市场的策略，大幅降低产品价格。然而，降价不久，风险不期而至，原材料钢材的价格突然飙升。继续低价销售——卖得越多，亏得越多；涨价销售——信誉扫地，再难立足。面对两难抉择，降低成本，尤其是降低原材料的采购成本就成了美心公司生死攸关的"救命稻草"！

夏明宪向采购部下达指令：从现在开始的三年内，企业的综合采购成本，必须以每年平均 10%的速度递减。这让美心公司采购部的员工们有点傻眼，甚至不服气：此前美心公司的"开架式采购招投标制度"属国内首创，既有效降低成本，又杜绝"暗箱操作"，中央电视台都为此做过专题报道。而且此举已经为美心公司节约了 15%的采购成本，还有什么魔法能够让青蛙变得更苗条？在夏明宪的带动下，美心公司员工开始走出去，从习惯坐办公室到习惯上路，打破经验桎梏，于不知不觉中形成了一套降低成本的管理模式。

1．联合采购，分别加工

针对中小供应商，美心公司将这些配套企业联合起来，统一由其出面采购原材料。由于采购规模扩大，综合成本减少了 20%！配套企业从美心公司领回原材料进行加工，生产出来的半成品直接提供给美心公司，然后凭验收单到美心公司的财务部领取加工费。同时，随着原材料成本的降低，配套企业也更具竞争力，规模扩大，价格更低，形成良性循环。

2．原材料供应，战略伙伴

针对上游的特大供应商即国内外大型钢铁企业，美心公司的做法是收缩采购线，率先成为其中一两家钢厂的大客户乃至于战略合作伙伴。而钢厂面向战略合作伙伴的价格比普通经销商低 5%~8%，比市场零售价低 15%。于是，仅 2002年的一次采购，美心公司就比同行节约成本近 1000 万元。

随着采购规模的与日俱增，美心人开始有了和钢厂进一步谈判的砝码。应美心公司要求，钢厂定期向其提供钢材的价格动态，并为美心公司定制采购品种。比如，过去钢板的标准尺寸是一米，而门板尺寸是 90 厘米，其中 10 厘米就只能裁下来扔掉。现在钢厂为美心公司量身订制生产 90 厘米钢板，就大大减少了浪费，节约了成本。又比如，他们还专门为美心公司开发了一种新材料门框，品质相同，价格每吨可节约 600 元……

3．新品配套，合作共赢

对于新配套品种的生产，由于配套企业需要增加大量投资，导致新配套产品与其他配套产品相比，价格大幅增加。美心公司就以品牌、设备、技术、管理等软、硬件向生产方入股，形成合作；合作条件为，美心公司自己使用的产品，价格只能略高于生产成本。这样一来，合作方在新品的生产上减少了投入，降低了风险；同时，美心公司也降低了配套产品的采购成本，增加了收入。于是各方受益，皆大欢喜……

4．循环取货，优化物流

解决了原材料和配套产品的采购问题，美心公司还与配套企业携手合作，从物流方面进行优化。由于不同配套企业的送货缺乏统一的标准化管理，因而在信息交流、运输安全等方面，都会带来各种各样的问题，必须花费双方很大的时间和人力资源成本。美心公司明白，配套企业物流成本的提高，将直接转嫁到配套产品的价格上。于是，美心公司就聘请一家第三方物流供应商，由他们来设计配送路线，然后到不同的配套企业取货，再直接送到美心公司的生产车间。这样一来，不仅节约了配套企业的运送成本，提高了物流效率，更重要的是，把这些配套产品直接拉到美心公司的生产车间，保持了美心公司自身很低的库存，省去了大量的库存资金占用。

美心公司通过与原材料供应商及配套企业的携手合作，使原材料厂商拥有了稳定的大客户，配套企业降低了生产风险，而自身则在大大降低成本的同时，扩大了产销量，形成了各方皆大欢喜的共赢局面。

2002 年，美心门的产销量同比翻了一番，美心公司的综合采购成本下降了17%，比全行业的平均水平低 23%，美心公司成为唯一在原材料价格暴涨时期维持低价政策的企业，企业形象深入人心，渠道建设终于根深叶茂。

案例来源：阿里巧巧（www.aliqq.com.cn）

案例二：降低采购成本的"金钥匙"

仪征化纤（以下简称仪化）通过直供和代储代销的形式，淘汰了 150 多家供应商，2004 年一年减少流动资金占用约 2.5 亿元，仅利息就少支付 1000 多万元。他们通过物资采购方式的改革，找到了降低采购成本的途径。

1．包装材料实现零库存

仪化公司过去为了保证生产的需要，物资采购占库存的百分比较大。以前，仅包装材料每月入库额就达 400 多万元，占用的流动资金比较多，采购成本较高。同时，企业在采购过程中承担着很大的市场风险。为了降低采购成本，抵御市场风险，公司首先对部分原辅材料、包装材料变间接供应为直接供应的方式，就是生产需要多少包装材料，供应厂商直接将需要的包装材料送到生产现场，定期结算，不占用流动资金。为了确保包装材料的稳定供应，仪化还组织供应商参与到仪化的生产经营中，供应厂商根据仪化的生产经营情况安排物资供应，并根据仪化的生产情况及时调整物资供应的品种和数量。2004年二季度以来，仪化公司由于受市场低迷的影响，生产经营形势处于低谷，与仪化签订协议的供应商就把多生产出来的包装材料存在自己的仓库内。2004年2月中旬，仪化原涤纶三厂设备大修期间，一家供应商准备了50多万元的密封件，由于现场维修人员通过修旧利废，仅用了10万元的密封件，供应商就把剩余的密封件调剂到浙江一家用户。如果在过去，这些备件就成了仪化的库存积压物资。由于仪化公司使用的包装材料等物资是通过直供的方式来满足的，因而不仅保障了物资供应，也保证了物资的质量，为仪化公司生产的长期安全稳定运行创造了有利的条件。由于实行物资的直供方式，包装材料等物资已实现了零库存，仅这一项，仪化公司2004年就减少流动资金占用约2亿元。

2. 代理商争相代储代销

在包装材料等物资实行直供的基础上，仪化又开始在部分仪表、电气、轴承和阀门等易耗品中以代储代销的形式组织物资供应。代储代销是一种新型的物资流通模式，由于仪化公司物资采购的量大、品种多，因而许多设备配件的供货周期长。一开始，有不少供货商因代储代销占用很多的流动资金，都不太愿意做。仪化公司物资供应部门通过座谈、走访等形式，与供应商进行交流、沟通，使供应商逐步接受了代储代销的供应方式。随后，仪化挑选了为其供货多年甚至十多年的企业资信、产品质量及售后服务都比较好的56家供应商进行试点。

在推行物资代储代销的过程中，仪化通过实施供应商绩效考评，加强考核和过程控制，实现了供应工作优选化，并形成了代储代销供应商优胜劣汰的动态管理机制。2004年仪化淘汰了150多家不符合要求的供应商。同时，通过这种形式，许多供应商不仅占领仪化这块大市场，还获得了比较好的效益，现在许多供应商争着做仪化的代储代销供应商。仪化利用这一有利时机，逐步扩大代储代销物资的范围，现在有很多备件，如各种泵、机封、熔体泵内的齿轮等也成为代储代销的物资，到2004年底，代储代销的供应商已达110多家。实行代储代销方式后，也使物资供应的效率有明显提高。过去，像大修中采纳急需的配件，从做计划、找供应商，进行询比价，到最后备件运到现场，最快也要一个星期的时间。2004年3月份，仪化PTA生产中心大修时，泰州一家供应商主动抽调人员进入仪化大修现场，他们根据大修的需要及时为现场加工密封垫等配件。仪化公司实行物资供应代储代销后，没有发生一起因质量问题而退货，或因备货不足、交货不及时而影响生产的现象。

3. 供应商协助清仓利库

近几年，仪化公司的发展给许多供应商带来了很大的市场机遇，一方面，许多供应商感到与仪征化纤做生意诚信度高、没有资金风险，并有广阔的市场前景；另一方面也给自己积累了无形资产，因为在双方的合作中，有眼光的供应商追求的不单纯是买卖关系，而是通过合作建立良好的长期伙伴关系。仪化通过代储代销工作，利用与供应商建立的良好合作关系，进一步挖掘降低成本的潜力。他们针对过去一些备品配件库存多的情况，与供应商进行协调，促使供应商逐步回购库存物资。通过与供应商一起清仓利库、处理积压物资，进一步改善着库存结构。仪化过去采购泰州一家公司的密封件，一直没有用完，造成了物资的积压。经过努力，泰州这家公司克服自身的困难，为仪化回购了 40 多万元积压的物资。通过组织供应商回购积压物资，仪化库存积压的物资不断减少，2004 年，仪化通过供应商回购的方式，减少了 750 多万元的积压物资。

案例来源：http://www.51edu.com/

问题：

（1）美心公司形成了一套怎样的降低成本管理的模式？为什么美心公司能成为唯一在原材料价格暴涨时期还能维持低价政策的企业？

（2）为了降低成本，仪化公司采取了何种措施？仪化公司为何采取代理商代储代销的模式？供应商是如何协助仪化公司降低库存的？

能力目标

（1）物流采购成本的构成。
（2）物流采购成本的绩效分析。
（3）影响物流采购成本的因素。
（4）物流采购成本的控制方法。
（5）灵活运用所学知识分析有关经济现象。

项目实施

任务一：采购成本的构成分析

☞ 任务描述

商品价格是采购成本的重要组成部分，成本是采购永恒的主题。采购人员每年都在做降价工作，但企业为了控制库存，采购周期越来越短，采购批量越来越小，对供应商的要求越来越高，加上原材料的价格不断上涨，降价的工作越来越富有挑战性。如何应对供应商和不断变化的市场？如何综合利用各种技术和手段，有效降低企业的物流采购成本？这就需要掌握企业物流采购成本的特点并能对其构成进行分析。

☞ 教学方法与手段

案例分析、操作演示、学生自主学习。

☞ 相关知识

如果企业仅仅从自身利益出发，要求降低采购价格，难免引起供应商的反应，甚至引起供应商的不满。为了有效地降低采购成本，必须要寻求采购成本节约的可能节点和环节过程，对采购成本的构成项目进行针对性分析。

一、采购成本的特点

采购成本是指因采购而带来的或引起的成本。狭义的采购成本是指购买货物和服务的费用。广义的采购成本是指整个采购过程中发生的各种费用的总和，即包括取得物料的费用、采购业务的费用、因采购带来的库存维持成本及因采购不及时而带来的缺料成本等。采购成本和企业其他成本相比，具有以下特点：

1. 采购成本具有隐蔽性

采购成本就像是一座"冰山"，我们常常看到的"冰山"上面是物资材料成本，而采购过程中发生的订货成本、运输成本及缺货成本等具有隐蔽性。如采购物资数量较少，不能满足生产或销售的需要，进而导致停产或断销；所造成的损失也应该计入采购成本中。由于采购成本的隐蔽性，要求企业在对采购成本进行核算时，应该对采购成本进行全面分析。

2. 采购成本与其他物流成本存在着"效益背反"关系

降低采购成本的同时会引起其他物流成本的增加，增加采购成本会引起其他成本的下降。比如，为了降低库存成本，就要减少库存商品的数量。可是，为了维持生产和销售的正常进行，在减少采购批量的情况下，就要增加采购商品的次数，这相应地就提高了订货成本，虽然降低了库存成本但却提高了采购成本；相反，若增加采购批量，减少采购次数，虽然降低了采购成本，但却提高了库存成本。因此，采购成本并非越低越好，而是要结合企业其他物流活动，达到物流总成本的最小化。

3. 采购成本对提高企业效益具有较大的潜力

降低采购成本，对于提高企业效益起着不可低估的作用。一方面，由于采购成本占企业产品成本的比重最大，一般能占到 50%，甚至更多，采购成本降低的空间较大；另一方面，采购成本的降低能为企业提供直接的经济利润。例如，某企业的销售利润率为 5%，销售额为 10000 元，采购成本为 5000 元。如果采购成本降低 100 元，企业利润可增加 100 元。如果依靠提高销售额来增加 100 元的利润，销售额要提高 2000 元。也就是说，对于提高相同的效益来说，降低 2%采购成本的作用与销售额增加 20%的作用是一样的。采购部门不仅仅是一个购入原材料的部门，同时也是企业的利润中心之一。

二、采购成本的构成

采购成本对很多制造类和流通类企业的利润水平有着重要的影响。采购成本的主要管理目标是缓解成本压力，有效地控制采购成本，从而提升企业的经营效益。为了有效地进行采购成本控制，了解、分析采购成本的构成至关重要。

1. 订购成本

订购成本是指向供应商发出采购订单的成本费用，即企业为了实现一次采购而进行的各种活动的费用支出。订购成本中有一部分与订购次数无关，如常设采购机构的基本开支等，称为订购的固定成本；另一部分与订购的次数有关，如差旅费、邮资等，称为订购的变动成本。订购成本包括下列活动的相关费用，如图 1-1 所示。

2. 维持成本（持有成本）

维持成本是指为使物料保持在一定数量上而发生的成本。维持成本可以分为变动成本和固定成本。变动成本与持有数量的多少有关，如物料资金的应计利息、物料的损坏和变质损失、物料的保险费用等；固定成本与存货的多少无关，如仓库折旧、仓库员工的固定月工资等。

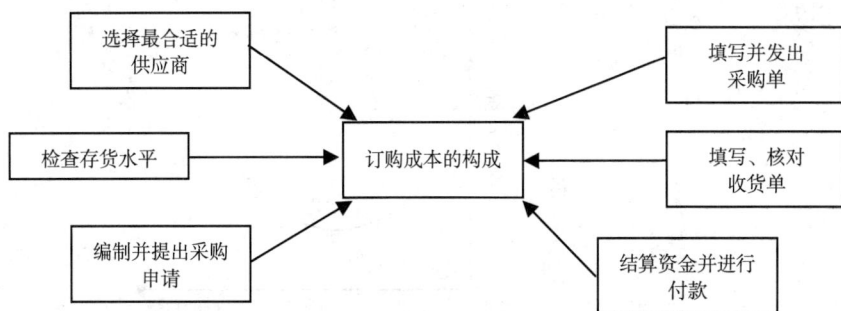

图 1-1　订购成本的费用构成情况

维持成本一般用所占平均物料价值的百分比表示。例如，假定维持成本为20%，年度物料成本为1000万元的企业，其平均物料维持成本为200万元。虽然，维持成本的计算方法十分简单，但要确定适当的维持成本百分比并不简单，它需要从管理上做出判断、估算平均存货水平、评估与存货有关的各种费用，以及在一定程度上直接进行测量。传统上包括在持有物料成本账目中的项目有：资本成本、保险、折旧、储存和税金。年度持有成本一般在20%左右，但是它的范围可以变动很大，从9%～50%，这主要取决于企业的存货政策。持有成本百分比是根据每一个存货单位或配送地点的平均存货价值评估出来的。由此产生的持有成本就能够与其他的采购成本构成进行优选，以便最后确定采购成本的管理政策。表1-1说明了持有成本构成的百分比和范围。

表 1-1　持有成本构成

要　素	平均数（%）	范围（%）
资本成本	15.00	8～40
折　旧	1.20	0.5～2
储　存	2.00	0～4
税　金	1.00	0.5～2
保　险	0.05	0～2
总　计	19.25	9～50

订购成本和维持成本随着订购次数或订购规模的变化呈反方向变化。随着订购规模的增加，持有成本增加，而订购成本降低，使总的订购成本呈U形。其关系如图1-2所示。

3. 缺料成本

缺料成本是指由于物料供应中断而造成的损失，包括停工待料损失、延迟发货损失、丧失销售机会损失、商誉损失，如果损失客户，还可能给企业造成长期损失。

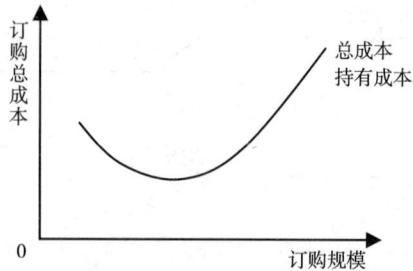

图1-2 订购总成本与订购规模的关系

（1）延期交货及其成本。延期交货可以有两种形式：一是缺货可以在下次规则订货中得到补充；二是利用延期交货。如果经常缺货，客户可能就会转向其他企业。如果缺货、延期交货，就会发生特殊订单处理和送货费用。由于延期交货经常是小规模装运，可能需要利用快速、昂贵的运输方式运送延期交付的货物，因而送货费用相对要高。因此，延期交货成本可根据额外订单处理费用和额外费用来计算。

（2）保险存货及其成本。许多企业都会考虑保持一定效量的保险存货，即缓冲存货，以防在需求提前等情况下的不确定性。但是困难在于确定何时需要保持多少保险存货，保险存货太多意味着会有多余的库存，而保险存货不足则意味着断料、缺货或失销。

企业保持保险存货是为了在需求率不规则或不可预测的情况下有能力供应。准备这些追加存货是要不失时机地为生产即内部需要服务，以保证企业的长期效益。

保险存货的持有成本的计算与物料成本是一样的，但保险存货的风险更大，比周转存货的储存成本高；保险存货水平的决策涉及概率分析。

（3）失销成本。尽管一些客户允许延期交货，但是仍有一些客户会转向其他企业。当一个企业没有客户所需的货物时，客户就会从其他企业订货。在这种情况下，缺货就会导致失销。企业的直接损失是这种货物的利润损失。这样，可以通过计算这种货物的利润点以上的客户的订货数量来确定直接损失。①除了利润损失，还包括当初负责这笔业务的销售人员的人力、精力浪费等，这就是机会成本损失。②一些情况下的失销总量很难确定。许多客户习惯于电话订货，只是询问是否有货，而未指出要订多少货，如果这种产品没有货，客户就不会说明需要多少，对方也就不会知道损失的总量。③很难估计一次缺货对未来销售的影响。

（4）失去客户的成本。当一个企业由于缺货而失去客户时，客户会永远转向另一家企业，由此造成的损失很难估计，需要用科学管理的技术以及市场营销研究方法来分析和计算。除了利润损失，还有由于缺货造成的信誉损失。信誉在采购成本控制中常被忽略，但它对未来销售及客户经营活动非常重要。

☞ **技能训练**

【训练1-1】某电视机厂的采购部门，为了采购电视玻壳，对采购物料种类、数目、成本等方面的资料进行采购信息的记录，要求对采购成本的构成项目进行分析。

该单位的采购成本的构成项目分析情况如表1-2所示：

表1-2　某单位玻壳采购成本分析

项　目	单价或单位费用（元）	该专案占采购成本之比（%）
玻壳采购价（发票价格）	37.20	54.31
运输费	5.97	8.72
保险费	1.96	2.86
运输代理费	0.03	0.04
进口关税	2.05	2.99
流通过程费用	0.41	0.60
库存利息	0.97	1.42
仓储费用	0.92	1.34
退货包装等摊销	0.09	0.13
不合格品内部处理费用	0.43	0.63
不合格品退货费用	0.14	0.20
付款利息损失	0.53	0.77
玻壳开发成本摊销	6.20	9.05
提供给供货商的专用模具摊销	5.60	8.18
包装投资摊销	6.00	8.76
其他费用	0.00	0
总　计	68.50	100

【训练1-2】某公司购进50000元的原材料，加工成本为50000元，若销售利润为10000元，需实现销售额110000元。如果将销售利润提高到15000元而利润率不变，则销售额就需实现165000元。这意味着公司的销售能力必须提高50%，这是非常困难的。若采取另一种方法，假定加工成本不变，可以通

过有效的采购管理，使原材料只花费 45000 元，节余的 5000 元就直接转化为利润，从而在 110000 元的销售额上将利润提高到 15000 元。试对该项目整体采购成本进行分析。

分析：此例说明了良好的采购将直接增加公司的利润和价值，有利于公司在市场竞争中赢得优势。此例揭示了将采购成本降到最低对公司利润增长的重要性，更为重要的是，应该考虑项目生命周期内的最低整体采购成本。在实际采购工作中，很多招标单位通常只关注承包方的投标报价，而忽视了招标成本、建设成本和所有权损耗成本等项目整体采购成本。因此，涉及采购成本分析的内容和应注意的问题如下：

(1) 招标成本。公司发出招标要约前，招标方需要确定目标、调查主题、编写需求建议书 (RFP)、考察和认同供应商、获取内部的授权、寻求预算支持等，该过程花费的成本可能需要占整个合同价的 2%～5%。

此外，竞标者也需要对招标方的招标文件制订其投标建议书，费时又费钱，每个竞标者在竞标说明上所要花费的成本将达到合同价的 1%～6.7%。如果有五个竞标者，该成本将达到合同价的 5%～30%。表面上看来，这笔款项由竞标者承担；但是，从长远看是由招标方承担。因为竞标者总把竞标成本直接加在每次竞标的项目上。

评标程序开始后，招标方需做包括开标、评标、定标、谈判、批准等工作。这个总成本可能占合同价的 2%～5%。如果因为某种原因必须重新招标时，这部分成本将大幅增加。因此，对于一般行业来说，竞标的总成本可能占到合同价的 10%～50%。无论招标方属于何种行业，降低招标成本都是一种责任。

(2) 建设成本。建设成本是投标报价的主要依据，往往是买卖双方关注的重点。一般包括如下几个方面：前期准备、正式建设费用、与其他系统的集成、授权、交付、保险、相关手册、对员工和管理者的培训等。

(3) 所有权损耗成本。所有权损耗成本指长期损耗成本，包括项目运营成本和处置成本。项目运营成本可能会持续多年，并且可能是前期费用的许多倍；在设备濒于报废之时还需考虑其销毁或处理的处置成本。

综合考虑这些成本有助于以正确的观点看待实际采购价，帮助买方选择最好的方案。采购过程中的"黄金规则"要绝对保密，不让任何不应外传的信息从机构中泄密。

任务二：采购成本的控制方法

☞ 任务描述

采购成本的下降，不仅直接体现在产品成本的下降，而且使企业现金流出减少、利润增加，资产回报率增加，最终增强企业的竞争力；但是，采购成本绝不等同于采购单价，单纯地削减采购单价反而会抬升采购成本，给企业增加其他成本和风险。如何才能真正有效地降低企业的采购成本呢？这就需要在对企业的采购成本做出定性与定量分析的基础上，运用各种有效的控制方法，降低企业的采购成本。

☞ 教学方法与手段

案例分析、操作演示、学生自主学习。

☞ 相关知识

随着我国逐步融入全球经济体系，我国企业面临的国际竞争越来越激烈。在企业的产品生命周期逐渐缩短，消费者的需求日益多样化及产品技术层次不断提升的情况下，降低企业的采购成本，则是提高企业附加值最直接的方式。企业管理者发现，企业的采购环节存在着很大的利润空间，通过正确的运作和管理，可以降低企业的生产经营成本，大幅度提高企业的经济效益和综合竞争力，实现企业的可持续发展。

一、影响采购成本的因素

1. 采购价格

在商品的采购过程中，采购价格是采购成本中最显性的部分，它是采购成本构成中最大的组成部分，因此，采购价格是采购成本中非常重要的因素，而采购价格又受很多因素的影响。

（1）供应商成本。这是影响采购价格的最根本、最直接的因素。供应商进行生产，其目的是获得一定的利润，否则生产无法继续。因此，采购价格一般在供应商成本之上，两者之差即为供应商的利润，供应商的成本是采购价格的底线。一些采购人员认为，采购价格的高低全凭双方谈判产生，可以随心所欲地定价，其实这种想法是完全错误的。尽管经过谈判后供应商大幅度降价的情况时常出现，但这只是供应商报价中水分太多的缘故。

（2）产品规格与品质。采购企业对采购品的规格要求越复杂，采购价格就越高。一个好的产品规格，不仅能使这个产品易于销售，便于生产，而且还易于提供售后服务，便于购买到经济的原材料或部件，反过来又能使其具有足够的吸引力，能够促使供应商进行生产和供应。所有这一切要求介入的各方在产品规格上做一定程度的妥协和让步。价格的高低与采购品的品质也有很大的关系。如果采购品的品质一般或质量低下，供应商会主动降低价格，以求赶快脱手。

（3）交货条件。交货条件主要包括运输方式、交货期的缓急等。如果货物由采购方来承运，则供应商就会降低价格；反之，就会提高价格。有时为了争取提前获得所需货物，采购方会适当提高价格。

（4）采购品的供需关系。当企业所采购的物品为紧俏商品时，供应商就处于主动地位，就可以趁机抬高价格；当企业所采购的商品供过于求时，采购企业则处于主动地位，可以获得最优的价格。

（5）生产季节与采购时机。当企业处于生产旺季时，对原材料需求紧急，因此不得不承受更高的价格。避免这种情况的最好办法是提前做好生产计划，并根据生产计划制订出相应的采购计划，为生产旺季的到来提前做好准备。

2. 订货数量

一次的订购数量会影响到价格、运输成本和库存持有成本。购买方希望通过谈判得到优惠的价格，希望只在需求出现时才实际进货，以此避免存货的积累。对此，如果购买方预计今后的价格会升高，就会采取提前采购的措施，以避免涨价的损失；如果预计到今后的价格会上涨，如果可以抵消库存成本，则提前并大量采购是有利的。对于一些可以再出售的物品，低价时大量囤积，高价时出售能取得价差的利润。物流企业的采购和存货成本有：取得成本、储存成本和缺货成本。

3. 价格折扣

供应商提供的价格会影响到企业的购买行为，进而影响到企业的采购成本。例如，当供应商推出价格折扣将其中一部分收益传递给买方时，企业受到鼓动而进行大批量的购买。折扣是工业企业产品销售常用的一种促销方式。了解折扣有助于采购商在谈判过程中降低采购价格。

4. 采购模式

不同的采购模式也会对采购成本产生影响，采购模式有集中采购与分散采购、联合采购、电子采购和招标采购等。

（1）集中采购与分散采购。集中采购是指企业在核心管理层建立专门的采购机构，统一组织企业所需物品的采购进货业务。跨国公司的全球采购部门的建设是集中采购的典型应用。它以组建内部采购部门的方式，来统一管理其分布于世界各地分支机构的采购业务，减少采购渠道，通过批量采购获得价格优惠。分散采购是由企业下属各单位，如子公司、分厂、车间或分店实施的满足自身生产经营需要的采购。分散采购是集中采购的完善和补充。

（2）联合采购。联合采购是指多个企业之间的采购联盟行为，它与集中采购不同，集中采购是指企业或集团内部的集中化采购管理。可以认为联合采购是集中采购在外延上的进一步拓展。随着市场竞争的日益激烈，企业在采购过程中实施联合已经成为企业间降低成本、提高效益的重要途径之一。

（3）电子采购。电子采购就是通过网络支持完成采购工作的一种业务处理方式，也称为网上采购。它的基本特点是在网上寻找供应商、寻找商品、洽谈贸易、订货，甚至在网上支付货款。电子采购具有费用低、效率高、速度快、业务操作简单、对外联系范围宽广等特点，因而成为当前最具发展潜力的企业管理工具之一。

（4）招标采购。招标采购是在众多的供应商中选择最佳供应商的有效方法，它体现了公平、公开和公正的原则。通过招标程序，招标企业可以最大程度地吸引和扩大投标方之间的竞争，从而使招标方有可能以更低的价格采购到所需要的物资或服务，更充分地获得市场利益。

5. 企业成本结构和供应商成本结构

企业产品成本结构由于行业或产品类别的不同会有所差别。它包括原材料成本、制造成本等。在一定程度上，采购成本中的很大一部分会转移到产品成本中去，因此，它们必然会相互影响。同时，供应商会影响企业的采购活动，具体到采购活动中，必然会或多或少地影响到采购企业的采购成本。

6. 与供应商的协作关系

一个好的供应商能跟随着企业共同发展，为企业的发展出谋划策，节约成本，企业管理供应商很省心；不好的供应商，则为企业的供应商管理带来很多的麻烦。判断一个好的供应商，主要从其质量、价格、服务、技术力量和应变能力等方面考虑。

随着产业技术发展速度的不断加快，产品寿命相应地缩短。随着产品寿命的不断缩短，在第一时间得到正确的产品信息就变得越来越重要。在及时得到供应市场的有关信息上，采购人员发挥着至关重要的作用。随着专业化程度的不断加深，更多的公司会利用供方市场的信息通过创新开发出新产品来。得到的情报越早，同供应商的关系越紧密，公司就越有可能在获利上取得优势。尽管卖方在让潜在用户了解新的发展方向上发挥着重要的作用，但买方也在寻求创新，买方甚至会推动这种开发，不仅在传统市场中如此，在非传统市场中更是如此。

二、采购成本的定性和定量分析

1. 采购成本的定性分析

（1）分析材料消耗。采购材料所支出的款项平均占销售收入的 60% 左右，而用于支付工资的劳务费用仅占销售收入的 15%～20%。因此，从节约材料消耗入手，收效最大，最易于实现降低成本、增加盈利的目标。

（2）分析库存占用资金。存货占用的资金规模很大，如果降低存货，可以减少利息支出，再考虑可以减少的仓储作业和运输搬运等费用，则节省的物流费用就会更多。由此可见，材料管理对于促进企业再生产过程的顺利进行、节约资金占用、降低产品成本、提高企业盈利能力，起着举足轻重的作用。所以，人们将降低原材料消耗、节省物化费用称为取得利润的"第一个源泉"。

（3）分析采购成本的功能价值。在采购价值分析中，价值是指购入的材料或产品的功能与其采购成本或产品的寿命周期成本相对比的比值，是衡量材料采购效益大小的评价尺度。早在 20 世纪 40 年代，美国通用电气公司的采购员麦尔斯就成功地解决了短缺物资的代用问题，随之创立了价值分析学说。价值分析是以提高购入材料的价值为目的的一项有组织的创新活动。在材料采购方面开展价值分析活动，易于入手，花费少，见效快，收益大。

实践表明，价值分析应用于物资采购中不失为一种有效的方法。正确选购原材料是企业合理使用原材料、降低产品成本的先决条件。企业应根据材料在生产中的使用要求进行功能价值分析和成本效益分析，力求花费最少的采购费用，购买物美价廉、适合生产使用需要的材料，这是价值分析指导材料采购工作的基本原理。以合理的价格采购原材料是价值分析的目的之一。追求任何功能都要为之付出费用，不切实际地追求多功能、高质量势必造成浪费。因此，应以性能价格比作为衡量物资采购成功与否的标志。降低材料的使用费用是价值分析的另一个目的。购置费用容易引起人们的重视，而使用费用往往被忽视。例如，有的材料购置费用低而使用费用及寿命周期费用却较高，价值分析则要求把整个寿命周期费用降到最低。

材料采购的价值分析，可根据价值分析的基本原理和实施的步骤，应用价值分析检核表，从功能和成本两方面进行分析。表 1-3 所示的是降低直接材料成本的检核表。

通过对以上检核表的项目进行分析，可以发现通过淘汰、消化、合并、标准化、代用等途径，我们可以以最少的费用，取得所需的必要功能，即功能成本最优化。

表1-3　降低直接材料成本检核表

检核日：　　　　　　　　年　月　日　　　　　　　　检核者：

区分	No.	检核要点	答复 是	答复 否	备注	区分	No.	检核要点	答复 是	答复 否	备注
设计	1	是否已经推行价值分析				加工	27	降低成本专家有几位			
	2	是否已检验变更材料，以节省材料					28	生产量是否适当			
	3	是否已进行轻量化的检验					29	是否容易加工			
	4	是否已检验过节省辅助材料					30	是否可以变更加工制造节省材料			
	5	是否设法从技术上降低成本					31	收益率情况是否良好			
	6	是否利用边料				品质管理	32	是否已检验品质材料			
	7	是否达到再生利用					33	有无过剩品质问题			
采购技术	8	是否已实施采购市场调查					34	是否已检验品质的单纯化			
	9	是否调查替代材料					35	是否已实施品质保证			
	10	是否核对报纸上的商务版					36	是否有规格依据			
	11	是否进行轻量化检验					37	检验规定是否明确			
	12	是否已检验节省辅助材料					38	检验是否适当			
	13	是否已实施3家公司报价					39	是否充分掌握检验意义			
	14	是否进一步价格调整					40	样本与现物是否一致			
	15	是否查看原生产地				获取	41	是否有良好售后服务制度			
	16	购入地区是否适当					42	是否可简单获得			
	17	是否有串通购入情况					43	交货是否确实			
	18	是否对供货商进行辅导					44	采用先进先出法是否可能			
	19	流通线路是否适当					45	物料搬运是否恰当			
	20	购入时期是否适当					46	搬运方法是否适当			
	21	大量采购是否可降低成本				仓库管理	47	预备库存是否恰当			
	22	可否共同购入					48	库存管理做得如何			
	23	是否有更便宜输入品					49	材料放置是否适当			
	24	是否可以退货					50	仓库管理是否适当			
	25	付款条件是否恰当									
	26	是否已决定每部门设立降低成本主办人员									

2. 采购成本的定量分析

（1）价格与成本分析。价格与成本分析是专业采购的基本工具，主要借助于采购成本盈亏平衡分析（Even Point Analysis）方法，对供应商定价的基本依据和成本结构进行了解，以此进行采购决策。根据量本利之间的关系，有：

销售收入 $S = $ 产品的产量 $Q \times$ 单价 P

生产成本 $C = $ 固定费用 $F + $ 变动费用

$\qquad = $ 固定费用 $F + $ 产品产量 $Q \times$ 单位产品变动费用 C

当盈亏平衡时，即销售收入等于生产成本或单价等于单位产品成本时，有：$S = QP = F + QC$，从而，保本产量 Q 和保本收入 S 分别为：

$Q = F/（P - C）$

$S = F/（1 - C/P）$

式中，$P - C$ 是指单位产品销售收入扣除变动费用后的剩余，叫做边际贡献或毛利；而 $1 - C/P$ 是表示单位产品销售收入可帮助企业收回固定费用、实现企业利润的系数，叫做边际贡献率或毛利率。

供应商在制定产品的价格时都会考虑到其边际贡献率或毛利率应该大于零，也就是说，产品的单价应该大于成本（单位固定费用摊销与单位产品变动费用之和）。作为采购人员，要了解供应商的成本结构，就要了解其固定费用及变动费用的内容。如果采购人员不了解所购买物品的成本结构，就不能了解所购买物品的价格是否公平合理，同时也会失去许多降低采购成本的机会。一般情况下，在产品的成本结构中，固定成本比例越高，价格的弹性就越大，随市场季节变化及原材料的供应而变化的波动也就越强烈，因而这些产品在采购时可采用加大订购数量、在消费淡季订购等方法来降低采购成本。而对于可变成本比例较高的产品，则要改善供应商，促进其管理水平的提高并降低管理费用。

（2）采购成本的因素分析。我们可以用连环替代法对影响采购成本的各因素进行定量分析。通常认为，采购总成本受产品的生产量、单位产品的材料消耗量和单位材料的采购成本的影响。采购成本的因素分析就是要分别分析上述三个因素对采购总成本的影响方向和影响量。

3. 选择合适的采购模式和采购策略

企业选择合适的采购模式，有助于采购成本的下降和采购费用的降低。

（1）集中采购模式——采购规模优势更大化。通过采购量的集中来提高议价能力，降低单位采购成本，这是一种基本的战略采购方式。许多国内企业纷纷建立集中采购部门或货源事业部，对公司的生产性原料或非生产性物品进行集中采购规划和管理，这在一定程度上减少了采购物品的差异性，提高了采购服务的标准化，减少了后期管理的工作量。近年来，随着中国经济建设和买方市场的形成，加强和规范企业采购管理成为一个日益突出的问题。在相当一部分企业的采购环节中，收受回扣和贿赂、舍贱求贵、以次充好、损公肥私的现象较为严重，造成采购成本居高不下。从某种程度上说，加强企业采购管理既是经济问题，也是社会问题、伦理道德问题和政策规范的问题。统一采购、全球采购、招投标采购能统一采购标准，规范采购行为，充分利用全国甚至全球范围的资源是降低企业采购成本的重要途径。

（2）联合采购模式——中小企业联合抵御风险。随着市场竞争的日益激烈，企业在采购过程中实施联合，已经成为企业降低成本、提高效益的重要途径之一。企业间联合采购，可合并同类商品的采购数量，通过统一采购使采购单价大幅度降低，使各企业的采购费用相应降低。联合采购的方式有以下两种：

1）采购战略联盟。采购战略联盟是指两个或两个以上的企业出于对整个世界市场的预期目标和企业自身总体经营目标的考虑，采取一种长期联合与合作的采购方式。这种联合是自发的、非强制性的，联合各方仍保持各个公司采购的独立性和自主权，彼此依从相互间达成的协议以及经济利益的考虑连接成松散的整体。随着现代信息网络技术的发展，企业有了一个崭新的合作空间；企业之间可通过网络保证采购信息的及时传递，使处于异地甚至异国的企业之间实施联合采购成为可能。国际上一些跨国公司为充分利用规模效益，降低采购成本，提高企业的经济效益，正在向采购战略联盟发展。

2）通用材料的合并采购。这种方式主要运用于有互相竞争关系的企业之间，通过合并通用材料的采购数量和统一归划采购来获得大规模采购带来的低价优惠。在这种联合方式下，每一项采购业务都交给采购成本最低的一方去完成，使联合体的整体采购成本低于各方原来进行单独采购的成本之和，这是这些企业的联合准则。这种合作的组织策略主要分为虚拟运作策略和实体运作策略。虚拟运作策略的特点是组织成本低，它可以不断强化合作各方最具优势的功能和弱化非优势功能。

（3）电子采购模式。电子采购作为一种新兴的采购方式，以其快速、方便、节约的特点被越来越多的采购单位所采用。它一般经过提出采购、选择商品和供应商、订货付款和完成交易四个阶段的流程。其模式有：

1）卖方一对多模式。在这种模式下，供应商在互联网上发布其产品的在线目录，采购方通过浏览来取得所需要的商品信息，以做出采购决策，并下订单。卖方一对多模式，如图 1-3 所示。

在卖方一对多模式中，作为卖方的某个供应商为了增加市场份额，开发了他们自己的互联网网站，允许大量的买方企业浏览和采购自己的在线产品，买方登录卖方系统通常是免费的。对买方企业而言，这种模式的优点在于容易访

问，并且不需要任何投资；缺点是难以跟踪和控制采购开支。卖方一对多模式
多应用于中小企业的采购环节中。

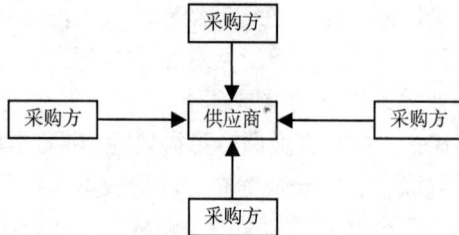

图1-3 卖方一对多模式

2）买方一对多模式。买方一对多模式是指采购方在互联网上发布所需采
购产品的信息，供应商在采购方的网站上登录自己的产品信息，供采购方评
估，双方通过采购方网站进行进一步的信息沟通，完成采购业务的全过程，
如图1-4所示。

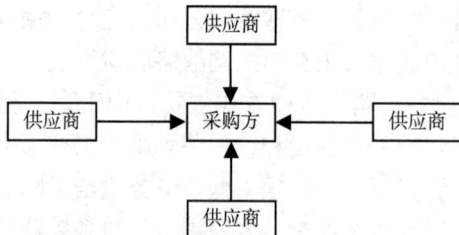

图1-4 买方一对多模式

与卖方一对多模式不同，买方一对多模式中采购方承担了建立、维护和更
新产品目录的工作。虽然这样花费较多，但采购方可以更好地控制整个采购流
程。它可以限定目录中所需产品的种类和规格，甚至可以给不同的员工在采购
不同产品时设定采购权限和数量限制。买方一对多模式一般适合大企业的直接
物料采购，也只有大企业才能有足够的能力维护网站的运作和做好产品目录的
更新工作。

3）第三方系统门户。门户（Portals）是描述在互联网上形成的各种市场的
术语。独立门户网站是通过一个单一的整合点，使多个买方和卖方能够相遇，
并进行各种商业交易的网站站点，它对信息技术产业和信息经济发展具有重大
影响。其结构如图1-5所示。

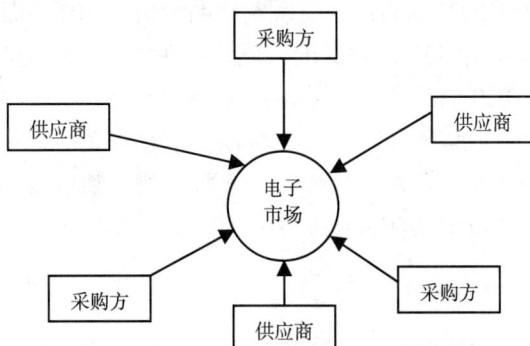

图 1 – 5　第三方系统门户

4）企业私用交易平台。企业私用交易平台类似电子数据交换（EDI）系统，EDI 系统是大型企业长期以来使用的主机式应用程序，以电子方式交换订单、库存报表与其他资料。企业私用交易平台和 EDI 网络类似，能减少沟通的时间与成本，使合作厂商以标准格式，实时分享文件、图表、电子表格与产品设计。同时，企业私用交易平台还能实现国际网络平台的功能与 EDI 系统的安全性的结合。

（4）关键性采购策略。建立一个有效的、有成本意识的物流、采购部门，首要的措施是建立 ABC 分类管理系统。ABC 分类管理系统，将采购的全部原材料和零部件分成三类：

A 类，表示该项目价格最贵，对公司的经营活动至关重要，在价值上占到全部物品的 70% ~ 75%，但在物品数量上仅占总数的 5% ~ 10%。只要能正确地控制 A 类物品，就能降低采购成本。有人还把 A 类细分为 A 类和 AA 类，对 AA 类物品实行更严格的"关键点"控制。

B 类，B 类物品不像 A 类那么昂贵，但比 C 类物品贵一些，在数量上占全部物品总数的 20% 左右，价值量上也约占总量的 20%。

C 类，C 类物品是企业中使用量大，但价格十分便宜的物品，如螺栓、螺帽、螺钉等。这类物品在数量上占全部物品总数的 70% ~ 75%，但价值却只占总量的 5% ~ 10%，库存量大，管理可以简单化，比如，一年采购一次或两次。把所有物料分成这三个类别，就可以把重点放在 A 类物品上。对 A 类物品，采购时必须签订严格的合同，和供应商、潜在的供应商保持密切联系，把生产进度与采购进度、供应商的生产能力联系起来考虑，以及时满足生产的需要。ABC 分类系统的目的就是使企业把管理控制的力度放在最重要的项目上，通过认真掌握 A 类部件情况形成一个有效的材料价格管理控制机制。

另外，关键性采购也可以理解为采购物品的 80/20 原则。其含义为：数量或者种类为 80% 的采购物品只占所有采购物品价值的 20%，而剩下的 20% 则占有 80% 的价值；其中有 50% 的物品的价值总量在 2% 以下。产品中原材料（含零部件）的这种 80/20 特性为采购物品的策略制定提供了有益的启示，也就是说，采购工作的重点应该放在价值占 80% 而数量只占 20% 的物品上，这些物品包括了战略物资和集中采购品。此外，有 50% 的物品数可以不予重视，其运作的好坏对成本、生产等的影响甚微。

三、控制采购成本的措施

采购部门的职责包括采购政策、采购标准的制定、监督实施和采购系统的管理等，而控制并降低采购成本是采购部门的一项基本职责。早在 20 世纪 80 年代，西方国家的公司就已开始了对采购成本的控制并对供货商管理给予高度的关注。通过对采购成本的控制，降低了零部件价格，简化了供应链并改善了市场反应速度，从而产生了大量的采购成本的节余。因此，控制采购成本应着眼于供应商和供应市场，要建立科学的采购管理系统，分析采购成本变化的情况和变化趋势，选择合适的采购模式和采购策略。

1. 做好采购基础管理工作，建立严格完善的采购制度

企业应完善采购基础管理工作，包括采购物资的分类、分等与数据库建立；合格供应商评价标准的确定与供应商等级的划分及数据库建立；各类物资标准库存量的制订、库存量的控制与库存周围率的提高（控制库存资金占用十分重要）；库存管理信息化与数据准确；滞呆料的防范与及时处理。

建立严格完善的采购制度，不仅能规范企业的采购活动、提高效率、杜绝部门之间扯皮，还能预防采购人员的不良行为。采购制度应规定物料采购的申请、授权人的批准权限、物料采购的流程、相关部门（特别是财务部门）的责任和关系、各种材料采购的规定和方式、报价和价格审批等。具体包括：

（1）采购计划的编制、报批、比价订货、入库验收、结算等工作必须分工负责，严格履行各自的工作职责。

（2）采购人员除特殊的特别授权外，均按批准的物资品种、型号规格(图号)、数量、生产厂家以及安全标准证等进行调价、比价采购，不得擅自更改采购合同内容。

（3）除零星物资采购外，采购业务需签订采购合同，按程序要求经审批和报批后执行。

（4）采购货款必须经过审核与合同相符后，按公司资金平衡计划指标，由物资公司具体安排方可付款结算。

（5）采购货款除特殊的小额采购外，必须通过公司财务部结算。

2. 建立供应商准入制度和科学的采购管理系统

对企业的正式供应商要建立档案，供应商档案除有编号、详细联系方式和地址外，还应有付款条款、交货条款、交货期限、品质评级、银行账号等，每一个供应商档案应经严格的审核才能归档。企业的采购必须在已归档的供应商中进行，供应商档案应定期或不定期地更新，并有专人管理，建立供应商准入制度。

为了控制企业的采购成本，应针对企业采购管理的现状及未来发展，参照国内外先进的采购管理模式，建立先进的物流采购系统，以理顺现有的采购过程中各个要素的关系，在保证物流、资金流和信息流畅通的前提下，有效地控制采购过程，使物资采购系统更有效率，从而更好地控制企业的物流采购成本。

企业通过建立如图1-6所示的采购管理系统来控制采购成本。

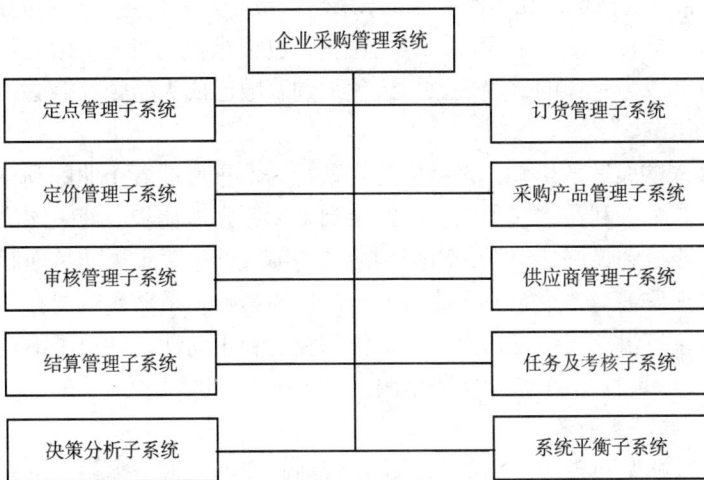

```
              ┌──────────────────┐
              │  企业采购管理系统  │
              └──────────────────┘
┌──────────────┐              ┌──────────────────┐
│ 定点管理子系统 │              │   订货管理子系统   │
└──────────────┘              └──────────────────┘
┌──────────────┐              ┌──────────────────┐
│ 定价管理子系统 │              │ 采购产品管理子系统 │
└──────────────┘              └──────────────────┘
┌──────────────┐              ┌──────────────────┐
│ 审核管理子系统 │              │  供应商管理子系统  │
└──────────────┘              └──────────────────┘
┌──────────────┐              ┌──────────────────┐
│ 结算管理子系统 │              │  任务及考核子系统  │
└──────────────┘              └──────────────────┘
┌──────────────┐              ┌──────────────────┐
│ 决策分析子系统 │              │  系统平衡子系统   │
└──────────────┘              └──────────────────┘
```

图1-6　采购管理系统成本控制

企业既可以通过采购管理系统来控制部门内的工作，又可以通过各种相关的信息记载来管理和考评业务人员的工作绩效。它可以给物流采购工作带来明显的改善和收益，使得产品成本、业务处理成本减少，业务周期缩短；使采购管理更加科学，减少管理层次；使机构更加扁平化，有利于高层管理者对业务人员的工作质量、工作能力及工作效率的了解；使人力资源得到最大程度的开发；增大工作过程的透明度，有利于跨部门工作的连续性、一致性，大大提高工作效率和采购效率。同时，合并在一起的较大采购量也能使供应商最大程度地提高效率和实现规模经济效益，从而让采、供双方实现"双赢"。

四、采购成本控制的难点——采购腐败

怎样避免采购环节的腐败问题，让采购人员真正以企业的利益为重，这一直是企业管理中的一大难题。

1. 采购腐败现象及影响

虽然每个企业都在努力治理采购腐败问题，但是效果并不理想，反而呈现出愈演愈烈的趋势。

（1）采购腐败现象的普遍性。生鲜采购腐败是连锁超市最难防治的，在连锁商系统里，采购方式采用集中采购与分散采购相结合，一些贵重、大额的品类会由总部专员集中采购，一些小额的生活用品、地区性特产和生鲜采购，就授权各店采购主管负责采购。这种分散的采购就给采购人员提供了腐败的机会。生鲜产品与其他商品的最大区别在于：生鲜产品受季节性影响，采购品种结构不稳定，而且价格也是在不断变化的，采购人员经常利用生鲜产品的这种特性，从中谋取利益，即便是上面部门对此追查，也很难找到漏洞。由此可以看出，采购腐败已成为企业的普遍现象，治理采购腐败已成为当今社会必须要重点解决的一个问题。

（2）采购腐败的影响。采购中的腐败行为严重侵蚀着企业的利益。采购人员为了获取私人利益，在和供应商的谈判中无原则地让步，使采购价格、采购质量都不能得到最好的保证，对采购活动的绩效产生了很大的负面影响，而且采购腐败现象会对整个企业文化造成破坏性的影响。采购腐败的存在影响了企业的形象，打击了其他工作人员的工作积极性和主动性，助长了不良风气的滋生和蔓延，影响了整个企业文化氛围。

2. 采购腐败的治理

产生采购腐败现象的主要原因是：管理制度不完善，采购人员素质不高，缺少企业文化，企业培训不到位，缺乏企业内部监督，没有严格的奖惩制度等。治理采购腐败的关键是杜绝腐败产生的机会。企业应从制度、管理、人员应用和考核等方面加强管理，杜绝采购腐败现象的发生。

（1）集权采购。实行集中采购，有利于企业强化监督制约机制，使采购工作更加规范化、标准化和透明化。在采购过程中，采购人员如果受到一系列约束机制的制约，就难以产生腐败的机会。

（2）采购绩效考核。有效的绩效考核不仅可以调动员工积极地完成量化指标，还可以让员工从自身做起，树立廉洁、公正的采购态度，有效控制腐败现象的产生。然而，目前，很多企业绩效考核过于简单，对采购人员的制约力度不大。一份民营连锁超市制订的采购绩效考核计划如下：①采购部要协助销售

部门，将 6 月份的销售额在 5 月的基础上提高 8%；②采购部要协助销售部门，将可销售天数降到正常水平，食品 15 天、百货 26 天（现公司电脑系统显示的可销售天数为食品 36 天、百货 78 天）；③采购部要引入 5% 新商品，淘汰不畅销商品或使滞销的商品占总商品的 5%；④采购部控制销售毛利不低于 12%；⑤采购商品的质量合格率在 98% 以上。

这份采购绩效考核计划，虽然表面上满足了对采购绩效考核的要求，但是由于指标过于简单化，对采购绩效的考核不很全面，力度不大，容易为采购腐败留有一定的空间。采购绩效考核是防止采购腐败的约束机制，因此，企业在制定采购绩效考核时要从采购腐败可能产生的根源考虑，制定全面、细化的指标，加大绩效考核的力度。

（3）健全管理制度。建立严格、完善的采购制度，不仅能规范企业的采购活动，还能做到职权分开、责任分明；不但能提高采购效率，还能预防采购人员的不良行为。国内企业可以借鉴跨国连锁企业的制度，加上自己的经验总结和现实情况，建立严格、完善的采购管理制度。

（4）完善监督体系。企业要完善采购监督体系，进一步明确采购监管的目的，强化采购过程的管理。同时，对企业各部门定位要准确，分工要合理，作业要协调，监督要有力。为了降低采购腐败发生的频率，企业在严格控制采购活动的同时，应加大对采购人员的监督力度。采购腐败现象产生的原因各个不同，治理措施也应有所差异，并富于针对性。企业应该根据自己的实际情况，加大治理力度，尽力减少采购腐败对企业造成的影响。

☞ **技能训练**

【训练 1-3】某企业的物料总数为 3421 种，其采购金额（P）、按采购金额大小的品种序列、占总采购金额的百分比、累计百分比等，如表 1-4 所示。其 ABC 分类表，如表 1-5 所示。要求建立 ABC 分类管理系统。

表 1-4 以采购金额排列的物料类别表

采购金额（P)的分类（万元）	品种数	品种累计数	占总品种数的百分比（%）	占总品种数的百分比的累计数（%）	采购金额（万元）	采购金额累计数（万元）	占采购总金额的百分比（%）	占采购金额百分比的累计数（%）
P>6	260	260	7.6	7.6	5800	5800	69	69
5<P≤6	68	328	2.0	9.6	500	6300	6	75
4<P≤5	55	383	1.6	11.2	250	6550	3	78

续表

采购金额（P)的分类（万元）	品种数	品种累计数	占总品种数的百分比（%）	占总品种数的百分比的累计数（%）	采购金额（万元）	采购金额累计数（万元）	占采购总金额的百分比（%）	占采购金额百分比的累计数（%）
3＜P≤4	95	478	2.8	14.0	340	6890	4	82
2＜P≤3	170	648	5.0	19.0	420	7310	5	87
1＜P≤2	352	1000	10.0	29.0	410	7720	5	92
P≤1	2421	3421	71.0	100.0	670	8390	8	100

表1-5　ABC分类表

分类	品种数	占全部品种的百分比（%）	采购金额（万元）	占采购总金额的百分比（%）
A	328	9.6	6300	75
B	672	19.4	1420	17
C	2421	71.0	670	8

　　分析：由表1-5可以看出，在3421种物料中，采购金额占采购总金额的75%的，只是占全部品种9.6%的328种，作为A类；而B类物料年采购金额在1万~5万元，占采购总金额的17%，占全部品种19.4%的672种；在余下的C类中，有2421种物料，它的采购金额合计只占总采购金额的8%，而品种却占全部金额的71%。在具体的计算过程中，我们可以用计算机的多重循环程序设计进行自动分类排序计算。

　　做ABC分类时，只考虑金额的多少是不够的，还必须考虑物料的重要性作为补充。部分A类物料有同时缺货会影响生产、危及安全或不易补充的性质，但也有一部分A类物料不具备这些性质。而某些B类物料或C类物料虽然年采购金额并不高，但却具有缺货会影响生产、危及安全、不易补充等性质。因此，B类物料和C类物料完全可能是重要物料。

　　对于A类物料，消耗金额高，提高其周转率，能获得较大的经济效益。但是，A类物料又恰恰是企业中的重要物料，不增加其库存额，还要加以降低，这就会增加缺货风险，增加影响生产与经营的风险。加强对A类物料控制的目的，正是要靠加强管理的办法，使库存量降低，却又能保障供给。C类物料与A类物料相反，品种数目多，而所占的金额数则相对较少。其控制原则是不应投入过多的控制力量，宁可多储备一些，少报警，以便集中力量控制A类物料。B类物料介于A、C两种物料之间，因此，其控制方法也处于A、C两种物料的控制方法之间，采用通常的方法控制。

知 识 拓 展

一、绿色政府采购

绿色政府采购，是指政府采购在提高采购质量和效率的同时，应该从社会公共的环境利益出发，综合考虑政府采购的环境保护效果，采取优先采购与禁止采购等一系列政策措施，直接驱使企业的生产、投资和销售活动有利于环境保护目标的实现。

从全球情况来看，世界各国政府采购在国民生产总值（GDP）中所占比例很大，足以影响某些产品的市场份额和消费者取向。据统计，欧盟成员国等发达国家政府采购额占其国内生产总值的 15%～25%。进入 20 世纪 90 年代以来，绿色政府采购蓬勃兴起，并成为引领可持续消费的首选手段；同时，国际社会也不断关注如何借助于绿色政府采购制度实现社会目标，如推进劳动保障和保护弱势群体、促进社会协调发展等。世界各国尤其是发达国家如英国、美国、加拿大、日本、丹麦、荷兰、德国等，纷纷通过专门立法或政府令的形式强制推行或鼓励绿色政府采购。

各国推行绿色政府采购的方式大致可分为两种模式：一种是由国家政府确立政策方向，指导次一级政府进行采购。如法国由中央管理机关制订采购计划并向基层部门贯彻；丹麦、日本由国家推出可持续采购国家政策。另一种是地方政府和民间组织与团体推动绿色采购，即以地方团体自发的绿色采购行动为主导，政府仅属于辅导协助的地位。如主要为民间团体参与的瑞士负责协调建筑业采购的联邦建筑物组织会议（KBOB）。

此外，各国采购机制也有所不同，如以英国为代表的集中采购和以德国为代表的独立采购，前者由专设的采购部门执行政府的绿色采购或由几个政府部门实施联合采购以取得批量采购的价格优势；后者通过各级地方政府的独立采购在选择产品时更具有灵活性和竞争性。根据欧委会 2001 年公布的集成产品政策绿皮书，为了推行其环保政策、可持续发展战略，在售后采取税收政府补贴、产品环保回收、环境责任、环境标签、政府采购、产品环保设计、产品环境标准等一系列措施，促进环保产品的生产和消费，最大限度地减少产品在其生命周期内对环境的影响，这些措施被统称为集成产品政策。

可见，在实施绿色政府采购过程中如何明确办公采购和采购标的，进而通过公开招标、选择性招标、限制性招标和谈判式采购等采购形式，充分体现国民待遇原则，是各国政府推行其国内绿色政府采购时关注的重点。

二、国外物流园

在建设物流园区经验方面，德国、日本和中国台湾地区走在了世界的前列。根据他们的经验和物流园区的功能，有国际物流专家把物流园区分为四大类：按功能的完备性，可分为综合性物流园区和专业性物流园区；按物流服务地域，可分为国际性物流园区、全国性物流园区、区域性物流园区和城市物流园区；按服务对象，可分为为生产企业服务的物流园区、为商业零售业服务的物流园区、面向全社会的社会型物流园区；从专业化的角度讲，可分为行业物流园区和第三方物流园区。

日本的物流园区建设历史稍长，建设较早的日本东京物流园区是以缓解城市交通压力为主要目的而设计的。日本物流园建设的经验主要有三个方面：一是重视规划；二是优惠的土地使用和政府投资政策；三是良好的市政设施配套及投资政策。

德国是世界交通发展较为完善的国家，主要的任务就是优化利用现有的交通基础设施，发挥潜能。德国政府在规划中的做法就是整合各种运输方式，缓解交通拥堵问题的蔓延，提高整个交通系统的能力。德国一般采取联邦政府统筹规划，由政府、市政府扶持建设，公司化经营治理，入驻企业自主经营的发展模式。德国纽伦堡物流园区作为交通枢纽建于20世纪70年代中期，20世纪80年代向物流园区发展，占地3.37平方公里，一期开发2.17平方公里，二期开发1.2平方公里。建设的主体是由政府支持的股份公司，建设治理资金来源主要是政府拨款和企业贷款。建设治理物流园区股份公司的职能是开发土地、公用运输、设施建设、大型设备租赁、公用设施维护、与有关部门协调等。物流园区的功能是由入驻的第三方物流公司提供国际中转物流、地区性物流、城市配送服务，同时为再生资源的运送、加工提供服务。目前入驻该园区的第三方物流公司有30余家，作业量910万吨。

物流园区的出现极大地促进了日本、德国等经济发达国家物流业的快速发展。根据德国权威机构研究，未来10年，即使像日本、德国这样运输业高度发达的国家，物流园区的建设也仍然处于蓬勃发展时期。这是基于物流园区出现以后，对使用园区的企业乃至邻近城市都产生了巨大的经济和社会效益；其主要表现为：减轻了物流对城市交通的压力；减小了物流对城市环境的不利影响；提高了物流经营的规模效益；满足了仓库建设大型化发展趋势的要求；满足了货物联运的要求。

在德国，联邦交通、建设和城市事务部有两大基本目标，其中之一就是针对交通运输的。联邦政府在规划中承诺将对综合运输的投资从当前每年的6250

万欧元增加到 11500 万欧元，并且将启动相关战略，把大气污染、气候变化、噪声污染以及交通拥堵等问题纳入成本考虑范畴，从而使对各种运输方式的经济性评价更为透明。物流业在德国乃至整个欧洲的地位，使得联邦政府希望进一步提升德国物流的国际形象。通过改善货运业从业人员的工作条件，开展基础性和深度的培训活动，为德国物流发展提供充足的人才资源。

内容小结

　　采购成本对很多制造类和流通类企业的利润水平有着重要的影响，成本是采购永远的主题。采购人员每年都在做降价工作，但企业为了控制库存，采购周期越来越短、采购批量越来越小，对供应商的要求也越来越高，加上原材料的价格不断上涨，降价的工作越来越富有挑战性。情境一通过引入案例，分析了采购成本的构成，论述了有效降低和控制采购成本的方法，指出了采购成本控制的难点。通过本情境的学习，使学生能灵活运用所学的知识分析有关经济现象，并进行采购成本的分析和控制。

课业训练

一、复习思考题

1. 试述物流采购成本的构成。
2. 采购价格和采购成本有何不同？
3. 试述影响采购价格的因素。
4. 简要说明 ABC 分类法的分类标准。
5. 说明降低采购成本的途径。

二、案例分析题

案例一：信息化大幅降低采购成本

　　谈到家电行业，人们最大的感受，就是残酷的价格战。在激烈的市场竞争中，采购成本对每个家电企业来说，关乎存亡。每个家电企业都有一套有效的成本控制方法。随着信息技术的发展，采购信息化已经成为新的潮流。而这又为家电企业提供了一个新的思路。

河南新飞电器有限公司是中国冰箱、冷柜等白色家电的领军企业，是中国最大的绿色环保冰箱生产基地。其通过信息化大幅降低了采购成本。

新飞集团负责人说："打造电子采购平台，提高效率，降低成本，减少违规操作，实现采购信息化，是我们当前的迫切需求。"2003年，在经过反复论证后，新飞集团开始了采购信息化的大胆尝试。不过，企业采购信息化平台要实现的目标比较复杂，包括：如何降低采购的直接成本（产品价格）；如何降低采购的间接成本（完成采购工作所需要支出的费用）；如何缩短采购周期；如何建立科学的采购流程和商务模式等。因而，对采购平台的定位非常重要。经过对自身需求的了解，新飞集团把采购信息化平台，定位为公司独立运营的网上电子商务平台，采用北京必酬信息技术公司的电子采购解决方案。新飞集团的采购信息化平台涵盖了产品目录管理、供应商管理、组织结构管理、采购过程管理（包括招标、竞价等采购方式）、采购数据分析、ERP数据交互、信息发布、移动短信、邮件服务等多个功能模块，是一套相对完备的网上交易解决方案。同时，系统灵活的再建功能、开放的平台设计、方便通用的网关配置，保证了该系统的外延性和可扩展性。经过三个月的搭建，新的采购平台于2004年年初投入使用。日前，新飞集团对公司2004年全部生产用原材料、配件等进行了采购。短短10天内，即完成了80%的生产用原材料的采购，节约采购成本近千万元。对于新系统，新飞集团采购主管曾这样说：在铜、钢等各种原材料涨价的情况下，本以为部分备件的价格能下降5%就不错了；但通过新飞采购信息化平台，部分原材料价格下降了7%～10%。往年都忙得不可开交，现在，只要坐在会议室里，看着大屏幕，就完成了80%的原材料、配件的采购工作。这不仅为新飞，还为供应商节省了大量的时间成本和人力成本。

案例来源：http://www.chinabidding.com/

问题：新飞集团是如何通过应用信息化降低采购成本的？你认为除了信息化外，还有哪些途径可以降低采购成本？

案例二：采购经理侵蚀企业利润 家乐福下刀"采购腐败"

家乐福某些采购经理侵蚀企业利润的行径似乎已不是秘密。在众多供货商提供的证据中，单店采购黑幕可谓触目惊心，已经变成家乐福管理体制中最头疼的问题。

据悉，在家乐福中国区下一步的管理构架中，拟建立华东区、东北区、西南区、华南区、华中区五大区域性物流配送中心。此前，家乐福（中国）尚无大型物流中心，所有货品均由供货商直接送达店面，物流成本也由供货商自行负担。这次管理构架的调整，实际上就是家乐福采购策略由本地化采购向区域化采购转变的集中体现。

1. 采购腐败之痛

在零售业内有这样一句话："家乐福是最本地化的外资超市。"为了快于其竞争对手在中国完成战略布局，家乐福打破了常规集中采购的管理体制，采取了"各自分散作战"的方式，赋予门店很大的权力，使每家店面都拥有独立的采购和销售体系，物流成本非常低。然而，这虽为家乐福赢得了发展的时间和消费者的青睐，却是一步险棋，给采购腐败造成了可乘之机。家乐福中国人力资源总监杨孝全曾经表示，在权力下放的同时，这些持有"生杀大权"的采购中层拥有相当大的权限。

为家乐福供应日化用品已经两年的王先生坦言，业内的一个"标准"是，某些月薪3000元的采购经理，每年在采购中收取的回扣、贿赂可能高达几十万，上百万元。他所熟悉的某些采购经理，一般做不到两年，就可以全额付款购买住房和汽车了。王先生提到钱的数字时轻描淡写。这些超常购买能力都是通过其他渠道来获得的，王先生透露，"吃回扣"的方式很多，每当一个新采购经理上岗，一定会有很多供应商排着队请他吃饭，夹寄、送信用卡，比较新兴的方式还有"抽奖"、答谢会、产品介绍会、演示会。采购岗位"动荡"早已成为了零售商见怪不怪的现象，"家乐福的毛病是采购部门经常换人"。王先生向记者透露，某一分店的中层采购经理被调职，原因就是收受了某商品大量的"好处费"，大额采购该商品并压缩竞争对手的采购量，被竞争对手供应商举报而引致盘底调查，最后终因难以收场而东窗事发。

更为关键的是，零售采购中暴露的腐败问题已经开始极大影响了家乐福的利润。家乐福南区经理张海龙向记者透露，家乐福（中国）2005年虽然销售额提高了25%，已经达到200亿元人民币，基本达到了公司预期的发展目标，但就这个数字来说，尚不及家乐福全球销售额的5%。

2. 统分之策如何权衡

"采购腐败防不胜防，需要更多的制度和系统保证来防治腐败。"家乐福某分店店长张某曾对该卖场采购队伍的管理痛下狠招，使利润额明显上升。"但是没有系统保证，从根本上我对采购腐败现象也无能为力。"2005年5月，家乐福原来的"中国区总部—7个区域—门店"的三级管理架构调整为"中国区总部—4个大区—10个区域—门店"的四级管理架构。新增东区、中西区、南区和北区4个大区，80%的事情都由大区主管自行决策。

随着管理构架的调整，家乐福意识到，必须打破原有传统，采取区域采购部门与门店采购部门联合采购。由此，建立华东区、东北区、西南区、华南区、华中区五大区域物流体系的想法油然而生。这次管理构架的调整，实际上就是家乐福采购策略由本地化采购向区域化采购转变的集中体现。

与家乐福不同，麦德龙坚持实行"中央控制门店执行"的模式，通过在上海的统一采购降低成本。但是，这种统一采购模式显然还不适用于目前的中国市场。同病相怜的还有沃尔玛。沃尔玛在中国乃至整个亚洲，尚没有建立起像美国那样高效运作的配送中心，沃尔玛仅在深圳、大连等地有小型的物流中心。分区采购之后，如何把握统分之度，无疑是设立区域物流体系的焦点问题。"这一次阻力会出现在门店。"家乐福一位员工分析说，门店丧失了采购权，自身利益会受影响，难免有所抵触。

在中国连锁经营协会会长郭戈平看来，区域联合采购的推进需要一个过程，需要在内部机构、管理体制上进行一系列调整，调整的实质是利益的重新分配，这会给企业带来一些管理上的难题。我们将分步实施。在家乐福设定的时间表中，一次到位的难度还相当大，家乐福（中国）公关经理王晓忠仅表示物流构架的具体调整细节，目前还不便透露太多，方案确定下来需要一定的时间。

3．与建店相辅相成

自建区域性物流中心，要求密集建店，利用区域采购和配送降低成本，提高物流效率。而这一计划又需要一定的门店规模来支撑。家乐福在中国几十家的分店数目还远未达到这一标准。

2006年，家乐福创下其在中国拓展的"超速度"——新开20家门店。预计家乐福在中国内地的门店总量扩张速度明显大于其他跨国零售企业。快马加鞭地开店，形成了以五大区域物流体系为中心的五大商区。同时，家乐福采取了双轨发展的做法大面积布点，即收购和独资同时进行。

案例来源：http://www.dzwww.com/

问题：针对家乐福出现的采购腐败问题，分析该企业腐败产生的原因，并提出防范策略。

三、实训题

1．访问本市一家物流企业，调查其降低采购成本的具体措施。

2．访问本市一家物流运输公司，调查其运输成本的组成及其优化方法。

情境二　运输成本管理

　　企业物流的根本目标，就是通过在采购、生产、销售过程中有效地掌握物流、信息流去满足客户的需求。也就是说，在最合适的时间、最合适的地点提供给客户最需要的产品。如今商业环境发生了显著的变化，市场竞争愈加激烈，客户的期望值也越来越高。为了适应这种变化，企业就必须要创建出一套适合企业发展、让客户满意的物流运输合理化系统。而科学、合理的物流运输系统既能提高企业的经济效益，又能在最短的时间内完成客户需要的服务。因此，各类企业尤为注重对物流系统的运输决策，从最终效益的角度来说，"开源"与"节流"具有同等重要的意义，因正确的运输决策而节省的物流运输成本不一定比产品本身获利要少。

案 例 引 入

美国布鲁克林酿酒厂的新鲜啤酒的运输

　　布鲁克林酿酒厂在美国分销布鲁克林拉格和布朗淡色啤酒，并且已经经营了4年，虽然在美国还没有成为国家名牌，但在日本市场却已创建了一个每年200亿美元的市场。Taiyo资源有限公司是Taiyo石油公司的一家国际附属企业，在这个公司的Kei ji Miyammoto访问布鲁克林酿酒厂之前，该酒厂还没有立即将其啤酒出口到日本的计划，Miyammoto认为，日本消费者会喜欢这种啤酒，并说服布鲁克林酿酒厂Hiroyo贸易公司全面讨论在日本的营销业务。Hiroyo贸易公司建议布鲁克林酿酒厂将啤酒航运到日本，并通过广告宣传其啤酒具有独一无二的新鲜度，这是一个直销战略，也是一种物流作业，因为高成本使得目前还没有其他酿酒厂通过航空运输将啤酒出口到日本。

　　布鲁克林酿酒厂于1987年11月将它的第一箱布鲁克林拉格运到日本，并在最初的几个月里使用了各种航运承运人。最后，日本金刚砂航运公司被选为布鲁克林酿酒厂唯一的航运承运人。金刚砂公司之所以被选中，是因为它向布鲁克林酿酒厂提供了增值服务。金刚砂公司在其国际机场的终点站交付啤酒，并在飞往东京的商务航班上安排运输，金刚砂公司通过其日本报关办理清关手续。这些服务有利于保证产品完全符合保鲜要求。啤酒之所以能达到新鲜的要求，是因为这样的物流作业可以在啤酒酿造后的1周内将啤酒从酿酒厂直接运送到顾客手中。新鲜啤酒能超过一般的价值定价，高于海运装运的啤酒价格的5倍。虽然布鲁克林拉格在美国是一种平均价位的啤酒，但在日本，它是一种溢价产品，获得了极高的利润。同时，布鲁克林酿酒厂通过装运小桶装啤酒而不是瓶装啤酒来降低运输成本。虽然小桶重量与瓶的重量相等，但减少了玻璃破碎而使啤酒损毁的机会。此外，小桶啤酒对保护性包装的要求也比较低，这将进一步降低装运成本。

案例来源：http://jpkc.ybzy.cn/

情 境 描 述

在现代生产中，由于生产的专门化、集中化，生产与消费被分割的状态越来越严重，被分割的距离也越来越大，这就使得运输的地位越来越高。而运输的目的就是以最短的时间、最低的财务和环境资源成本，将产品从原产地转移到指定地点。物资运输费用在物流总成本中占有较大的比例。目前，我国汽车运输的空驶率约为39%，车辆运输成本是欧美国家的3倍。因此，控制运输成本已成为企业降低物流成本、获得更多利润的重要途径。

运输成本也称运输劳务成本，指企业原材料、在制品以及成品的所有运输活动所发生的费用，包括直接运输费用和管理费用。运输和储存是物流管理最主要的，也是对客户影响最大的两个物流功能环节。在我国，对一般制造业来说，运输成本要占物流总成本的45%左右，而存货维持成本则要占物流总成本的37%左右。与发达地区相比，我国运输成本在总成本中的比例偏高，说明我国运输成本尚有较大的节约空间。因此，要降低物流总成本，就要严格控制运输方面的开支，加强对运输成本的经济核算。运输成本管理即通过对运输成本的预测、计划、控制、核算、分析和考核，挖掘企业内部降低运输成本的一切潜力，寻找降低运输成本的途径和方法，以降低直接运输费用和管理费用，增加企业的利润。

案例一：沃尔玛降低运输成本的学问

沃尔玛公司是世界上最大的零售商业企业，在物流运营过程中，尽可能地降低成本是其经营的哲学。沃尔玛有时采用空运，有时采用船运，有时采用卡车公路运输。在中国，沃尔玛几乎全部采用卡车公路运输，所以如何降低卡车运输成本，是沃尔玛物流管理面临的一个重要问题，为此他们主要采取了以下措施：

第一，沃尔玛使用一种尽可能大的卡车，大约有 16 米加长的货柜，比集装箱运输卡车更长或更高。沃尔玛把卡车装得非常满，产品从车厢的底部一直装到最高，这样非常有助于节约成本。

第二，沃尔玛的车辆都是自有的，司机也是他的员工。沃尔玛的车队大约有 3700 多名司机，还有 5000 名非司机员工，车队每周每一次运输可以达 7000～8000 公里。沃尔玛知道，卡车运输是比较危险的，有可能会出交通事故。因此，对于运输车队来说，保证安全是节约成本最重要的环节。沃尔玛的口号是"安全第一，礼貌第一"，而不是"速度第一"。在运输过程中，卡车司机们都非常遵守交通规则。沃尔玛定期在公路上对运输车队进行调查，卡车上面都带有公司的号码，如果看到司机违章驾驶，调查人员就可以根据车上的号码报告，以便于进行惩处。沃尔玛认为，卡车不出事故，就是节省公司的费用，就是最大限度地降低物流成本，由于狠抓了安全驾驶，运输车队已经创造了 300 万公里无事故的纪录。

第三，沃尔玛采用全球定位系统对车辆进行定位，因此在任何时候，调度中心都可以知道这些车辆在什么地方，离商店有多远，还需要多长时间才能运到商店，这种估算可以精确到小时。沃尔玛知道卡车在哪里，产品在哪里就可以提高整个物流系统的效率，有助于降低成本。

第四，沃尔玛的连锁商场的物流部门 24 小时进行工作，无论白天或晚上，都能为卡车及时卸货。另外，沃尔玛的运输车队利用夜间进行从出发地到目的地的运输，从而做到了当日下午进行集货，夜间进行异地运输，翌日上午即可送货上门，保证在 15～18 个小时内完成整个运输过程，这是沃尔玛在速度上取得优势的重要措施。

第五，沃尔玛的卡车把产品运到商场后，商场可以把它整个地卸下来，而不用对每个产品逐个检查，这样就可以节省很多时间和精力，加快了沃尔玛物流的循环过程，从而降低了成本。这里有一个非常重要的先决条件，就是沃尔玛的物流系统能够确保商场所得到的产品是与发货单完全一致的产品。

第六，沃尔玛的运输成本比供货厂商自己运输产品要低，所以厂商也使用沃尔玛的卡车来运输货物，从而做到了把产品从工厂直接运送到商场，大大节省了产品流通过程中的仓储成本和转运成本。

沃尔玛的集中配送中心把上述措施有机地组合在一起，做出了一个最经济合理的安排，从而使沃尔玛的运输车队能以最低的成本高效率地运行。当然，这些措施的背后包含了许多艰辛和汗水，相信我国的本土企业也能从中得到启发，创造出沃尔玛式的奇迹来。

案例来源：http://www.chinawuliu.com.cn/

案例二：百胜物流降低连锁餐饮企业运输成本之道

对于连锁餐饮业来说，由于原料价格相差不大，物流成本始终是企业成本竞争的焦点。作为肯德基、必胜客等业内巨头的指定物流提供商，百胜物流公司抓住运输环节大做文章，通过合理的运输安排，降低配送频率，实施歇业时间送货等优化管理方法，从而有效地实现了物流成本的"缩水"，走出了一条值得借鉴的降低物流成本之路。据有关资料显示，在一家连锁餐饮企业的总体配送成本中，运输成本占到 60% 左右，而运输成本中的 55%~60% 又是可以控制的。因此，降低物流成本应当紧紧围绕运输这个核心环节。

1．合理安排运输排程

运输排程的意义在于，尽量使车辆满载，只要货量许可，就应该做相应的调整，以减少总行驶里程。由于连锁餐饮业餐厅的进货时间是事先约定好的，这就需要配送中心就餐厅的需要，制作一个类似列车时刻表的主班表，此表是针对连锁餐饮餐厅的进货时间和路线详细规划制定的。安排主班表的基本思路是，计算每家餐厅的平均订货量，设计出若干条送货路线，覆盖所有的连锁餐厅，最终达到总行驶里程最短、所需司机人数和车辆数最少的目的。

2．减少不必要的配送

在运输方面，餐厅所在路线的总货量不会发生变化，但配送频率上升，结果会导致运输里程上升，相应的油耗、过路桥费、维护保养费和司机人工费都要上升。因此，对于产品保鲜要求很高的连锁餐饮业来说，尽量和餐厅沟通，减少不必要的配送频率，可以有效地降低物流配送成本。

3．提高车辆的时间利用率

车辆时间利用率也是值得关注的，提高卡车的时间利用率可以从增大卡车尺寸、改变作业班次、二次出车和增加每周运行天数四个方面着手。由于大型卡车可以每次装载更多的货物，一次出车可以配送更多的餐厅，由此延长了卡车的在途时间，从而增加了其有效作业的时间。这样做还能减少干路运输里程和总运输里程。虽然大型卡车单次的过路桥费、油耗和维修保养费高于小型卡车，但其总体上的使用费用绝对低于小型卡车。运输成本是最大项的物流成本，所有别的职能都应该配合运输作业的需求。所谓改变作业班次，就是指改变仓库和别的职能的作业时间，适应实际的运输需求，提高运输资产的利用率。否则朝九晚五的作业时间表只会限制发车时间和收货时间，从而限制卡车的使用。

4. 尝试歇业时间送货

目前，我国城市的交通限制越来越严，卡车只能在夜间时段进入市区。由于连锁餐厅运作一般到夜间 24 点结束，如果赶在餐厅下班前送货，车辆的利用率势必非常有限。后来，百胜物流的解决办法就是利用餐厅的歇业时间送货。歇业时间送货避开了城市交通高峰时间，既没有顾客的打扰，也没有餐厅运营的打扰，使卡车可以二次出车，提高了车辆利用率。

案例来源：http://www.ch7w.com

问题：

（1）如何从综合物流系统的角度降低运输成本？简评"尽可能实现大批量运输，避免小批量多批次运输就是提高物流运输效率，节约物流成本"的合理性。

（2）百胜物流企业是如何有效地降低运输成本，从而获得竞争优势的？

能 力 目 标

通过物流运输成本管理的学习，使学生具备如下的知识和技能：

（1）物流运输成本的影响因素与构成。

（2）物流运输成本的计算。

（3）物流运输方式的成本分析。

（4）物流运输成本的优化控制。

（5）具备熟练应用运输成本的核算方法、优化方法解决实际运输成本问题的技能。

项 目 实 施

任务一：不同运输企业的运输成本的计算

任务描述

企业选择运输方式不限于单一运输手段。运输企业有自营运输和外包运输两种经营方式，不同运输企业的成本计算方法各个不同。

运输是物流成本管理与节约的关键所在。除采购物料的成本外，运输成本比任何其他物流活动的成本所占的比重都高，而控制运输成本的关键是要做好运输决策与运输线路的安排，这就需要了解运输管理活动主要有什么内容。运输成本由何构成？不同运输企业的运输成本如何计算？

教学方法与手段

案例分析、操作演示、学生自主学习。

相关知识

物流的运输系统的目标是实现物品迅速安全和低成本的运输，而运输时间和运输成本是不同运输方式相互竞争的重要条件，运输时间与运输成本的变化必然带来运输方式的改变。企业的货物运输方式有水路运输、铁路运输、公路运输、航空运输和管道运输五种基本方式，如表2-1所示。

表2-1 五种主要交通运输方式的比较

方 式	优 点	缺 点
铁路运输	当代最重要的运输方式之一。运量大，速度快，运费较低，受自然因素影响小，连续性好	修筑铁路造价高，消耗金属材料多，占地面积广，短途运输成本高
公路运输	发展最快、应用最广、地位日趋重要的运输方式。机动灵活，周转速度快，装卸方便，对各种自然条件适应性强	运量小，耗能多，成本高，运费较贵
水路运输	历史最悠久的运输方式。运量大，投资少，成本低	速度慢，灵活性和连续性差，受航道水文状况和气象等自然条件影响大
航空运输	飞行速度快，运输效率高，是最快捷的现代化运输方式	运量小，能耗大，运费高，且设备投资大，技术要求严格

方 式	优 点	缺 点
管道运输	运具与线路合二为一的新型运输方式。用管道运输货物（主要是原油和成品油、天然气、煤浆以及其他矿浆），气体不挥发，液体不外流，损耗小，连续性强，平稳安全，管理方便，而且可以昼夜不停地运输，运量很大	要铺设专门管道，设备投资大，灵活性差

一、企业物流中合理运输的主要方式

企业物流中合理运输的主要方式有分区产销平衡合理运输、直达运输、"四就"直拨运输、整合装车运输、提高技术装载量等。

1. 分区产销平衡合理运输

分区产销平衡合理运输，是指在物流活动中，对于在一定的生产区产出固定于一定的消费区出售的货物，在产销平衡的基础上，按近产近销的原则，使货物走最少的里程，组织运输活动。

这种方式加强了产、供、运、销的计划性，消除过远、迂回、对流等不合理运输，降低了物流费用，节约了运输成本，减少了及运输耗费。

在实际工作中，这种方式适用于品种单一、规格简单、生产集中、消费分散或生产分散、消费集中且调动量大的货物，如煤炭、木材、水泥、粮食、矿建材料等。

2. 直达运输

直达运输，是指越过商业资本仓库环节或铁路交通中转环节，把货物从产地或起运地直接运到销地或客户，减少中间环节的一种运输方式。

这种方式的好处是减少了中间环节，节省了运输时间与费用，灵活度较大。但相对而言，对企业各部门分工协作程度的要求较高，企业内部计划、财会、业务、仓库等各个机构应加强联系，建立相应的联系制度来满足其需求。

直达运输方式通常适用于某些体积大、笨重的生产资料运输，如矿石等。对于出口货物也多采用直达运输方式。一些消费品可依靠货物等具体情况的不同，越过不同的中间环节直接运到批发商或零售商的手中。

3. "四就"直拨运输

"四就"直拨运输，是指物流经理在组织货物调运的过程中，以当地生产或外地到达的货物不运进批发站仓库，而采用直拨的办法，将货物直接分拨给基层批发、零售中间环节。这种运输方式可以减少一道中间环节，在时间与各方面收到双重的经济效益。

在实际的物流工作中，物流经理可以根据不同的情况，采取"就厂直拨、就车站直拨、就仓库直拨、就车船过载"等具体运作方式，如表2-2所示。

表2-2 "四就"直拨的具体方式

"四就"直拨 的主要形式	含 义	具体方式
就厂直拨	物流部门从工厂收购产品，在经厂验收后，不经过中间仓库和不必要的转运环节，直接调拨给销售部门或直接送到车站码头运往目的地的方式	厂际直拨、厂店直拨、厂批直拨、用工厂专用线、码头直接发运
就车站直拨	物流部门对外地到达车站的货物，在交通运输部门允许占用货位的时间内，经交接验收后，直接分拨或运给各销售部门	直接运往市内各销售部门，直接运往外埠要货单位
就仓库直拨	在货物发货时越过逐级的层层调拨，省略不必要的中间环节，直接从仓库拨给销售部门	对需要储存保管的货物就仓库直拨，对需要更新库存的货物就仓库直拨，对常年生产、常年销售货物就仓库直拨，对季节生产、常年销售货物就仓库直拨
就车船过载	对外地用车、船运入的货物，经交接验收后，不在车站或码头停放，不入库保管，随即通过其他运输工具更换装置直接运至销售部门	就火车直装汽车，就船直装火车或汽车，就大船过驳小船

4. 整合装车运输

整合装车运输方式，是指在组织铁路货运中，同一发货人的不同品种发往同一到站、统一收货人的零担托运货物，由物流部门组配，放在一个车内，以整车运输的方式托运到目的地；或把同一方向、不同到站的零担货物，集中组配在一个车内，运到一个适当的车站再中转分运。采用整合装车运输的方法，可以减少一部分运输费用，节约劳动力。

这种方式主要适用于商业、供销部门的杂货运输。根据不同的实际情况，可采取四种方法：主要零担货物拼整车直达运输、零担货物拼整车直达或中转分运、整车分卸（二、三站分卸）、整装零担。

5. 提高技术装载量

提高技术装载量的运输方式充分利用车船载重吨位和装载容积，对不同的货物进行搭配运输或组装运输，使同一运输工具能装载尽可能多的货物。这种运输方式一方面最大限度地利用了车船的载重吨位，另一方面充分使用车船的装载容积，提高了运输工具的使用效率。

采用这种运输方式，主要做法有以下三种：将重货物和轻货物组装在一起；对一些体大笨重、容易致损的货物解体运输，分别包装，使之易于装卸和搬运；根据不同货物的包装形状，采取各种有效的堆码方法。

二、自营运输企业运输成本的计算

自营运输企业完成一定运输业务所发生的直接人工、直接材料、其他直接费用和营运间接费用等组成了运输总成本。运输总成本除以运输周转量得出单位成本。其计算公式如下：

运输单位成本（元/千吨·公里）＝运输总成本/运输周转量（千吨·公里）

运输成本是在分类（成本项目）归集运输费用的基础上计算出来的，其明细账就是按成本计算对象开设、按成本项目划分专栏的运输支出明细账。运输支出明细账根据直接人工、直接材料、其他直接费用和营运间接费用等各种费用凭证或其汇总分配、计算表进行登记。物流运输成本计算的基本程序是：

第一，确定成本计算对象；

第二，按照成本计算对象和相应的运输成本项目归集运输费用；

第三，计算成本计算对象的物流运输总成本和单位成本。

1. 直接人工的归集与分配

自营运输企业直接人工中的工资，每月根据工资结算表进行汇总与分配。对于有固定车辆的司机和助手的工资，直接计入各自成本计算对象的成本；对于没有固定车辆的司机和助手的工资以及后备司机和助手的工资，则需按一定标准（一般为车辆的车日）分配计入各成本计算对象的成本。计算方法如下：

每一车日的工资分配额＝应分配的司机及助手工资总额÷各车辆总车日

营运车辆应分配的工资额＝每一车日的工资分配额×营运车辆总车日

2. 直接材料的归集与分配

（1）燃料。对于燃料消耗，企业应根据燃料领用凭证进行汇总与分配。但必须注意，在燃料采用满油箱制的情况下，车辆当月加油数就是当月耗用数；在燃料采用盘存制的情况下，当月燃料耗用数应按公式确定：

当月耗用数＝月初油存数＋本月领用数－月末油存数

（2）轮胎。营运车辆领用轮胎、内胎、垫带以及轮胎零星修补费等，一般根据轮胎领用汇总表及有关凭证，按实际数直接计入各分类运输成本。外胎可以按领用轮胎实际成本计入当月运输成本，但在一次领用轮胎较多时，可以在一年内分月摊入各月运输成本。通常汽车运输企业是按每月轮胎公里摊销额和月度内实际行驶轮胎公里数计算列入成本。其计算公式为：

$$千外胎公里摊提费（元/千外胎公里）＝\frac{外胎计划价格－计划残值}{新胎到报废行驶里程定额÷1000}$$

外胎的轮胎摊提费用，应按月计入成本。其计算公式为：

$$某车型外胎应计摊提额费用（元）=\frac{\dfrac{千外胎公里}{摊提额}\times\dfrac{该车型外胎}{使用外胎公里}}{1000}$$

报废的外胎，应按照新胎到报废的里程定额计算其超亏里程，并按月份、车型分别计算其超亏行驶里程差异，调整运输成本。其计算公式为：

$$某车型外胎超亏里程应调整成本差异（元）=\frac{\dfrac{千外胎公里}{摊提额}\times\dfrac{该车型报废}{外胎超亏胎公里}}{1000}$$

3. 其他直接费用的归集与分配

（1）保养修理费。物流运输企业车辆的各级保养和修理作业，分别由车队保修班和企业所属保修厂进行。由车队保修班进行的各级保修和小修理的费用，包括车队保修工人的工资及职工福利费，行车耗用的机油和保修车辆耗用的燃料、润料和备品配件等，一般可以根据各项凭证汇总，全部直接计入各成本计算对象的成本。对于保修班发生的共同性费用，可按营运车日比例分配计入各车队运输成本。

（2）折旧费。物流运输企业车辆的固定资产折旧费一般采用工作年限法计提。当采用工作量法时，由于外胎费用核算有两种不同的方法，因而车辆折旧的计算也有两种方法。如果采用外胎价值一次摊销计入成本的方法计提折旧时，外胎价值不必从车辆原值中扣减；如果采用按行驶公里预提外胎费用摊入成本的方法，则计算折旧时，外胎价值就应从车辆原值中扣减，否则会出现重复摊提的现象。

（3）养路费。运输企业向公路管理部门缴纳的车辆养路费，一般按货车吨位数计算缴纳。因此，企业缴纳的车辆养路费可以根据缴款凭证直接计入各成本计算对象成本及有关费用。

（4）其他费用。其他费用的构成内容比较复杂，但费用发生时同样可以根据费用凭证直接计入各成本计算对象的成本。营运车辆的公路运输管理费，可以根据交款凭证直接计入各类运输成本。营运车辆在营运过程中因种种行车事故所发生的修理费、救援和善后费用，以及支付外单位人员的医药费、丧葬费、抚恤费、生活费等支出，扣除向保险公司收回的赔偿收入及事故对方或过失人的赔偿款后，净损失也可根据付款凭证、收款凭证直接计入各类运输成本。如果行车事故较为严重复杂，处理时间较长，可在发生各项支出时通过"其他应收款——暂付事故赔款"账户核算，然后逐月将已发生事故净损失转入各类运输成本。对于当年不能结案的事故，年终时可按估计净损失数预提转入运输成本；在结案的年底，再按预提损失数与实际损失数的差额，调整当年的有关运输成本。车辆牌照和检验费、车船使用税、洗车费、过桥费、轮渡费、司机途中宿费、行车杂费等费用发生时，可以根据付款凭证直接计入各类运输成本。此外，领用随车工具及其他低值易耗品，可以根据领用凭证，一次或分次摊入各类运输成本。

4. 营运间接费用的归集与分配

运输企业所属基层营运单位（车队、车站、车场）为组织与管理营运过程所发生的不能直接计入成本计算对象的各种间接费用，计入各分类运输成本项目。

三、外包运输企业运输成本的核算

外包运输面临着不同运输方式的选择，不同运输方式有着不同的运费。

1. 海运运费的计算

在班轮运输中，运价是固定的，租船人可通过班轮公司对外公布的班轮运价表得知运费。而在租船业务中，运费需要由双方在租船合同中商定。

（1）班轮运价的构成。班轮运价由基本运费和各种附加费构成。

1）基本运费是指班轮公司为一般货物在航线上各基本港口间进行运输所规定的运价。

2）附加费是指，对一些需要特殊处理的货物或针对因客观情况的变化使运输费用大幅度增加的状况，班轮公司为弥补损失而额外加收的费用。如超重附加费、超长附加费、燃油附加费、港口附加费、绕航附加费、转船附加费、直航附加费、货币贬值附加费等。

（2）班轮运费的计算方法。班轮运费的计算公式如下：

$$F = F_b + \sum S$$

式中，F 表示运费总额；F_b 表示基本运费；S 表示某一项附加费。

1）基本运费是所运货物的数量与规定的基本费率的乘积。即：

$$F_b = f \times Q$$

式中，f 表示基本费率；Q 表示运货量（吨）。

2）附加费在这里是指所有的各种附加费项目的总和。在多数情况下，附加费是按基本运费的一定百分比征收的，其计算公式如下：

$$\sum S = (S_1 + S_2 + \cdots + S_n) \times F_b$$
$$= (S_1 + S_2 + \cdots + S_n) f \times Q$$

式中，S_1，S_2，…，S_n 为各项附加费率。代入运算计算公式，可得：

$$F = F_b + \sum S$$
$$= f \times Q + (S_1 + S_2 + \cdots + S_n) f \times Q = (1 + S_1 + S_2 + \cdots + S_n) f \times Q$$

在实际业务中，承运人为了维护自身的最基本收益，对小批量货物收取起码运费，用以补偿其最基本的装卸、整理、运输等操作过程中的成本支出。起码运费的标准一般以1吨运费为件杂货和拼箱货的标准；有的以提单为单位收取起码运费，如按提单为标准收取起码运费后不再加收其他附加费。

在实际业务中，集装箱班轮货物运费的计算方法，除了可以采用件杂货运费的计算方法外，还可以采用包箱费率。所谓包箱费率是指对单位集装箱计收的运费率。包箱费率也称为"均一费率"。采用包箱费率计算集装箱基本运费时，只需要根据具体航线、货物等级以及箱型、尺寸所规定的费率乘以箱数即可。

租船运费主要有两种：一种是规定费率和计费重量。规定费率即按所装货物每单位重量或体积若干金额计算。费率的高低主要取决于租船市场的供求关系，但也与运输距离、货物种类、装卸率、港口使用、装卸费用划分和佣金高低有关。合同中对运费按装船重量（Intaken Quantity）或卸船重量（Delivered Quantity）计算。另一种是整船包干运费，即按提供的船就一趟行程（程租船）或一定期限（期租船）付一笔运费，不管实际装货多少，一律照付。运费是预付或到付，均须订明。特别要注意的是，应付运费时间是指船东收到的日期，而不是租船人付出的日期。

2. 航空运费的计算

以指定商品运费为例，运费计算的步骤为：

（1）查询运价表，如有指定商品代号，则考虑使用指定商品运价。

（2）查找 TACT RATES BOOKS 的品名表，找出与运输货物品名相对应的指定商品代号。

（3）如果货物的计费重量超过指定商品运价的最低重量，则优先使用指定商品的运价。

（4）如果货物的计费重量没有达到指定商品运价的最低重量，则需要比较计算。

计费重量在这里是指用以计算货物航空运费的重量。它可以是货物的实际毛重，或体积重量，或较高重量分界点的重量。在计算航空运费时应注意：①起码运费是航空公司办理一批货物所能接受的最低运费，它是不论货物的重量或体积大小，在两点之间运输一批货物应收取的最低金额。不同地区有不同的起码运费。②直达货物运价优先于分段相加组成的运价。③指定商品运价优先于等级货物运价和普通货物运价。④等级货物运价优先于普通货物运价。

3. 铁路运费的计算

铁路运费按照我国国内的《铁路货物运价规则》计算。其计算公式为：

货物运价里程、运价号→货物运价率×计费重量＝运费

货物运价率是可以根据运价里程与运价号，在货物运价率表中相应地查出来

的。整车货物运费系每吨（或每辆）的运费，零担货物运费系每10公斤的运费。

运价率不同的货物在一个车内作一批整车货物运送及运价率不同的零担货物在一个包装内或按总重量托运时，均按其中高的运价率计算。

4. 公路运输运费的计算

整批货物运费 = 吨次费 × 计费重量 + 整批货物运价 × 计费重量
　　　　　　　× 计费里程 + 货物运输及其他费用

零担货物运费 = 计费重量 × 计费里程 × 零担货物运价
　　　　　　　+ 货物运输及其他费用集装箱运费
　　　　　　　= 重（空）箱运费 × 计费箱数 × 计费里程
　　　　　　　+ 箱次数 × 计费数 + 货物运输及其他费用

包车运价 = 包车运价 × 包用车辆吨位 × 计费时间 + 货物运输及其他费用

技能训练

【训练 2-1】某企业物流运输采用自营运输，其下属的运输公司经营活动中与成本有关的数据资料如下：

（1）设备原始价值：长途运输牵引机的购买价格为每台 24 万元，挂车的购买价格为每台 12 万元；牵引机的折旧年限为 5 年，挂车的折旧年限为 8 年，按预计行驶千米数计算单位里程折旧额为 1.5 元。

（2）燃料消耗：柴油价格 5 元/升，油料消耗 25 升/百千米，吨千米附加 1 升/百吨。

（3）人工费：为该车配备的专职驾驶员长途运输的工资费用为 0.4 元/千米。

（4）保险：支付全年的交通事故责任强制保险 4480 元，第三者责任保险 5400 元，车损险 2600 元。

（5）其他按月支付的费用：轮胎费 780 元，大修理费 1260 元，保养费 1200 元，养路费 4500 元，车船使用费 18 元，印花税 14 元，营业税金及附加税 845 元，土地使用税 32 元，运输管理费 800 元，防洪基金 50 元，其他支出 924 元。

（6）本次运输从 A 地至 B 地，往返 600 千米，需 2 个工作日，一辆 20 吨货车去时载货重 20 吨，同时顺路带货 4 吨，该次运输实际发生差旅费 200 元，行车补贴 0.5 元/千米，路桥费 520 元。根据上述资料，计算此次运输成本。

分析：

（1）成本的计算：

吨千米数：$300 \times 20 + 300 \times 4 = 7200$（吨千米数）

油料消耗：$25 \times 6 + 1 \times 72 = 222$（升）

燃料费：$5 \times 222 = 1110$（元）

人工费：$0.4 \times 600 = 240$（元）

差旅费：200（元）

行车补助费：$0.5 \times 600 = 300$（元）

路桥费：520（元）

合计：2370（元）

（2）固定成本的计算：

折旧费：$1.5 \times 600 = 900$（元）

养路费及运输管理费：$4500 + 800 = 5300$（元）

轮胎及保养费：$780 + 1200 = 1980$（元）

大修费：1260（元）

税费：$18 + 14 + 845 + 32 = 909$（元）

防洪基金：50（元）

保险及其他：$(4480 + 5400 + 2600) \div 12 + 924 = 1964$（元）

合计：12363（元）

除运输车辆的折旧费外，其他费用每月按30天计算的每日固定成本为：

$(5300 + 1980 + 1260 + 909 + 50 + 1964) \div 30 = 382.1$（元）

本次运输发生的固定成本：$382.1 \times 2 = 764.2$（元）

根据计算的结果，编制运输成本计算表，如表2-3所示。

表2-3　运输成本计算表　　　　　　　　单位：元

变动成本项目	金　额	固定成本项目	金　额
燃料费	1110	折旧费	900
人工费	240	养路费及运输管理费	5300/30×2＝353.33
差旅费	200	轮胎及保养费	1980/30×2＝132
行车补助费	300	大修费	1260/30×2＝84
路桥费	520	税费	909/30×2＝60.6
		防洪基金	50/30×2＝3.33
		保险及其他	1964/30×2＝130.93
变动成本小计	2370	固定成本小计	1664.19
本次运输任务的总成本：2370＋1664.19＝4034.19			

从上述计算结果分析可知：单位固定成本与营运里程数呈反向变化，营运里程越多，单位固定成本就越低。这是因为总的固定成本是平均分摊到营运里程上的。因此，大多数的自有车队管理者在分析如何提高车辆利用率问题时，

考虑的都是将固定成本分摊到更多的行驶里程数上。

变动成本随着营运里程数的增长而呈同比例增长。营运里程越多，变动成本越高。自有车队的管理者应努力提高单位燃料行驶里程数，因为其潜在的费用节省相当可观。

对于工资费用，长途司机的工资通常按行驶里程数支付，对于其他费用，自有车队管理者必须密切关注费用的形成，因为这些成本可能是由于低效率和不经济的运作而形成的。

对于一个独立进行经济核算的自有车队来说，成本是其进行管理和控制的基础数据，同时也是其进行营运预测、决策的依据。

【训练2-2】位于圣方的某一家设备制造商需要从两个供应商那里购买3000箱塑料配件，每箱配件的价格是100元。目前，从两个供应商处采购的数量是一样的；两个供应商都采用铁路运输，平均运送时间也相同。但如果其中一个供应商能将平均交付时间缩短，那么每缩短一天，制造商会将采纳订单的5%（即150箱）转给这个供应商。如果不考虑物流运输成本，供应商每卖出一箱配件可以获得20%的利润。供应商A正在考虑，如果将铁路运输方式改为航空或卡车运输，是否可以获得更多的收益。

各种物流运输方式下，每箱配件的运输费率和平均运送时间，如表2-4所示。

表2-4 运输费率和时间表

运输方式	运输费率（元每箱）	运送时间（天）
铁路运输	2.50	7
卡车运输	6.00	4
航空运输	10.35	2

分析： 供应商A仅根据可能得到的潜在利润进行选择。表2-5从供应商A的角度列出了不同运输方式下可获得的利润。

表2-5 不同运输方式利润表

运输方式	销售量（箱）	毛利（元）	运输成本（元）	净利润（元）
铁路运输	1500	30000	3750	26250
卡车运输	1950	39000	11700	27300
航空运输	2250	45000	23175	21825

因此，A供应商应选择卡车运输。

任务二：运输成本的分析

☞ 任务描述

影响企业运输成本的因素很多，如距离、产品密度、积载能力、装卸搬运方式、商品特性、市场因素等。完成企业货物运输，必须对企业物流运输总成本和单位成本的影响进行分析，寻找降低运输成本的途径。

☞ 教学方法与手段

案例分析、操作演示、学生自主学习。

☞ 相关知识

影响运输成本的因素是多样化、综合性的，这就要求对运输成本的分析要采用系统的观点进行综合分析。企业在控制物流运输成本的过程中，应多管齐下，进行综合治理。

一、影响物流运输成本的因素

一般来说，运输量越大，运输距离越远，运输的速率越高，运输单位成本就越低。其中，除了变动成本和运输距离成正比之外，其余三种成本都随着运输距离的增加而使均摊到单位的运输成本降低。除了这些因素外，运输成本还与产品密度、载货量、装卸搬运方式、商品特性以及市场因素等有关。

1. 运输距离

运输距离是影响运输成本的主要因素，因为它直接对劳动、燃料和维修保养等变动成本发生作用。通常，运输成本是随运输距离增长而减少的，也就是运输距离越远，运输单价就越低，运输总价就越高，即单位运输成本递远递减与运输总成本递远递增原理。如图 2－1 所示，说明了运输距离和成本的一般关系，并说明了以下两个要点：

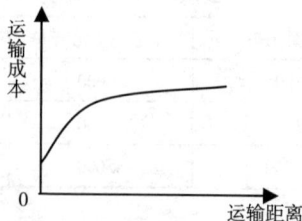

图2－1　运输距离与运输成本之间的一般关系

（1）成本曲线不是从原点开始的，因为它与运输距离无关，但与货物的提取和交付活动所产生的固定费用有关。

（2）成本是随运输距离减少而增长的一个函数，这种特征被称为递远递减，即单位运输成本是随着运输距离的延长而逐渐降低的。

2. 产品密度

产品密度是将货物的重量和空间两方面的因素结合起来考虑的，一般来说，单独的一辆运输卡车更多地受到空间的限制，而不是受到重量的限制。即使该产品重量很轻，车辆一旦装满，就不可能再增加装运数量。因此，产品密度越高，相对地越可以把固定运输成本更多地分摊到增加的运输重量上去，使这些产品所承担的每单位重量的运输成本相对最低。一般而言，每单位重量的运输成本随产品密度的增加而下降。例如，运一车棉花和运一车铁矿相比，单位重量的铁矿运输成本要低得多。产品密度和运输成本之间的一般关系，如图 2－2 所示。它说明了单位重量的运输成本随产品密度的增加而下降的关系。

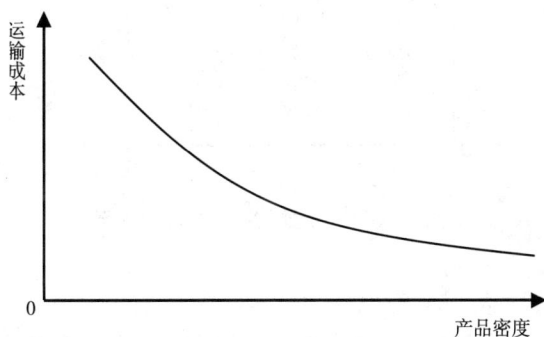

图 2－2　产品密度和运输成本之间的一般关系

一般来说，企业物流运输作业人员应设法增加产品密度，以便能更好地利用装载车辆的容积，使车辆能装载更多数量的货物。增加货物包装密度，可以将更多单位的产品装载进具有固定体积的车辆中去。当然，在某种情况下，由于车辆已经满载，即使再增加产品的密度，也无法再增加利益。例如，从容积的角度来看，像啤酒或纯净水之类的液体货物在装入公路拖车容量的一半时，重量就会达到满载程度。显然，这类货物在还没有充分利用容量时，就有可能受到重量的限制。尽管如此，努力增加产品密度通常会使运输成本降低。

3. 载货量

运输活动与大多数物流活动一样，存在着规模经济，所以，载货量是影响运输成本的第二个因素。一般来说，载货量越多，平均分配到单位重量的行政管理费用、货物提取和交付活动的固定成本就会越少。但是，载货量不是无限制地越多越节约，这要受运输工具最大尺寸的限制，一旦超限，就会造成违法运输，不仅对社会造成危害，而且，一经查出，对企业也会造成不可估量的形象损失和经济损失。所以，我们应该在运输工具额定载量的允许范围内，将小批量的载货量整合成更大批量的载货量，摊薄营运固定成本和营运间接成本。载货量对运输成本的影响，如图 2-3 所示。假设运输工具的额定载货量是 W，当载货量小于 W 时，随着载货量的增加，运输成本增加的比率减缓；当载货量大于 W 时，只要增加一点载货量，都会造成运输成本的大幅增加。所以，运输服务一定要在额定载货量允许的范围内，实现规模经济。

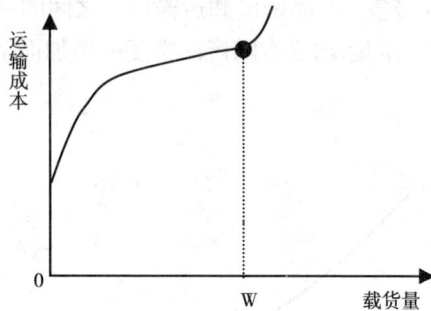

图 2-3　载货量与运输成本的关系

4. 装卸搬运方式

物品在运输或者配送过程中通常要用刚性容器或承载工具进行成组，形成运输单元（集装单元），以提高搬运效率。刚性容器包括箱、包、盒或桶等，承载工具主要是指托盘，有些特殊物品也可以用钢带捆扎进行成组，多式联运中使用集装箱。成组后的集装单元增加了搬运活性，可以提高搬运效率，同时也保护了商品，减少货损货差，从而使运输成本、配送成本下降。

5. 商品特性

有些物品具有易损、易腐、易自燃、易自爆等特性，容易造成损坏、风险和导致索赔事故，运输或配送这些商品除需要特殊的运输工具和运输方式外，承运人还必须通过保险来预防可能发生的索赔，从而增加了运输成本。承运人除了投保，还应要求托运人改善包装，以降低风险，最终降低运输成本。

6. 市场因素

市场因素在这里是指运输的起止点之间相向运输的货物是否平衡，如果不平衡，必然会有返空现象，这就会造成运力的浪费。但完全平衡的情况很少，主要是由生产布局上的不平衡，或由生产和消费季节性方面的原因所致。市场因素主要包括以下几个方面：

（1）竞争性。不同运输模式间的竞争、同一运输模式的线路竞争以及同种运输方式之间的竞争会影响运输费用的波动。铁路、水路、航空以及海运之间长期以来都存在不同程度的竞争，有时为了赢得市场份额，会提供一些不同的价格策略或优惠策略。如相同起运地的货物运输，可采用两种不同的运输方式进行，运输速度较低的那种运输方式只能实行较低的运价。

（2）流通的平衡性。运输通道流量和通道流量均衡等运输供需市场因素也会影响到运输成本。运输通道是指起运地与目的地之间的移动。由于运输车辆必须要返回到起运地，因此，有可能"回程运输"或"空车返回"。若发生空车返回，有关劳动、燃料和维修保养等费用，仍然必须按照原先的"全程"运输支付。于是，理想的情况就是"平衡"运输，即运输通道两端的流量相等。但由于制造地点与消费地点的需求不平衡，通道两端流量相等的情况很少见。此外，这种平衡性也会受到季节性影响，如在销售旺季里运输水果和蔬菜的情况，这种需求的方向性和季节性，会导致运输费率随方向和季节的变化而变化。

7. 转运

在货物运输时，两端的装卸费用要算入运输成本。在直达运输时，装货和卸货只有运输的两端各一次。但在转运时，中途需要装卸，运输成本随转运的次数增加而增加。每转运一次，每单位运量的装卸费用是直达运输时的两倍。即在运输时，其他成本不变，转运时的运输成本比直达运输时的成本大。所以企业在进行货物运输活动中，应尽量采用直达运输，减少货物转运。

二、物流运输成本分析的方法

物流运输成本的分析方法有成本项目分析法和指标分析法。

1. 成本项目分析法

成本项目分析法是指按照物流运输成本项目逐一进行分析。具体分析时，可采用趋势分析法和比较分析法等方法。

（1）趋势分析法。趋势分析法，是根据历年的成本资料分析各成本项目的成本发生的趋势，并加以研究，对于趋势变化较大的给予一定的重视，分析原因，以便加以管理和控制。

（2）比较分析法。比较分析法，是将本期的成本项目的各项实际成本与本期计划水平进行比较、与本企业前期成本水平进行比较、与同行业先进水平进行比较，分析原因，找出差距，采取有效措施加以改进。

2. 指标分析法

物流运输成本的指标分析法，是根据本期的物流运输成本计算单中的实际成本发生额与计划成本，计算总成本降低额和降低率，计算单位成本降低额和降低率，分析成本升降的原因，以便加强管理的成本分析方法。指标分析法一般按年进行分析，在实际工作中，可根据具体情况选择按月、季度和旬进行分析。

（1）成本降低额。成本降低额是考核总成本计划完成情况的主要指标，它是用上年度实际单位成本乘以本期工作量（如周转量等）减去本期实际总成本得到的。其计算公式为：

成本降低额 = 上年度实际单位成本 × 本期实际工作量 − 本期实际总成本

该指标为正数时，表示成本节约；该指标为负数时，表示成本超支。

（2）成本降低率。成本降低率是考核总成本降低幅度的主要指标，是成本降低额与上年实际单位成本和本期实际工作量乘积之间的比率。其计算公式为：

成本降低率 = 总成本的成本降低额 ÷（上年实际单位成本
× 本期实际工作量）× 100%

（3）单位成本降低额。单位成本降低额是计划单位成本与实际单位成本的差额。其计算公式为：

单位成本降低额 = 计划单位成本 − 实际单位成本

（4）单位成本计划完成程度。单位成本计划完成程度是实际单位成本与计划单位成本之间的比率。其计算公式为：

单位成本计划完成程度 = 实际单位成本 ÷ 计划单位成本 × 100%

（5）单位成本降低率。单位成本降低率是单位成本降低额与计划单位成本之间的比率，其计算公式为：

单位成本降低率 = 单位成本降低额 ÷ 计划单位成本 × 100%
= ［1 −（实际单位成本 ÷ 计划单位成本）］× 100%

第3、4、5项指标，克服了工作量对成本分析的影响，使指标具有可比性，可以在不同规模企业之间进行比较。

☞ **技能训练**

【训练2−3】某物流公司拥有N辆车，2010年6月有关业务资料，如下所示。假设上期实际单位运输成本为128元/1000吨千米。要求计算该公司的物流运输总成本、物流运输单位成本，并采用指标分析法进行分析。

（1）司机人员的工资为38000元。

（2）N辆车共消耗23600升燃料，燃料本月的实际价格为3.62元/升。

（3）每月每车预提修理费 300 元，本月对 N 辆车进行维修，其中 M 辆车进行了小修作业，修理费用为 1600 元，Q 辆车大修作业，维修费为 8200 元。

（4）本月发生车辆交通事故一起，事故造成经损失为：货物损失费 700 元，车辆修理费 1200 元，保险公司按规定赔付 900 元。

（5）年初该公司支付本年度保险费共计 30000 元。

（6）本月发生车队管理人员的工资性费用、办公费、差旅费等计 2687 元。

该公司 2010 年 6 月的物流运输成本计算，如表 2-6 所示。

表 2-6　某公司物流运输成本计算（2010 年 6 月）

成本项目	实际（元）	计划（元）
一、车辆费用		
工资及福利	43320	
材料费用	85432	
修理费用	2133	
事故费	1000	
保险费	2500	
车辆费用合计	134385	
二、营运间接费用	2687	
三、运输总成本	137072	127400
四、运输周转量（1000 吨千米）	1055	1010
五、运输单位成本（元/1000 吨千米）	$\frac{137072}{1055}=130$	126.1
六、成本分析		
成本降低额	−2032	
成本降低率（%）	1.5%	
单位成本降低额	−3.9	
单位成本降低率（%）	−3.1%	

分析：

（1）成本降低额 $=128 \times 1055 - 137072 = -2032$（元）

（2）成本降低率 $= -2032 \div (128 \times 1055) \times 100\% \approx -1.5\%$

（3）单位成本降低额 $= 126.1 - 130 = -3.9$（元）

（4）单位成本降低率 $= -3.9 \div 126.1 = -3.1\%$

从各项分析指标的计算可知，该公司成本超支，但超支不大，还有进一步降低物流运输成本的潜力。

物流运输总成本、单位成本变化，可以从车辆运用效率指标的变动来分析，如总车日、工作率、平均车日行程、里程利用率、重车平均吨位、吨位利用率、托运率等的变动都会对物流运输总成本和单位成本产生影响，有必要做进一步的分析，从而寻找降低运输成本的途径。

任务三：运输成本的预测与控制

☞ 任务描述

运输成本预测，是运输成本计划的基础，它为编制科学、合理的成本控制目标提供依据。加强运输成本预测工作，可以挖掘企业内部一切潜力，即以最少的人力、物力和财力来实现企业的经营目标，保证企业获得最佳的经济效益，因此，加强运输成本预测与控制非常重要。

☞ 教学方法与手段

案例分析、操作演示、学生自主练习。

☞ 相关知识

表2-7　各国或地区物流成本构成比较表　　　　　　　　单位：%

成本项目	中国台湾侨泰物流	美国物流业	欧盟物流业	英国物流业
运输成本	50	46	41	42
仓储作业成本	15	22	31	24
存货成本	15	22	23	14
管理成本	20	10	15	20

运输成本在整个物流系统中所占的比重很大。表2-7是各国或地区物流成本构成比较表。运输成本为各国比重最高的成本项目，应将其视为控制成本的重要对象。

目前，我国社会闲散运输能力出现过剩趋势，货源不足、超载和压价现象十分普遍。在这种情况下，人们认为货物运输成本压缩空间不大。但实际上，大部分企业在货物运输中存在着很大的浪费现象，缩短及理顺运输中的各个环节仍有文章可做。在运输领域中，低价运输比例过大；"门到门"运输服务不仅有限，而且覆盖范围不广；运输服务在时间的保证性上较差；货物运输的集货、分拣、组配等的水平有限；不同运输模式的联运效率较低，物流运输成本还没有得到切实有效的控制。

一、运输成本预测与计划

1. 运输成本预测与计划的关键

（1）运输成本预测。运输成本预测是在正式编写运输成本计划前，根据估计的计划期内的各种环境变化，通过广泛收集资料，并分析研究，对运输成本的降低幅度和运输成本目标进行预测。

运输成本预测的关键在于数据的可靠性和估计的合理性，企业要经常进行市场调研，掌握市场信息，包括资源、物价、科技发展以及品种、产品销售、质量等动态情况，据以确定本企业运输产品的目标成本和降低成本的措施，以提高企业的竞争力。经企业负责人审定，对确有经济效益的运输项目进行运输成本预测，以此作为编制和审批计划的依据，并付诸实施。

（2）运输成本计划。运输成本计划是由财会部门根据企业产、供、销的条件，企业主管部门下达的运输成本降低率，以及各职能部门提供的各种技术经济资料编制的计划。运输成本计划一般可以分为年度运输成本计划、季度运输成本计划和月份运输成本计划。

运输成本计划的关键在于根据对计划期内运输成本降低幅度和运输成本目标的预测，按运输成本的构成分科目编制计划，包括直接人工计划、直接材料计划、其他直接费用计划和营运间接费用计划。

2. 运输成本预测与计划的编制步骤

运输成本预测与计划的编制，一般按以下五个步骤进行：

（1）提出一个初步目标成本。提出的方法有两种：一种方法是选择某一先进成本作为目标成本，可选国内外同行业的先进成本水平，也可选企业历史上的最好成本水平，还可以根据定期成本的降低率来进行确定；另一种方法是先确定目标利润，在运输收入（扣除税金）中减除目标利润即为初步目标成本。

（2）收集整理成本数据和历史资料。分析可能影响成本水平的社会因素，按照技术经济分析提出降低成本的方案，根据目标利润、生产发展及消耗水平，测算目标成本。

（3）初步预测成本可能达到的水平。在目前情况下，初步预测成本可能达到的水平，并找出与初步目标成本的差距。其目的是找出现有成本与目标成本之间的差距，从而以现有成本为基础，采用加权平均法，对过去成本进行必要调核或根据成本构成进行初步成本预测。

（4）进行试算平衡。编制成本计划要以提高经济效益为中心，进行运输、供应、市场、外包外协、资金、费用等方面计划的综合平衡。

（5）正式编制计划。根据综合平衡后确定的成本指标，由财务部汇报经企业领导审批后，正式编制运输成本计划。

二、运输成本的控制策略

1. 定性控制运输成本的策略

（1）优化仓库布局。从运输成本控制的角度来看，成本的降低多数与运输的规模相关，而要实现规模运输，就需要依靠仓库实现运输业务量的积累，达到最大的集运。通过优化仓库布局，可以实现运输成本的最小化，如图 2-4 所示。

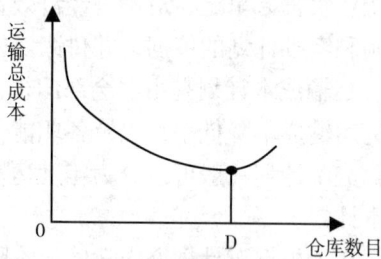

（图）

图2-4 仓库数目与运输总成本的关系

（2）开展集运方式。运输的规模经济，是靠集运来积累运输业务量，从运作的角度来看，有三种方法可以实现货物的集运。①自发集运。也就是将一个市场区域范围内不同客户的小批量运输要求结合起来。②计划预定运输。也就是在每周规定的日期将有限的货物运到特定的市场。③共同运输。通常以有大批量货物运输量的企业为中心，招揽多个相同市场中的货主安排集运；由于从多合作方同处于相同的市场，因而可以满足客户个性化的需要，提供有附加价值的服务。

（3）推行直运战略。任何一个物流系统都要考虑服务水平与成本的关系。直接运输比由当地的仓库送货要慢，而且顾客的订购量往往很小，会增加运输成本，但某些情况下直接运输有它的优势，例如，本地仓储条件高、成本高，则可以考虑直运以减少在库时间。另外，直运还可以减少中间环节和中间环节所需时间，进而提高运输效率、降低运输成本。直运战略的采取，通常要考虑货物的特性、运输的里程和成本、订货的数量和地理位置。

2. 定量控制运输成本的策略

（1）合理选择运输方式。在选择运输方式时，有很多定量分析方法，主要包括：成本比较法、综合评价法等，通常可以综合考虑运输的条件、各种目标要求，采用综合评价法确定最优方案。具体步骤如下：

1）确定评价因素。有关运输方式选择的评价因素很多，但主要有速度、经济性、安全性、准确性四种。这些因素对不同的企业来说可能重要程度不同，要结合企业的发展目标和计划，明确各评价因素的重要性，赋予评价因素相应的权重。不同运输方式的比较，如表2－8所示。

表2－8 各种运输方式评价因素比较

运输方式 营运特征	公路运输	铁路运输	水路运输	航空运输	管道运输
速度	4	3	2	5	1
经济性	3	2	5	1	4
安全性	4	3	2	1	5
准确性	5	4	2	3	1

注："1"、"2"、"3"、"4"、"5"代表等级系数，数值越大等级越高。

2）建立运输方式的综合评价函数。建立运输方式的综合评价函数，明确折算系数，用以计算不同运输方式所对应的综合评价分数。在评价各因素时，速度通过运输时间来决定；经济性通过运输的价值和成本来决定；安全性通过运输的货物的完整程度来确定；准确性通过客户的签收意见来确定。

3）综合评价和选择。比较各运输方式的综合评价函数的值，选择最大值作为最优解，其所对应的运输方式是最合理的选择。

（2）合理确定运输工具。

确定铁路运输车数的需要量＝运输量（吨）÷列车车辆的标重（吨）

确定公路车数的需要量＝货物周转量（吨公里）÷每辆汽车产量（吨公里）

确定船舶需要量＝货物周转量（吨海里）÷船舶每吨位年产量（马力）

（3）合理规划运输路线。在实际工作中，存在许多不合理的运输现象，造成了运力的浪费，增加了不必要的运输成本。通过合理规划运输路线，可以减少不合理运输，降低运输成本；通常可供选择的方法有：线性规划法、表上作业法和图上作业法等。

1）线性规划法。在运价已公布，行驶里程已知的条件下，对多个商品生产地和销售地间的运输建立数学模型，确定变量，求解满足条件的总运输费用最小值。

2）表上作业法。表上作业法是单纯形法在求解运输问题上的一种简化方法，寻求运费最少的调运方案。解题思路是：首先依据已知问题列出货物的供需平衡表及运价表；然后使用左上角法或者最小元素法或伏格尔法确定初始的调运方案；最后根据一个判定法则判断初始方案是不是最优方案，如果不是最优方案，要借助调出变量调整调配方案，再判断，直到判定为最优方案为止。

3）图上作业法。图上作业法是指利用商品产地和销地的地理分布和交通路线示意图，采用科学规划的方法，制定出商品合理的运输方案，来求得商品运输最小吨公里。它适用于交通线路为线状、圈状，而且对产销地点的数量没有严格限制的情况。如果没有对流和迂回，就是一个运输力最省的最优方案。

基本步骤是：沿流向将箭头画在交通图的连线的右方，就近调拨，原则上不能有对流出现，如果交通图有闭合线路存在，可先甩掉一段运输距离最长的段，看做不走的路，然后要求根据箭头在闭合圈的里边和外边，分别统计箭头所对应的里程数，得出里圈长和外圈长，再和整个圈长的一半比较，若里圈长和外圈长都不大于半圈长，则是最优方案，若有一个大于半圈长的，应调整闭合圈，甩掉运量最小段，反复求算最优方案。

👉 **技能训练**

【训练2-4】某物流公司有3个仓库，分别是A、B、C，供应量分别是7吨、4吨、9吨，每天向4个配送中心送货，分别是甲、乙、丙、丁，需求量分别是10吨、3吨、2吨和5吨。单位运价表，如表2-9所示。请确定初始可行方案。

表2-9 单位运价表　　　　　　　　　　　单位：元/吨

产地＼销地	甲	乙	丙	丁
A	2	3	7	6
B	1	3	2	6
C	3	5	4	8

分析：

（1）建立货物的供需平衡及运价表，如表2-10所示。

表2-10 货物的供需平衡及运价表　　　　　　　单位：元/吨

产地＼销地	甲	乙	丙	丁	供应量（吨）
A	2	3	7	6	7
B	1	3	2	6	4
C	3	5	4	8	9
需求量（吨）	10	3	2	5	20

（2）利用最小元素法寻找初始方案。①从表中找出最小运价为 1。这表明由 B 给甲供应货物，运价最省，因为 B 供应量为 4 吨，甲需要 10 吨，所以先确定由 B 给甲供应货物 4 吨，甲还需要 6 吨货物，B 所有货物已运出，这样，表中 B 所在的行不再考虑。②在剩下的 A 和 C 两行运价中，找出最小运价为 2。这表明剩下的节点中，A 给甲供应货物最省，因为 A 供应量为 7 吨，甲尚需 6 吨，所以确定由 A 给甲供应货物 6 吨，A 还有 1 吨货物未运出，甲所有的需求已得到了满足，此时，甲所在的列也不再考虑。③在剩下的 A 和 C 两行与乙、丙和丁三列的交叉点中，找出最小运价为 3。这表明剩下的节点中，A 给乙供应货物最省，因为 A 供应量还有 1 吨，乙需要 3 吨，所以确定由 A 给乙供应货物 1 吨，A 所有货物已运出，乙得到了 1 吨货物的满足，此时，A 所在的行也不再考虑。

依次计算确定，得到最小元素法确定的初始方案，如表 2-11 所示。

表 2-11　最小元素法确定的初始方案表

产地＼销地	甲	乙	丙	丁	供应量（吨）
A	6	1			7
B	4				4
C		2	2	5	9
需求量（吨）	10	3	2	5	20

知 识 拓 展

一、德国邮政"绿色运输项目"走向纵深

到 2020 年，全球最大的邮政和物流公司德国邮政全球网络（简称"德国邮政"）将把自己 90% 的飞机更新为更加节油的新型飞机，这一涉及数百架飞机的"大胆"行动，是该公司为实施业内首推的"绿色运输项目"（GOGREEN）而采取的核心举措之一。

目前，德国邮政的机队更新计划已经开始实施，其在欧美航线上，使用了新型的波音 757 飞机、波音 767 飞机；在欧亚航线上，则使用了更为节油和噪声更低的波音 777 飞机。德国邮政公共政策和可持续发展执行副总裁 Monika 表示，在油价高起的时代，更换飞机是迟早要做的事情。考虑到欧洲将于 2011

年在航空业实行碳排放的交易机制，航空公司需要为自己排放的二氧化碳"埋单"，更新机队就显得更有必要。

除了降低成本，德国邮政大量引进新型飞机的目的还在于，在航空业推行"绿色运输"，减少对环境影响的同时，促进行业的可持续发展。该公司表示，在 2020 年将集团的碳能效提高 30%，其中，到 2012 年，包括转包服务在内，将公司递送的每件包裹、运输的每吨货物和公司不动产每平方米减少碳排放 10%。

德国邮政是全球邮政和物流行业首家对减少二氧化碳排放设定量化目标的企业，公司在航空运输、陆路运输、不动产、产品及服务四个主要的业务部门采取了有针对性的措施。该公司于 2008 年 4 月底启动了"绿色运输项目"，核心是帮助客户减少它们的碳排放。具体举措包括使用混合动力汽车、优化网络设计，建议一部分客户将空运改为海运，将汽车运输改为铁路运输等。德国邮政旗下的快递和物流子公司 DHL，将"DHL 绿色快递"从欧洲推广到亚太地区的17 个国家和地区。

在中国，DHL 于 2008 年第三季度推出"碳中和"服务。在这项增值服务中，客户可以选择将其全球范围的全部或部分业务加入"DHL 绿色快递"并支付投递费用的 5% 作为"绿色基金"。DHL 将计算每票快件在整个投递过程中所产生的碳排放量并通过对相关碳管理项目，如汽车替代燃料技术、太阳能电池板和重新造林等再投资，来削减和抵消全球快件运输中的碳排放。客户每年会收到DHL 颁发的证书，标明以其名义削减或抵消的碳排放数量，以示公司在降低碳排放方面所做出的努力。

"碳中和"服务已从 2007 年起在欧洲推行，获得了很多世界级公司的响应。其在中国推广中可能遇到的一个挑战是，由于要加收"绿色基金"，将使客户的运输成本增加，对于那些更为注重自身商业利益的客户而言，缴纳"绿色基金"时可能会有所犹豫。

二、加拿大的公路快速货运

加拿大的公路运输领域，目前包括三类，即专业运输企业、小件快运公司和社会非专业运输企业。近年来，随着专业运输企业竞争的加剧，促进其在货运的及时或快运等物流服务方面的不断改善。

1. 为客户服务

近年来，许多生产企业开展适时生产制（Just In Time），要求公路运输（或物流）企业及时供应它们所需的货物。为此，有的公路快运企业购进带卧铺的先进卡车，针对长距离的运输安排两个驾驶员轮流开车。为了达到及时、快速、保持企业信誉的目的，有时不惜用航空运输；或根据需要进行安装，即"门到门"送货之外，还要把货物安装调试完毕，待客户满意签单后，才算完成任务；公路快运（物流）企业还拥有自己专门的营销队伍，专门负责联系工商企业，了解他们的需要，介绍本物流企业的服务项目。每个客户都有专门的营销员负责固定联系，驾驶员及所有工作人员都是兼职营销员，他们每一环节的优质服务都会影响顾客对物流企业的印象，由此也会波及公司的业务量和市场份额。

2．市场的选择

虽然市场是无限的，但是企业也不可能想做什么就做什么。公路运输或物流企业必须根据企业的优势和特点来选择服务市场。如加拿大的 BURHAM 公司根据自己的特点，在第三方物流业务中以经营计算机办公设备、保健用品、生活基本用品、银行设备、通讯设备及医疗用品为主。对有些"一揽子"的物流服务项目，如果本企业承包下来而又觉得无能力做好，则分包给有这样能力的企业去做。

3．人员的培训

加拿大的公路快运（物流）企业特别重视驾驶员的培训，认为他们既是生产者又是经营者，代表着企业的形象，企业的成功与否关键在于驾驶员。驾驶员上岗前进行 7 周的业务培训，这种培训包括经营理念、物流业务、驾驶技术、运输地理等，以达到快速、安全、降低客户的赔付、维护企业信誉的目的。

4．高效低成本

运输市场除了物流服务质量的竞争外，就是成本和价格的竞争。加拿大的公路快运在这方面表现突出，如使用大吨位、柴油化、拖挂式的车辆；运输组织中运用卫星定位调度系统以充分提高车辆的实载率；仓库和车厢采用立体隔架结构以提高其利用率；运用机械化或自动装货堆垛降低物流各环节的成本。另外，在营运比（营运成本与营运收入的比值）极高的情况下，就要靠大规模经营即业务量的扩大来增加利润额。

5．发展高技术

加拿大的物流业也不是一开始技术就很高。以驾驶员监控系统为例，20 世纪 80 年代初，有的公路运输企业给车上安装"黑匣子"，通过这个"黑匣子"中的双面圆形卡片记录运行过程中的行驶速度、停歇、转速、油耗等情况，司机在完成任务后交给公司，由公司统一用计算机分析，据此来考核驾驶员行驶和节油情况。在 1998 年以后，有的物流企业才开始使用卫星技术，并在车上安装了小屏幕显示的微机，使司机和控制中心在几秒钟内即可完成数据交换（EDI）。另外，车门装卸感应器、仓库摄像监控系统、汽车空气悬挂、自动化装卸等高技术都是根据需要和企业的实际能力逐步发展起来的。

内 容 小 结

物流是"第三个利润源",物流成本的节约意味着企业创造新的利润来源,运输是物流的子系统中最大的成本项目。有效分析物流运输成本的运价和构成,是降低运输成本的基础。情境二,通过案例引入,介绍了运输成本的构成和控制方法、不同运输企业的运输成本的计算方法。通过本情境的学习,使学生具备熟练应用运输成本核算方法、优化方法,解决实际运输成本管理问题的能力。

课 业 训 练

一、复习思考题

1. 我国的运输方式有几种?有哪些特点和功能?
2. 运价与运输成本有何关联?影响运价的因素有哪些?
3. 运输成本由哪几部分构成?各部分成本主要体现在哪些费用上?
4. 如何理解运输成本控制的策略?
5. 简述各类运输方式的特点及成本构成。
6. 运输成本的优化有哪些方法?

二、案例分析题

案例一:烟草物流企业控制物流运输成本应对油价上涨

物价上涨已经影响到社会生活的各个方面,烟草物流配送也不例外。特别是国际原油期货交易价格的上涨,造成了国内油价的大幅度提高,直接影响着运输行业、物流行业的成本管理和控制,烟草物流配送的成本必然因此大幅度提高。

烟草物流成本由仓储费用、管理费用、员工成本、运输成本等一系列要素组成。其中,运输成本在物流总成本中占有很大的比例,一般占到1/3多。运输成本还可以进一步细分,可以分为燃油费、装卸费、车辆折旧成本、各种税费、员工成本、管理费用等。其中,燃油费是运输成本中占比最大的费用。因此,面对油价的大幅上涨,采取相应的对策,降低油耗,控制物流成本是很重要的。

1. 加强物流配送中的信息化管理

运输成本的控制是建立在整个物流系统优化的基础之上的。烟草物流是一个集订单采集、采购、仓储、运输、配送、装卸搬运和客户服务等多个环节于一体的综合性过程，是整合物流、资金流、商流和信息流的现代配送体系。伴随着电子商务的发展、按订单准时生产的推广，很多物流环节被紧密结合在一起，信息化管理水平直接影响着烟草物流每个环节的衔接，影响着物流系统的效率。换句话说，只有当物流配送过程中的物流管理信息化达到一定水平，才能有效整合物流资源，推动物流各个环节的有机配合，从而节约时间，提高整体物流配送的效率。而这些资源的有效整合，信息化管理技术的提高，有利于合理规划物流路线、制订科学的采购批量、控制适当的库存、减少仓储费用、降低运输成本。此外，加强物流配送中的信息化管理，还可以及时准确地掌握卷烟的现有库存、往返运输，以及最优配送等信息，优化卷烟库存，最大限度地控制卷烟的在途时间，设计出最合理的运输线路，压缩营运成本。从配送管理角度看，加强物流配送中的信息化管理能够促进物流配送管理的规范化，减少不必要的环节，提高各部门的效率，优化管理部门和管理岗位的设立，优化管理人员的配备，既可以有效避免各环节之间不必要的职能交叉，还可以优化运输调度，有效节约运输的管理成本。

2. 对运输车辆进行严格的管理

运输车辆是运输作业的直接工具，对运输车辆的管理是直接控制运输成本的手段。首先要对运输车辆的调度和使用实施严格的控制，通过路单反馈分析车辆的运行情况，严禁私自使用车辆进行盈利；其次依据运货量的多少和运输路况使用不同的车辆，可以有效避免资源浪费，提高运输质量和效益；最后，严格实施运输记录，对运输车辆实施全程管理，具体来说，给司机一张运输记录表，将出库时间、行走路线、行程需要的时间、目的客户地点、给每个客户交货时耽误的时间、货物的装卸时间、车辆维修时间、加油时间等记录下来，这样就可以有效地分析运输作业效率，做好装卸搬运和运输全过程的控制管理。例如，选择经济适用的搬运设备，减少搬运作业、节省搬运距离，选择经济的搬运方式，帮助设计最合适的运输线路，以便节省时间、提高效率。

3. 优化配送路线

优化配送路线，节省运输路程，提高运输效率，降低运输成本。首先要对配送区域内的所有客户的位置、运输路况、经营规模、订货批量和批次进行分析；然后依据客户的分布情况、卷烟产品的供应量设计出合理的运输线路，最终达到总行驶里程最短，所需的配送人数、车辆数最少，节省人力、物力、财力的目的。总之，在设计运行线路的时候，不仅要考虑客户的分布位置、密度，还要考虑客户的订货量，以便实现最大效益。

4.第三方物流配送

尽管烟草行业都在积极地发展自己的物流，但出于规模经济效益的考虑，对于某些孤立的配送，抑或比较偏远的、需求量小的配送点，可以外包出去，引入第三方物流。随着经济的发展，物流运输必将越来越发达。第三方物流由于其专业化、高效率、速度快受到越来越多行业的青睐。烟草行业在实施物流配送的过程中，总会遇到一些偏远或者客户分布比较孤立、卷烟需求量小的区域，如果自己去配送的话，可能造成车辆实载率低下、空载率高、效率不高、往返占用车辆运营时间较长而影响公司车辆营利的机会等问题；这样，可以引入邮政、专业的物流公司之类的第三方物流，不仅可以有效地降低烟草配送的运营成本，同时还可以使自己的配送网络更专业化、更广阔，不断优化烟草公司的配送服务，加快烟草网络建设。此外，第三方物流还可以借助其专业网络，为烟草物流提供科学的物流方案和适时运送的手段，最大限度地减少库存，减少中间环节，节约物品的周转费用，提高管理水平以及避免运输车辆空载，缩短卷烟产品在途时间，提高配送效率。

5.集约配送

目前，按照行政区划，各烟草公司均独立建设物流配送中心，使得烟草物流建设过于分散，力量较弱，一方面，直接带来重复性建设和资源浪费，同时在物流配送的过程中可能造成配送半径不合理、对流等不合理调配的现象，不利于整体优化配送线路；另一方面，过于分散的物流会造成信息的冗余和阻隔，使资源配置不能最优化。对此，国家也提出要从分散、单个的物流建设向全省范围的、适度规模的集约物流转变，积极探索资源共享、流程对接、分工合作、网络运行模式。因此，要整合物流资源，发展适度规模的物流，同时将公司配送区域内的配送资源实施整合，打破区域界限，确定最合理的中心库和分库位置，以达到有效降低烟草物流运输成本、提高配送效率的目标，使烟草物流逐步专业化、最优化。

案例来源：http://www.tobaccochina.com/

问题：

（1）简述运输成本与油价的关系。

（2）信息化对于降低运输成本有何作用？

案例二：广州宝洁公司对运输方式的选择

宝洁中国有限公司在广州黄埔工厂生产的产品要分销到中国内地的全部市

场区域。宝洁公司为这个分销网络设计了一个配套的物流网络,其中运输是这个物流网络中的主要业务之一。北京是宝洁公司在北方的一个区域配送中心所在地,北京配送中心物流目标是:保证北方市场的销售,尽量降低库存水平,降低物流系统总成本。宝洁公司对市场销售需求和降低成本的目标要求进行了权衡和协调,最后确定了运输成本目标。在锁定的运输目标成本的前提下,产品从广州黄埔工厂到北京宝洁区域配送中心的运输要在铁路、公路、航空运输方式间进行选择。铁路运输,能够为宝洁公司大批量地运送商品,同时,由于铁路运价"递远递减",从广州到北京采用铁路运输的运价是比较合算的,还有,铁路运输能够提供全天候的运输服务。但是铁路部门致命的弱点就是手续复杂,影响办事效率,运作机制缺乏灵活性,采用铁路运输时,两端还需要公路运送配套,增加了装卸搬运环节和相关的费用,这样使铁路的待运期增加。铁路部门提供的服务与宝洁公司的要求也有不少差距。如果采用公路运输,宝洁公司将需要大批的卡车为它服务,在绵延 1000 多公里的京广公路运输线上,宝洁货运车队遇到的风险明显比铁路运输要大得多;同时,卡车运输的准时性、商品的破损率等都不会比铁路运输有优势,再有,超过 1000 公里的距离采用公路运输从运输成本上来说是不合算的,但是公路运输的最大的优势是机动灵活、手续简便,如果气候条件好,卡车能够日夜兼程,在途时间还比铁路运输短。同样,航空运输也有其优势和劣势。宝洁公司在进行铁路、公路等运输方式比较时发现,在方便、快捷、经济等许多特性上,采用各种运输方式所能达到的目标是不同的。任何一种运输方式都有其能够实现的目标和优势,某种运输方式能够实现的目标并不是其他任何一种运输方式都能实现的。在比较运输方式时,不能只看一个目标,而是要将各种运输方式所能达到的所有目标和不能达到的目标结合起来同时考虑,最后综合、权衡选择合适的运输方式。另外,运输的速度和安全可靠性会影响托运人和买方的库存水平以及他们之间的在途库存水平。如果选择速度慢、可靠性差的低成本运输方式,物流渠道中就需要有更多的库存,从而出现因库存持有成本增加而抵消或超过运输服务成本降低额的情况。因此,最合理的是既能满足客户需要,又能获得物流总成本最低的运输方式。根据以上的考虑,最终宝洁主要选择了公路运输方式。

问题:宝洁公司在选择运输工具时考虑了哪些因素?如果你是宝洁公司的经理,你如何选择运输方式?

三、实训题

1. 访问本市一家运输公司,调查其运输成本的组成及其优化方法。
2. 参考附录Ⅱ,对货物归类。

（1）整车货物运费的计算训练。

1）确定货物的种类和基本运价。

2）确定货物的计费重量。

3）确定货物的计费里程。

4）确定货物运输的其他费用。

（2）零担货物运费的计算训练。

1）确定零担货物的种类和基本运价。

2）确定零担货物的计费重量。

3）确定零担货物的计费里程。

4）确定零担货物运输的其他费用。

情境三　仓储成本管理

　　物流过程需要经过各个环节的运作才能完成，其中仓储过程是物流必不可少的环节之一，也是重要的环节。从传统的货物仓储发展到现代物流的节点，仓储成为物流的核心环节，正在发挥着协调整体物流的作用。货物在仓储环节内的滞留，表面上是流通的停止，而实际上恰恰促进了商品流通的畅通。一方面，仓储在调配余缺，减少生产部门和销售部门的库存积压，在总量上减少地区内货物存储量等方面起到非常积极的作用；另一方面，加快仓储环节的收发，加快出库前为流通所做的充分准备，将直接影响到商品流通的时间。

　　仓储活动的社会化，对整个社会再生产，对国民经济各部门、各企业的生产经营活动的顺利进行有着重要的作用。然而，在仓储活动中，为了保证商品的使用价值在时空上的顺利转移，必然要消耗一定的物化劳动和活劳动，尽管这些合理费用的支出是必要的，但由于它不能创造使用价值，所以，在有利于社会再生产顺利进行的前提下，费用支出越少越好。因此，搞好商品的仓储活动，就可以减少商品在仓储过程中的物资耗损和劳动消耗，就可以加速商品的流通和资金的周转，从而节省费用支出，降低物流成本，开拓"第三个利润源"。同时，由于仓储活动的合理化，物流仓储企业的仓储为生产企业节约了资金投入，提高了社会的效益和企业的经济效益。

案 例 引 入

仓库是租还是建——安利的实用主义投资决策

　　美国安利公司仓库的自动化程度相当高，而在中国，很多现代化的物流设备并没有被采用，因为美国土地和人工成本非常高，而中国这方面的成本比较低。两相权衡，安利弃高就低。"如果安利在中国的销售上去了，有了需要，我们才考虑引进自动化仓库。"安利（中国）日用品有限公司大中华区储运/店铺营运总监许绍明说。刚刚启用的安利新的物流中心就很好地反映出安利的"实用"哲学。

安利的新物流中心占地面积达 4 万平方米，是原来仓库的 4 倍，而建筑面积达 1.6 万平方米，这样大的物流中心如果全部自建的话，仅土地和库房等基础设施方面的投资就需要数十万元。安利采取和另一物业发展商合作的模式，合作方提供土地和库房，安利租用仓库并负责内部的设施投入。

只用了一年时间，投入了 1500 万元，安利就拥有了一个面积充足，设备先进的新物流中心。而国内不少企业，在建自己的物流中心时将主要精力都放在了基建上，不仅占用了企业大量的周转资金，而且费时费力，效果也不好。

案例来源：http：//www.yakeshop.com/

情 境 描 述

仓储是指对物品进行储存、保管、出入库管理的所有仓库内物流作业活动。仓储是物质产品生产过程的继续，物质仓储也创造产品的价值；仓储活动发生在仓库等特定的场所；仓储的对象既可以是生产资料，也可以是生活资料，但必须是实物动产。当产品不能被即时消耗掉，需要专门的场所存放时，就产生了静态的仓储；将物品存入仓库并对物品进行保管、控制和使用，便形成了动态仓储。

仓储的概念和运输的概念相对应，运输改变物品的空间状态，而仓储改变物品的时间状态，它通过克服工序之间的时间差异使产品获得更好的效用，所以，在物流系统中，运输和仓储是物流的两个主要的功能要素，是物流的两大支柱。仓储具有储存保管、集散货物、衔接供需、服务客户、防范风险、物流中心等功能，对保证社会生产顺利进行，调节生产与消费之间的矛盾，保护产品的价值，传递市场信息，防范风险有着重要的作用。但是，仓储需要一定的成本，而且，该成本在物流成本中所占的比重很大，因此，有必要对仓储的成本进行分析与控制，以达到降低仓储物流成本，提高经济效益的目的。

案例一：海信的"零库存"管理模式

"零库存"是指"库存沉淀为零"。海信公司"零库存"的概念不是为了攒起来，而是为了卖出去。"零库存"并非真的是零，而是指沉淀为零，否则就不存在仓库了。海信的"零库存"有五"板斧"：

1．严格控制采购

在海信的仓库管理中，有许多强制性规定：进口材料在生产前一个月才能购进来，国产材料只能提前 5 天进来，避免形成库存，占压资金。海信的"零库存管理"指的是，如果一天能卖 10 台机器，仓库里的库存就不能超过 600 台。

2．严格控制生产

生产车间有严格的领退料制度，当天用不完的必须退回，以便及时掌握资金占用情况。这样就减少了生产线上的库存边角料，使库存更加清晰。

3．控制市场销售

实现稳定的市场外部环境。"零库存管理"的前提是必须有一个稳定的市场。如果光靠品牌打市场，渠道不抓在自己手里，那么今天市场是你的，明天可能就不是你的了。要把市场做大，先要有自己的网络，每一个点都可以由海信控制。如果纯粹借用社会网络，那么它做大了以后，就会向企业要政策，你不给，它摇身一变就成别人的了。光有自己控制的网络还不行，还得保证这是有效网络，保证在一定时间内销售能达到一定数量的点。

4．信息系统的支持

海信电视各销售公司为实现联网，投入了大笔资金。联网以后，海信电视每天全国的销售量，总部当天就能统计出来。无论多晚，无论在哪里出差，企业老总当天都能知道这个数字。掌握了这些数字以后，企业老总的计算器就开始发挥作用了。这个月进了多少料，能干多少，订单有多少，产品结构是什么比例都能做到心知肚明。比如，下面这个计算结果就很有代表性：仓库里有 5000 套零部件，每天生产 1000 台，5 天刚好干完，后面的订单也刚好到。为了保证这个进度，车间每天生产 1000 台这个数是固定的，什么时候干不管，但不能多干，也不能少干。

5．销售网络的控制

对于外设机构，如何进行控制？这些关系到实际库存的清晰度。例如，海信对郑州市场的控制。像郑州市场这样的外设机构，由自己控制的一个月能卖 100 台以上的点必须有 100 个以上。与海信自己控制网络相反的一种做法是不搞自己的市场开发建设，只批发，迎合对方赚钱的口味，固定价格批给批发商，多卖钱是批发商的。后者会出现损害企业利益的行为：如一类是 10 台电视每台加价 10 元，另一类是 5 台电视每台加价 50 元，你卖哪一种？海信肯定卖赚钱多的型号——10 台的那一种，而批发商为了自己多赚钱肯定卖 5 台的那一种。正是因为这些特定的市场网点，才使对库存的预测是准确的。比如，可以掌握双休日比平时多卖的数量，根据这些规律，可以很有把握地估算，4 月份淡季时每天卖 5000 台，那么"五一"节期间，肯定一天卖 1 万台没问题，然后，根据这个判断进货。如果是社会网络，不为企业所控制，他今天高兴多卖点儿，明天不高兴就不给你卖了，那么作为控制库存的前提——进货和进度的估算也就失灵了。在这个案例里提到的"零库存"也只是没有库存沉淀，产成品基本做到按订单生产，或者说按照比较准确的销售预测进行生产，也就是说在生产环节可能实现"零库存"，但在其他的环节，如零部件储备问题上未必可以做到，起码采购本身有个提前期是必需的。

案例来源：http://www.nokucun.com/

案例二：富日物流的基于配送的仓储服务

富日物流于 2001 年 9 月正式投入运营，注册资本为 5000 万元。富日物流拥有杭州市最大的城市快速消费品配送仓。它在杭州市下沙路旁租用的 300 亩土地上建造了 140000 平方米现代化常温月台库房，并正在九堡镇建造规模更大的 600 亩物流园区。富日物流已经是众多快速流通民用消费品的华东区总仓，其影响力和辐射半径还在日益扩大中。

富日物流通过引入西方先进的第三方物流经营理念，聘请了职业经理人王卫安，成功地开拓了以杭州为核心的周边物流市场，目前已成为杭州较大的第三方物流企业之一。富日物流的主要客户包括大型家用电器厂商（科龙、小天鹅、伊莱克斯、上海夏普、LG、三洋等）、酒类生产企业（五粮液的若干子品牌、金六福等）、方便食品生产企业（如康师傅、统一等）和其他快速消费品厂商（金光纸业、维达纸业等）。国美电器、永乐家电等连锁销售企业和华润万家等连锁超市也与富日物流达成了战略合作关系。

富日物流的商业模式就是基于配送的仓储服务。制造商或大批发商通过干线运输等方式大批量地把货品存放在富日物流的仓库里，然后根据终端店面的销售需求，用小车小批量配送到零售店或消费地。目前，富日物流公司为各客户单位每天储存的商品量达 2.5 亿元。最近，这家公司还扩大了 6 万平方米的仓储容量，使每天储存的商品量达 10 亿元左右。按每月流转 3 次计算，这家公司的每月物流量达 30 亿元左右，其总经理王卫安运用先进的管理经营理念，使得富日物流成为浙江现代物流业乃至长三角地区的一匹"黑马"。富日物流为客户提供仓储、配送、装卸、加工、代收款、信息咨询等物流服务，利润来源包括仓租费、物流配送费、流通加工服务费等，其业务流程如下：

富日物流的仓库全都是平面仓。部分采用托盘和叉车进行库内搬运。少量采用手工搬运。月台设计很有特色，适合于大型货柜车、平板车、小型厢式配送车的快速装卸作业。

与业务发展蒸蒸日上不同的是，富日物流的信息化一直处于比较原始的阶段，只有简单的单机订单管理系统，以手工处理单据为主。以富日物流目前的仓库发展趋势和管理能力，以及为客户提供更多的增值服务的要求，其物流信息化"瓶颈"严重制约了富日物流的业务发展。直到最近，富日物流才开始开发符合其自身业务特点的物流信息化管理系统。

富日物流在业务和客户源上已经形成了良性循环。如何迅速扩充仓储面积，提高配送订单的处理能力，进一步提高区域影响力，已经成了富日物流公司决策层的考虑重点。

富日物流已经开始密切关注客户的需求，并为客户规划出多种增值服务，期盼从典型的仓储型配送中心开始向第三方物流企业发展。从简单的操作模式迈向科学管理的新台阶，富日物流的管理层开始意识到，仅依靠决策层的先进思路是完全不够的，还要导入全面质量管理的管理理念和实施 ISO9000 质量管理体系，保证所有层次的管理人员和基层人员能够严格地按照全面质量管理的要求去工作，并且要在信息系统的帮助下，使富日物流的管理体系上升到一个科学管理的高度。

案例来源：http://www.51edu.com/

问题：

（1）实现"零库存管理"对海信有何重要意义？

（2）为什么制造商或大批发商通过干线运输等方式，将大批量的货品存放在富日物流的仓库？

能力目标

通过仓储成本管理的学习，使学生具备以下知识和技能：

（1）仓储成本的构成；

（2）仓储成本的计算；

（3）仓储成本的分析；

（4）仓储成本管理的控制；

（5）仓储成本优化的途径；

（6）具备运用所学知识进行仓储管理的基本技能。

项 目 实 施

任务一：仓储成本的计算

☞ 任务描述

由于仓储成本包括的范围不同，其计算结果也不同。如果要对所有的仓储物流活动进行管理，就需要计算出所有的仓储成本。如果只考虑库房本身的费用，不考虑物流等其他领域的费用，也不能全部反映仓储成本的全貌。由于每个企业在统计仓储费用时的口径不一样，往往缺少可比性，因而，在计算仓储成本前，必须要明确仓储成本计算的目的，确定其计算范围，再根据企业的实际情况，选择适当的计算方法进行仓储成本的计算。

☞ 教学方法与手段

案例分析、操作演示、学生自主学习。

☞ 相关知识

在计算仓储成本时，可以按支付形态计算仓储成本、按仓储项目计算仓储成本、按适用对象三种不同的方法计算仓储成本。由于原始数据主要来自财务部门提供的数据，因而，应该首先统计按支付形态分类的成本。

一、仓储成本的构成

仓储成本因储存或持有存货而产生，由投入仓储保管活动中的各种要素的费用构成，它与所持有的平均库存量大致呈正向关系。

1. 仓储成本的特点

（1）重要性。仓储成本是物流成本的重要组成部分，而物流成本又占国民经济总产值的很大一部分。据世界银行分析，发达国家物流成本占国民经济总产值的10%左右，美国低于10%，中国估计为16.7%。

（2）效益背反性。为了增加客户满意度而提高物流水平，就会引起仓库的建设管理、仓库工作人员的工资、存货数量等费用开支增加，这将会加大仓储成本。而为了削减仓储成本而减少物流网络中仓库的数量并减少存货，将会增加运输成本。

（3）复杂性。在现行的会计制度下，对物流成本的核算缺少统一的标准。因此，增加了仓储成本的复杂性。

2. 仓储成本的构成

物流仓储成本的构成范围，包括仓储持有成本、订货成本或生产准备成本、缺货成本和在途库存持有成本等。

（1）仓储持有成本。仓储持有成本是指为保持适当的库存而发生的成本，它包括以下四个方面：

1）资金占用成本。也称为利息费用或机会成本，是仓储成本的隐含费用。包括存货占用资金所支付的利息，以及资金被存货占用而失去的机会成本。

2）仓储维护成本。主要包括与仓库有关的租赁、取暖、照明、设备折旧、保险费用和税金等费用。对自有仓库，大部分仓储维护成本是固定的；企业若利用公共仓库，则仓储维护成本一般是变动成本，随库存数量的变化而变化。由于一些产品的体积小、价值高，一些产品易损坏变质，因而产品丢失或损坏的风险高，这就需要较高的保险费用。许多国家还将库存列入应税财产，高水平库存会导致高税费。保险费用和税金将随着产品不同而有很大变化，在计算仓储维护成本时，必须考虑它们。

3）仓储运作成本。主要是入库验收、装卸搬运、在库保管、出库发货等仓储作业发生的费用。

4）物品损耗成本。指库存商品的贬值、损坏、丢失、变质等损失。

（2）订货或生产准备成本。

1）订货成本。指企业为了实现一次订货而进行的各种活动的费用，包括处理订货的差旅费、办公费等支出。订货成本中有一部分与订货次数无关，如常设机构的基本开支等，称为订货的固定成本；另一部分与订货的次数有关，如差旅费、通信费等，称为订货的变动成本。订货成本具体包括与下列活动相关的费用：检查存货费用；编制并提出订货申请；对多个供应商进行调查比较，选择最合适的供应商；填写并发出订单；填写并核对收货单；验收发来的货物；筹集资金并进行付款。

2）生产准备成本。指当库存的某些产品不由外部供应而是由企业自己生产时，企业为生产一批货物而进行准备的成本。其中，更换模具、增添某些专用设备等属于固定成本，与生产产品的数量有关的费用如材料费、加工费、人工费等属于变动成本。

（3）缺货成本。缺货成本是指由于库存供应中断而造成的损失。它包括内部缺货成本和外部缺货成本。内部缺货成本是指原材料、零配件、工具等存货不能按时、按量、按质满足企业生产经营的需要而造成的损失。例如，原材料供应中断造成的停工损失、由于缺货而紧急采购代用材料所增加的采购费用。外部缺货成本是指对外供应发生品种缺少、数量不足、延期交货或不能交货等情况而造成的损失。例如，缺货造成丧失销售机会的利润损失、商誉损失，还会造成因失去客户而产生的难以计量的间接或长期的损失。

（4）在途库存持有成本。在途库存包括入库在途商品和出库在途商品，在途商品应是库存商品的一部分。在途库存持有成本是指在途商品占用资金所产生的利息。仓储成本可以分为固定成本和变动成本两部分来计算。

固定成本是在一定范围内，与库存数的大小无关的成本，即固定成本不随库存商品数量的变化而变化，如仓储设备折旧、仓储设备的维护费用、仓库职工工资等。固定成本的特点是固定成本总额相对不变，而单位商品固定成本却随库存商品数量呈反向变化。

变动成本是一定范围内，与库存数的大小有关的成本，即变动成本随着库存商品数量的变化而变化，如库存占用资金的利息费用、仓储物品的毁损和变质损失、保险费用、搬运装卸费用、挑选整理费用等。变动成本的特点是，其总额随库存商品数量呈正向变化，而单位商品变动成本却相对不变。

在计算仓储成本时，还可以根据商品在仓储过程中的支出形态，分为保管费、仓库管理人员的工资和福利费、折旧费或租赁费、修理费、装卸搬运费、管理费用、仓储损失等成本。

二、仓储成本的计算

仓储成本的计算可以采用三种方法：按支付形态计算仓储成本、按仓储项目计算仓储成本、按适用对象计算仓储成本。

1. 按支付形态计算仓储成本

将仓储成本分别按仓库租赁费、材料消耗费、工资津贴费、燃料动力费、保险费、修缮维护费、仓储搬运费、仓储保管费、仓储管理费、资金占用利息、税金等支付形态分类列出，就可以计算出仓储成本的总额。这种方法是从企业的管理费用、经营费用、财务费用等会计科目中，将其中的仓储成本逐个分离出来，或者根据历史资料计算出的比较稳定的物流比率（例如，按物流人数、物流使用面积、物流用的固定资产等确定人数比率、面积比率、固定资产比率、仓储费比率等），乘以管理、经营、财务三项费用总额，从而计算出各种费用形态的仓储成本。

2. 按仓储项目计算仓储成本

按支付形态进行仓储成本的分析，虽然可以得出总额，但是还不能充分地说明仓储成本的分布情况。若想降低仓储成本，就应该将仓储总额按照项目详细区分开来，以便掌握仓储的实际状态，达到控制仓储成本的目的。这种按仓储项目计算仓储成本的方法与按支付形态计算仓储成本的方法相比，更能进一步找出妨碍实际仓储合理化的症结，计算出标准仓储成本（单位个数、重量、容器的成本），以便确定合理化目标。

3. 按适用对象计算仓储成本

按适用对象计算仓储成本，即分别按产品、地区、客户等的不同计算仓储成本，由此可以分析不同的对象对仓储成本的影响。例如，按店或营业所计算仓储成本，就是要算出各营业单位仓储成本与销售金额或毛收入的比率，用来了解营业单位仓储成本中存在的问题，以便加强管理。

例如，按商品计算仓储成本，是指按项目计算出来的仓储费，以各自不同的基准，分配给各类商品，以此计算仓储成本，并借以分析各类商品的盈亏。

☞ **技能训练**

【训练 3—1】假设对其公司而言，80%的缺货导致延期交货，延期交货的成本是 40 元；10%的缺货导致失销，失销成本是 60 元；10%的缺货导致失去客户，成本是 100 元。要求计算总的缺货成本。

分析：

(1) 延期交货损失：$40 \times 80\% = 32$（元）

(2) 失销损失：$60 \times 10\% = 6$（元）

(3) 失去客户损失：$100 \times 10\% = 10$（元）

(4) 合计每次缺货的期望损失：$32 + 6 + 10 = 48$（元）

由于一次缺货造成的损失是 48 元，因此公司只要增加库存的成本少于 48 元，就应该增加库存以避免缺货。

注意：如果发生内部短缺，可能导致生产损失（机器设备和人员限制）和交货的延误。如果由于某项物品短缺而引起整个生产线停工，这时的缺货成本可能非常高。尤其对于按 JIT 管理方式生产的企业来说，这可能是灾难性的。

【训练 3—2】某公司按成本形态类别，计算仓储成本，如表 3—1 所示。

表 3—1　按成本形态类别计算的仓储成本　　　　单位：元

仓储成本形态	管理等费用	计算基准（%）	仓储成本	备注
	①	②	③ = ① × ②	
（1）仓库租赁费	125000	100	125000	全额
（2）材料消耗费	25466	100	25466	全额

续表

仓储成本形态	管理等费用	计算基准（%）	仓储成本	备注
（3）工资津贴费	561260	22.4	125722	人数比率
（4）燃料动力费	18376	42.5	7810	时间比率
（5）保险费	8850	48.8	4318	面积比率
（6）修缮维修费	17403	45.2	7866	固定资产比率
（7）仓储搬运费	30135	51.8	15610	面积比率
（8）仓储保管费	31467	51.8	16300	面积比率
（9）仓储管理费	17632	37.1	6541	仓储费比率
（10）易耗品费	18410	37.1	6830	仓库费比率
（11）资金占用利息	26545	37.1	9848	仓储费比率
（12）税金等	35416	37.1	13139	仓库费比率
仓储成本合计	915960	39.8	364552	仓库占用费总额比率

【训练3—3】某公司按成本项目类别，计算仓储成本。如表3—2所示。

表3—2　按成本项目类别计算的仓储成本　　　　单位：元

仓储成本形态	仓储成本	仓储成本项目						
		资金占用成本	仓储维护成本	仓储运作成本	物品损耗成本	订货成本	缺货成本	在途库存持有成本
仓库租赁费	1		115000					
材料消耗费	35480		11825	16739	6916			
工资津贴费	125722		41907	62861		20954		
燃料动力费	7810		1562	6248				
保险费	4807		3606	1201				
修缮维护费	7866		3933	2622	1311			
仓储搬运费	14560			14560				
仓储保管费	7141		1059	960	256	2066	2800	
易耗品费	6830		1708	1707	1707	1708		
资金占用利息	9941	9356						585
税　金	13139		13139					
合　计	348296	9356	193739	106898	10190	24728	2800	585
物流成本构成（%）	100	2.56	54.43	32.26	3.24	6.78	0.60	0.13

任务二：仓储成本的分析

☞ **任务描述**

仓储成本分析是以会计核算资料为基础，结合业务核算和统计核算资料，采用多种分析和计算的方法，对仓储成本的静态结构和动态变化进行分析研究，揭示其降耗增效的机会和规律。仓储成本分析的信息资料，是正确核算仓储成本、制定仓储服务收费价格等策略的依据，因此，要求掌握仓储成本分析的各种指标和方法，能对企业的仓储成本进行核算和分析。

☞ **教学方法与手段**

案例分析、操作演示、学生自主学习。

☞ **相关知识**

仓储成本管理的核心内容是确定合理的库存量。通过仓储成本的分析，将库存控制到最佳数量，尽量少用人力、物力和财力将库存管理好，从而使企业获取得最大的供给保障。

一、仓储成本分析的意义

做好企业仓储成本的分析，其重要意义如下：

1. 仓储成本分析为企业制订仓储经营管理计划提供依据

仓储经营管理计划是仓储企业为适应经营环境变化，通过决策程序和方案选择，对仓储经营活动的内容、方法和步骤明确化、具体化的设想和安排。在制订经营管理计划时，必须考虑自身的经营能力，仓储成本正是仓储经营能力的重要指标，因此通过仓储成本的分析，能帮助企业对不同经营方案进行比较，选择成本最低、收益最大的方案制订经营计划，开展经营。

2. 仓储成本分析为仓储产品定价提供依据

仓储企业的根本目的是追求利润最大化。仓储企业在为社会提供仓储产品（服务）时，需要有明确的产品价格，即仓储费。从长远看，必须保证仓储费高于仓储成本，才能保证仓储企业的生存与发展。因此仓储成本是企业制定仓储费的主要依据。

3. 仓储成本分析有利于加速仓储企业的现代化建设进程

仓储成本分析有利于推动仓储技术革新，充分挖掘仓库的潜力，为仓储设施、设备改造提供依据。仓储企业要提高仓储能力和仓储效率必然要进行技术革新，改造设施和设备，但是设施和设备的投入必须获得相应的产出回报，这必须在准确的成本核算和预测的基础上才能提供保证。

4. 仓储成本分析为仓储企业的劳动管理提供依据

劳动力成本本身就是仓储成本的重要组成部分，但是劳动力成本与其他成本之间可能存在着替代关系，也可能有互补关系。确定劳动量的使用的决定性因素是收益，因此以能够获得总成本最低或者总收入增加为原则确定劳动力的使用量。同时，成本因素也是劳动考核、岗位设置的依据和决定劳动报酬的参考依据。

总之，通过仓储成本分析，有利于提高仓储企业的经济效益，减少仓储生产经营中的各种浪费，同时也可以将企业的经济利益与职工的经济利益紧密地联系起来，提高企业经营者的自觉性，从而提高企业仓储经营管理水平和经济效益。

二、仓储成本的分析指标

仓储成本是物流企业成本的重要组成部分，企业需要对仓储成本进行核算和分析，并从中找到降低成本的突破点。

1. 仓储总成本计划完成情况分析

进行仓储总成本计划完成情况的分析，要求收集报告期计划和完成资料以及同期历史资料，计算计划完成程度、增长速度等指标，分析总成本实际完成与计划的差异及对总计划完成情况的影响，从中总结经验，发现问题，提高仓储成本管理水平。

进行仓储总成本计划完成的分析，除了按仓储成本项目分组外，还可以根据需要按其他类别分组。如果企业对仓储各部门、仓储各作业、仓储成本各形态分别制订了成本计划，则还可以按仓储部门分组、按仓储作业分组、按成本形态（仓库租赁费、材料消耗费、工资津贴费、燃料动力费、保险费、修缮维护费、仓储搬运费、仓储保管费、仓储管理费、易耗品费、资金占用利息、税金）分组，用来说明仓储各部门、仓储各种作业、仓储各成本形态的成本计划完成情况。

2. 仓储成本结构变动分析

按仓储成本构成（或仓储作业、仓储部门）分组，计算各构成中的比重，通过报告期与基期仓储总成本及其构成的对比分析，提示成本构成的变动情况，发现问题，提出改进措施。

3. 仓储的效益、效率与质量分析

仓储的效益、效率与质量分析，可以从库容利用、存货周转、成本效益、作业质量等几个方面进行分析。

（1）库容利用指标。

储位容积使用率 = 平均库存总体积 ÷ 储位总容积

储位面积使用率 = 储位使用面积 ÷ 储位总面积

单位面积保管量 = 平均库存量 ÷ 可保管面积

单位面积周转量 = （入库量 + 出库量）÷可保管面积

（2）存货周转指标。

仓库流量 = 入库量 + 出库量

仓库流量与存量比率 = 仓库流量 ÷ 平均库存量

存货周转次数 = 计算期出货量（额）÷ 计算期平均库存量（额）

存货周转天数 = 计算期平均库存量（额）÷ 计算期日均出货量（额）

存货周转率用存货周转次数和存货周转天数两个指标来反映。计算某种存货周转时，一般用存货的数量；如计算多个种类或全部存货时，应该用存货的金额。

反映存货周转速度的指标有存货周转次数和存货周转天数。存货周转次数用来说明计算期内存货周转的次数，周转次数越多，则存货周转速度越快。存货周转天数用来说明存货周转一次所需的天数，周转天数越多，则存货周转速度越慢。存货周转速度越快，存货的占用水平越低，流动性越强，存货转换为现金或应收账款的速度就越快。提高存货周转率可以提高物流企业的变现能力，降低仓储持有成本。但存货周转率过高，也可能说明仓储管理方面存在一些其他方面的问题，如存货水平太低，甚至经常缺货，或者采购次数过于频繁，进货批量太小等。

（3）仓储成本效益指标。

仓储成本率（仓储成本比重）= 仓储成本 ÷ 物流总成本

仓储费用率 = 仓储费用额 ÷ 平均库存额

仓库劳动生产率 = 出货额 ÷ 平均仓储员工人数

（4）仓储作业质量指标。

存货完好率 = 商品完好量（额）÷ 平均库存商品量（额）

存货损坏率 = 商品损坏量（额）÷ 平均库存商品量（额）

出入库差错率 = 出入库误差量（额）÷ 出入库总量（额）

盘点差错率 = 盘点误差量（额）÷ 盘点总量（额）

顾客服务水平 = 订货满足量 ÷ 客户订货量 = 1 − 缺货率

顾客服务水平又叫订货满足率，是指对顾客需求情况的满足程度。顾客服务水平越高，说明缺货发生的情况越少，从而缺货成本就较小，但因增加了安全库存量，导致库存的持有成本上升；而顾客服务水平越低，说明缺货发生的情况越多，缺货成本越高，安全库存量水平越低，库存持有成本越小。

👉 **技能训练**

【训练3—4】根据表3—3所示资料，分析企业仓储成本计划的完成情况。

表 3-3　2009 年某公司仓储成本计划完成情况分析表　　　单位：万元

仓储成本项目类别	计划	实际	计划完成情况（%）	实际与计划的离差	对总计划的影响（%）	上年实际	今年为上年的百分比（%）
	①	②	③=②/①	④=②-①	⑤=④/∑①	⑥	⑦=②/⑥
资金占用成本	8000	9356	116.95	1356	0.34	9046	103.43
仓储维护成本	210000	198629	94.59	-11371	-2.89	221340	89.74
仓储运作成本	135000	117728	87.21	-2183	-0.55	15835	74.63
仓库持有成本小计	367000	337530	91.97	-29470	-7.48	392933	85.90
订货成本	22000	24728	112.40	2728	0.69	22750	108.69
缺货成本	3000	2200	73.33	-800	-0.20	4640	47.41
在途库存持有成本	2000	492	24.60	-1508	-0.38	2100	23.43
合　计	394000	364950	92.63	-29050	-7.37	422423	86.39

分析：

（1）从合计栏中分析仓储总成本的计划完成情况及增长情况。

（2）从仓储持有成本栏、订货成本栏、缺货成本栏、在途库存持有成本栏中，指出成本的计划完成情况较好和较差的成本项目，说明其完成情况对总成本计划完成的影响。

（3）从资金占用成本栏、仓储维护成本栏、仓储运作成本栏、物品损耗成本栏中，指出成本的计划完成情况较好和较差的成本项目，说明其完成情况对总成本计划完成的影响。

2010 年某公司仓储成本计划完成情况，也可按表 3-4 所示的内容进行分析。

表 3-4　2010 年某公司仓储成本计划完成情况分析

仓储成本项目	计划额（万元）	实际额（万元）	增减额（万元）	增减率（%）
资金占用成本	8000	9356	1359	16.95
仓储维护成本	210000	198629	-11371	-5.41
仓储运作成本	135000	117728	-17272	-12.79
物品损耗成本	14000	11817	-2183	-12.79
仓储持有成本小计	367000	337530	-29470	-8.03
订货成本	22000	24728	2728	12.40
缺货成本	3000	2200	-800	-26.67
在途库存持有成本	2000	492	-1508	-75.40
合　计	394000	364950	-29050	-7.37

【训练3-5】根据表3-5所示资料，对企业存货周转速度进行分析。

表3-5 存货周转速度分析 单位：万元

	第一季度	第二季度	差 异	指数（%）
出库额	600	750	150	150
平均库存额	110	125	15	125
存货周转次数	5.45	6	0.55	120
存货周转天数	66	60	-6	83.3

分析：

（1）存货周转速度的计算：

第一季度存货周转次数＝600÷110＝5.45（次）

存货周转天数＝360÷5.45＝66（天）

第二季度存货周转次数＝750÷125＝6（次）

存货周转天数＝360÷6＝60（天）

（2）存货周转次数的因素分析：

出库额增加对存货周转次数的影响＝150÷110＝1.36（次）

平均库存额增加对存货周转次数的影响＝750×(1/125－1/110)

＝－0.75（次）

两者共同影响＝1.36－0.75＝0.61（次）

任务三：仓储成本的控制和管理

☞ 任务描述

作为物流配送的仓储阶段是集装卸、储存两大功能于一体的仓储业发展最有潜力的环节。目前，企业仓储部门面临着客户需求周期短、生产计划多变、仓储条件有限、作业效率不高和业务管理处于被动地位等诸多问题。在市场经济竞争日益激烈的情况下，企业如何选择合适的仓储成本管理方法和手段，对仓储过程的每一个环节的作业表现和成本加以控制，是实现仓储管理目标的要求。

☞ 教学方法与手段

案例分析、操作演示、学生自主学习。

相关知识

仓储成本控制是指在保证企业物流活动正常运行的前提下，努力控制和降低仓储成本，以最少的投入发挥仓储最大的功能，争取最大的经济效益。仓储成本控制的目标是实现仓储成本合理化和最优化。

一、仓储成本控制的原则

仓储成本管理的实质，是在保证储存功能的前提下，尽量减少投入。这是一个投入产出的关系问题，也是一个追求仓储成本投入的合理性问题。

网络经济时代可以利用有效的信息技术、现代物流技术和现代管理技术，通过配送方式来满足生产和市场的需要，这是现代仓储技术发展的一个方向。仓储管理的不合理或造成仓储成本过高的主要表现有以下几种情况：

1. 仓储时间过长

仓储时间从两个方面影响储存这一功能要素的效果。一方面是经过一定的时间，被储存的货物可以获得"时间效用"，这是储存的主要物流功能；另一方面是随着储存时间的增加，有形及无形的消耗相应增大，这是"时间效用"的一个逆反因素，也是一个"效益背反"问题。也就是说，从"时间效用"的角度来考察，存储一定时间，效用可能增大，存储的时间继续增加，效用就会降低，或者时间效用出现周期性波动。因而仓储的总效用是确定最优仓储时间的依据。

当然，仓储时间与仓储总效用之间有着复杂的关系，各种物资不能一概而论。但是，对绝大多数物资来说，过长的仓储时间都会影响总效益，因而都是属于不合理的仓储范围。

2. 仓储的数量不合理

仓储数量从两个方面影响仓储这一功能要素的效果，这两个方面利弊的消长，也使仓储数量有一个最佳的经济储量，仓储数量过高或过低都是不合理的仓储。

（1）仓储一定数量的存货，可以使企业具有保障供应、生产、消费的能力。然而一般而言，保障能力的提高不是与数量成正比的，而是遵从"边际效用"原理，每增加一个单位的仓储数量，总保障能力会随之增加，但边际效用却会逐渐降低。

（2）仓储的损失是随着仓储数量的增加而增加的。仓储数量增加，仓储的持有成本就相应增加；而如果仓储管理能力不能按比例增加的话，仓储损失的数量也会增加。仓储数量过低，会严重降低仓储对供应、生产、销售等方面的保障能力。其损失可能远远超过减少仓储量、防止仓储损失、减少利息支出等方面带来的收益。当然，在现代物流行业发达的今天，利用现代网络信息技术所提供的及时、准确的信息，通过建立有效的供应系统，进行"零库存"管理，是完全可能的。因而，不合理仓储所指的"仓储数量过低"是有前提条件的。

3. 仓储条件不足或过剩

仓储条件不足，主要指仓储条件不能满足被仓储物资所要求的良好的仓储环境和必要的管理措施，因而造成储存物品的损失。如仓储设施简陋、仓储设施不足、维护保养手段及措施不力等。

仓储条件过剩，主要是指仓储条件大大超过需求，从而使仓储物资过多地负担仓储成本，造成不合理的费用。

4. 仓储结构失衡

仓储结构失衡主要包括以下三个方面：

一是仓储货物的品种、规格等失衡。

二是仓储物品的各个品种之间仓储期限、仓储数量失衡。

三是仓储地点选择不合理。

二、仓储成本控制的方法

1. 经济批量（EOQ）控制法

（1）经济批量及其假设条件。经济批量又称经济订货量，是指使一定时期存货的总成本最低的每批订货数量。经济批量的基本模型是基于以下几个假设而成立的：①能准确预测企业一定时期内的存货需求总量。②企业存货的流转比较均衡。③存货市场价格稳定，不考虑商业折扣。④企业现金充足，可以及时补充存货。⑤市场货源充足，并能立即集中到货。⑥不考虑缺货成本。

存货总成本包括取得成本、储存成本和缺货成本。只有各项成本中的变动成本才是经济批量决策的相关成本。经济批量的基本模型中，相关成本仅包括变动的订货成本和变动的储存成本。只要这两部分成本之和最小，就能保证存货总成本最小，此时的订货批量就是最佳的经济批量。

（2）经济批量的计算。设 Q 为每次的订货批量，D 为存货全年的需求量，K 为每次订货成本，C 为单位储存成本，T 为存货的变动总成本，则：

$$T = \frac{D}{Q} \times K + \frac{Q}{2} \times C$$

为了计算使得全年存货总成本最低时的订购批量 Q，即经济批量，对上式求导，并令其等于零，则可得：

$$经济批量Q = \sqrt{\frac{2DK}{C}}$$

经济批量的变动总成本 $T = \sqrt{2DKC}$

2. 订货点控制法

经济订货又称再订货点，就是订购下一批货时本批存货消耗到的储存量。订货点过高，储存成本增加；订货点过低，一旦供货延期或需求量增加将会造成缺货。最理想的订货点应该是当下批货物运达仓库时，仓库库存正好用完，这一储存量是在正常情况下的最低储存量，又称正常储存量。为了预防非正常因素发生需要增加的储备称为安全储备量。因此，订货点的计算公式为：

订货点 ＝ 正常储存量 ＋ 安全储备量

＝ 平均日需求量 × 平均到货时间 ＋ 安全储备量

3. 存货存储期控制法

储存存货会占用资金，发生储存费用，而且储存的时间越长，付出成本越多。因此必须对存货储存期进行控制，尽量缩短存货储存期，加速存货周转，以提高企业经济效益、降低企业经营风险。

企业存货的储存成本分为固定储存成本和变动储存成本。前者与存货储存期的长短无直接关系（如进、销货时发生的费用），后者则与存货储存期的长短有密切关系（如利息、保管费用）。它们与利润之间的关系公式：

目标利润＝毛利－销售税金及附加－固定储存成本－变动储存成本

＝毛利－销售税金及附加－固定储存成本－每日变动储存成本

× 储存期存货保利储存期

式中，若目标利润为零，表示企业购销过程中不亏不盈，则：

$$存货保本储存期 = \frac{毛利 - 销售税金及附加 - 固定储存成本}{每日变动储存成本}$$

保本储存期是仓储企业允许的该物品的最长储存时间，一旦某物品储存时间至此临界点，企业必须立即处理，否则就会导致亏损。保利储存期是指为实现目标利润，企业必须控制的货物储存时间。企业可根据行业利润水平或必要的投资报酬率确定目标利润，然后据此计算货物的保利储存期。

4. ABC 分类控制法

ABC 分类控制法源于 ABC 曲线分析，又叫帕累托曲线，其基本原理是按成本比重高低将全部存货分为 A、B、C 三类，对各类存货采取不同的管理控制方法。

（1）存货按成本比重分类。A 类存货的成本占总成本的比重为 70% 以上，其品种数占存货总品种数的比重不超过 20%；B 类存货的成本占总成本的比重为 20% 左右，其品种数占存货总品种数的比重为 30% 左右；C 类存货的成本占总成本的比重不超过 10%，其品种数占存货总品种数的比重不低于 50%。

（2）对各类存货采用不同的管理方法。

1）A 类存货，品种数量较小，但资金占用比重最大，是重点控制对象，必须逐项严格控制和重点规划，详细记录及经常检查、分析其需求和库存情况。在满足企业内部需要和顾客需要的前提下维持尽可能低的经常储存量和安全储备量，加强与供应链上下游企业合作以降低库存水平，加快库存周转。

2）B 类存货，品种数量较多，资金占用比重较小，是一般控制对象，但也应引起重视，对这类存货的管理强度介于 A 类和 C 类之间，可分不同情况采取不同措施。

3）C 类存货，品种数量最多，但资金占用比重最小，不是控制的主要对象，只需进行一般的管理和控制，如采用总量控制法。

（3）ABC 分类法的分类步骤。

1）收集存货各品种的年销售额数据。

2）编制 ABC 分析表，如表 3-6 所示。将存货的年销售额，由大到小依次填入表中，并计算品种累计数、品种累计数比重、累计年销售额、年销售额累计比重。

表 3-6　ABC 分析表

序号	品名	品种数	品种累计数	品种累计数比重（%）	年销售额	累计年销售额	年销售额累计比重（%）

3）按 ABC 分类标准进行分类，如表 3-7 所示。

表 3-7　ABC 分类标准

类别	品种数累计比重（%）	年销售额累计比重（%）
A 类	10%~20%	60%~70%
B 类	20%~30%	20%~30%
C 类	60%~70%	10%~20%

4）对 ABC 三类存货进行有区别的管理。

将存货的年销售额，由大到小依次填入表中，并计算品种累计数、品种数累计比重、累计年销售额、年销售额累计比重。

5. CVA 控制法

CVA 控制法，也称关键因素分析法。ABC 分类法存在一定的缺陷，通常表现为一些 C 类存货不被重视，但它却是生产过程中不可缺少的重要部件，一旦发生缺货则会造成生产的停顿。为了弥补按金额大小分类方法的不足，企业在库存管理中又引入了关键因素分析法（CVA）。

CVA 的基本思想是将存货按照关键性分成 3～5 类，最常用的是分为 4 类，如表 3-8 所示。

表 3-8　CVA 管理策略

库存类型	特　　点	管理措施
最高优先级	经营管理中的关键性物品，或 A 类重点客户的存货	不允许缺货
较高优先级	经营管理中的基础性物品，或 B 类重点客户的存货	允许偶尔缺货
中等优先级	经营管理中的比较重要的物品，或 C 类重点客户的存货	允许合理范围内的缺货
较低优先级	经营管理中需要，但可替代的物品	允许缺货

CVA 控制法是在 ABC 分类法基础上的改进，CVA 管理法与 ABC 分类法相比，有着更强的目的性，但在使用中人们往往倾向于认定高的优先级，导致高优先级的物品种类过多，造成主次不分。将 CVA 管理法和 ABC 分类法结合使用，可以达到分清主次、抓住关键环节的目的。

三、降低仓储成本的途径

1. 合理规划仓储空间的取得方式，降低仓储成本

仓储空间的取得方式有三种，即自有仓库、租赁仓库、公共仓库。每种仓库都有自己的优势，也有自身的缺陷。企业究竟采用何种方式获得仓储空间，要综合考虑以下因素：

（1）周转量。自有仓库的固定成本较高，而且与使用程度无关，存货周转量越高，分摊到单位存货中的固定成本越少，平均单位成本越低。公共仓库的费用包含与库存量有关的存储费用和与仓储作业量有关的仓储作业费用，均属于变动成本。通常，存货周转量越高，使用自有仓库越经济；相反，当周转量相对较小时，便应选择公共仓库。公共仓库费用、自有仓库费用与存货周转量的关系，如图 3-1 所示。

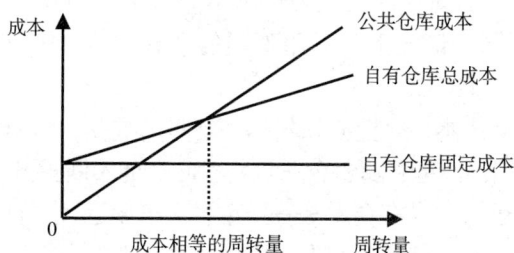

图 3-1　自有仓库与公共仓库的成本比较

公共仓库的经营具有营利性质，公共仓库成本的增长率高于自有仓库的仓储作业成本的增长率。当总周转量达到一定规模，两条总成本线相交。这说明，当周转量等于该交点对应的周转量时，采用自有仓库与公共仓库的成本相等；当周转量高于该点时，由于可将固定成本均摊到大量存货中，因此使用自有仓库更经济。

（2）需求的稳定性。需求的稳定性是指企业对仓储空间需求的变化程度，自有仓库最适合需求稳定的企业，许多企业具有多种产品线，使仓库具有稳定的存货周转量，因此自有仓库的运作更为经济。

如果对于仓储空间的需求不稳定，具有季节性波动的特点，企业可能会根据高峰时期的需求量来确定自有仓库或长期租赁仓库的仓储空间规模，那么在库存水平较低的低谷期便会出现仓储空间闲置的状况，从而发生不必要的仓储成本。

实际中，对仓储空间需求不稳定的企业，采用混合仓储空间策略是解决需求与成本矛盾的办法，即将多种仓储空间获取方式相结合，既能保证自有或长期租赁仓储空间的充分利用，又能通过短期租赁仓储空间来满足高峰期的需求。在选择最优的混合仓储空间获取策略时，必须以成本为依据。

（3）市场密度。市场密度是指仓库服务的需求程度，市场密度较大或供应商比较集中时，修建自有仓库较为有利。因为零担运输费率比较高，经自有仓库拼箱后，采用整车装运，运输费率便会大大降低。相反，当市场密度较低时，则在不同的地方使用公共仓库要比以一个自有仓库服务一个很大的市场区域更为经济。

2. 合理选择适应不同吞吐量的仓储类型与作业模式

任何拥有库存的企业都会产生仓储成本，当企业通过租赁仓库或公共仓库的形式实施仓储活动时，仓储成本是由外部提供仓储服务的物流企业按费率向企业收取的；当企业通过自有仓库实施仓储活动时，仓储成本就是企业仓库产生的内部成本。不同仓储系统表现出不同水平的固定成本和变动成本，因此，在吞吐量不同的情况下，采用不同的仓储类型与作业模式会带来不同的仓储成本。

为了降低仓储成本，企业必须根据吞吐量的规模，恰当地选择仓储类型与作业模式。根据实践经验，随着企业货物吞吐量的不断提升，"公共仓库、租赁仓库——手工搬运"、"自有仓库——托盘、叉车搬运"、"自有仓库——自动搬运"会依次成为企业仓储类型和作业模式的最佳选择。

3. 进行合理的仓库结构与空间布局决策

当仓库的规模确定下来之后，企业还要进一步对仓库的结构与空间布局进行决策，制定这些决策的基本思路就是要在仓库的建筑成本与仓储作业成本之间进行权衡，以期降低仓储成本、将仓储总成本控制在最低水平。应注意以下几点：

（1）仓库的长度与宽度。仓库的长度与宽度的确定取决于仓库的搬运成本和建筑成本。

（2）仓库的高度。仓库的高度与建筑成本、仓储作业成本以及货品的堆码要求等方面有关。如果仓库的高度增加，则仓库的容积也会增加，但仓库的屋顶和地面都没有发生变化，因此，仓库的建筑成本不会随容积的增大而同比例变动，仓库的建筑成本的上升速度要小于容积上升的速度，即增加仓库的高度可以带来仓库建筑成本的节约。

但是，仓库高度的增加会增加仓储作业成本：备货作业和入库时货品堆码作业的时间会加长，难度会加大，货品搬运成本会上升。而且为了能够进行高空作业还有可能要购买新的设备，当货品不适合进行多层堆码时，还必须购买货架等设施设备，从而导致相关成本的增加。仓储作业成本与其他相关成本的增加会抵消建筑成本的下降，因此，在进行仓库高度决策时，应当对各方面的成本进行权衡。

（3）仓库的空间布局。仓库的基本结构确定之后，便要研究货位、货架和通道的布局，包括确定所用货架的数量、货架的放置方向以及各货架上的货位数量。

4. 降低验货与出入库作业成本

在仓储作业中，产品检验一般都比较复杂，其费工程度仅次于备货作业。如果能省去产品检验这道工序，供货商和客户双方都将从中获益。在产品检验中，最理想的是一次就能准确地完成整个出入库商品的检验。要做到这一点，可利用扫描仪来读取产品条形码，这种方法与工作人员根据经验来检验商品相比，具有准确程度高、误差少、速度快的优点。此外，条形码与计算机管理信息系统还可以大大提高出入库作业的准确率与效率。通过扫描产品包装上的条形码，计算机可以读取产品信息，并做相应的入库与出库记录。

5. 降低备货作业成本

备货作业是仓储作业中最复杂的作业，为了降低备货作业成本，企业可从选择合理的备货方式、划分仓库区域和加强场地管理等方面着手。

备货作业的方式有全面分拣、批处理分拣、分区分拣等。不同的分拣方式有着不同的特点和成本消耗。如果产品的种类比较多，应当采取全面分拣方式；如果产品种类比较少，应采取批处理分拣方式；如果仓库面积比较大，存放不同产品的区域又相隔较远，应当采用分区分拣方式以节约成本。

在备货作业中，妨碍作业效率提高的主要因素是仓储空间。仓储的空间越大，备货时移动的距离就越长。因此，企业应尽可能减少仓储空间，以提高备货的作业效率。将仓库分成"储藏区"和"备货区"是减少仓储空间的有效办法，产品从备货区出库，其减少的部分再从储藏区补充进来，这样虽然增加了一道补充程序，但作业效率却大大提高了。

另外，加强场地管理，明确场地管理规则，有助于备货人员轻松地找到要分拣的货物，从而节省寻找的时间，提高效率，降低备货成本。如在固定场地管理方式下，各货架内装载的物品种类，从长期上看，比较固定，这有利于从事物品备货作业，方便备货人员查找；同时在这种管理方式下，信息管理系统的建立也更为方便，只要将货架编号及物品代码输入计算机，就能准确地掌握物品出入库和结余动态，从而省去了不断进行更新的烦琐业务。

6. 降低仓库内装卸搬运成本

装卸搬运是仓储作业中的主要作业，为了降低装卸搬运成本，应遵循以下原则：

（1）经济合理地选择装卸搬运设备。装卸搬运设备占企业投资的比重很大，同时装卸搬运设备的装卸搬运能力、配件损坏的修理、动力系统和燃料的使用等都会影响装卸搬运成本。装卸搬运设备的选择对日后日常操作的固定成本和变动成本影响很大，因此，选择合适的装卸搬运设备可降低装卸搬运成本。

（2）在高峰期间或试用期间可临时租用外部装卸搬运设备，以减少设备投资。

（3）合理布局仓库，优化搬运路线，尽量减少装卸次数、搬运次数与搬运距离。如使整个仓库处于一层之中，尽量避免有楼梯等。

（4）尽量提高一次装卸搬运作业的处理量，充分利用装卸搬运设备的处理能力。

7. 降低流通加工成本

企业可从以下四个途径控制和降低流通加工成本：

（1）对加工方式进行经济核算和可行性研究，确定合理的加工方式和成本。

（2）合理确定加工批量和加工工序，避免因加工批量的不均衡而造成设备、人员的闲置。

（3）加强流通加工的生产管理，降低加工耗费。

（4）制定相应的经济指标，考核流通加工耗费和效益。

四、现代仓储成本控制管理的方法

由于激烈的市场竞争，企业的经营目标、组织结构、经营方式和方法都发生了巨大的变化，而在降低仓储成本方面，传统的库存控制方法难以适应经济发展的需要。随着计算机技术的发展，创新性的现代仓储成本控制管理方法得到普及和推广。现代库存成本控制管理方法主要有以下几种：

1. MRP 库存控制方法

MRP 是物料需求计划（Material Requirement Planning System）的简称，由美国著名生产管理和计算机应用专家欧·威特和乔·伯劳士在 20 世纪 60 年代提出。MRP 被看做是以计算机为基础的生产计划与库存控制系统。如果说 EOQ（经济订货批量）解决了需求独立物资的库存控制问题，那么 MRP 解决了需求相关物资的库存控制问题。需求相关物资是指这些物资的需求与其他物资的需求有着直接联系，即按产品结构，一个低层次物料的需求取决于上一层部件的需求，而上一层部件的需求又取决于更上一层物资的需求，以此类推。对需求相关的物资，其需求取决于最终产品的生产数量和交货期，因此要采用 MRP 对其进行控制，按最终产品的需求量和需求时间来确定各种物资的需求数量和需求时间。因此，MRP 既是一种精确的排产系统，又是一种有效的物料控制系统，其目标是在保证供应的前提下保有最低库存量。MRP 系统运行的步骤如下：

（1）根据市场预测和客户订单，编制可靠的生产计划和生产作业计划，在计划中规定生产的品种、规格、数量和交货日期，同时，生产计划必须和生产能力相适应。

（2）编制产品结构图和各种物料、零件的用料明细表。

（3）正确掌握各种物料和零件的实际库存量及最高保险储备量等相关资料。

（4）正确制定各种物料和零件的采购和交货日期及订货周期和批量。

（5）根据上述资料，通过 MRP 系统运算确定各种物料和零件的实际需求量。

（6）按各种物料和零件的实际需求量和规定的订货批量和时间，向采购部门发出采购通知单或向生产车间发出生产指令。MRP 系统流程图，如图 3-2 所示。

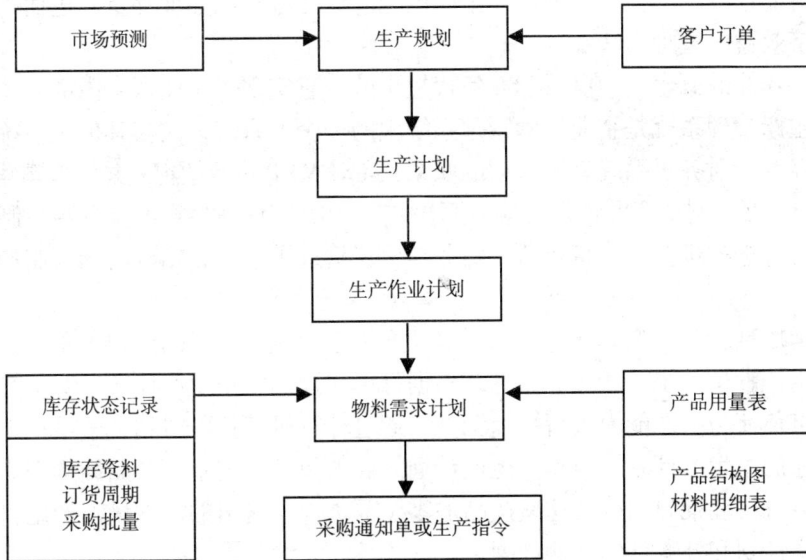

图 3-2　MRP 系统流程图

　　MRP 的目标之一是在将库存保持在最低水平的同时保证供应，但是 MRP 还是存在缺陷：没有考虑到生产企业现有生产能力和采购有关条件的约束。因此，到了计算出来的物料需求日期，物料可能因没有设备或工时不足而不能生产，或因为原料不足而无法生产。同时，它也缺乏根据实施情况反馈信息以对计划进行调整的功能。

　　为了解决以上问题，MRP 系统在 20 世纪 70 年代发展为闭环 MRP 系统。闭环 MRP 系统除了物料需求计划外，还将生产能力需求计划、车间作业计划和采购业务计划也全部纳入 MRP 系统，形成一个闭环。随后，闭环 MRP 系统又加入了对制造范围的资金控制，计划的名称随控制对象的升级而改为制造资源计划（Manufacturing Resource Planning），也叫 MRP Ⅱ。随着管理科学和计算机理论的迅速发展，在 20 世纪 90 年代，美国人又提出企业资源计划（Enterprise Resource Planning）的概念。ERP 在资源计划和控制功能上的进步表现在：计划和控制的范围从制造延伸到整个企业；资源计划的原理和方法应用到非制造业。

2. 制造资源计划

制造资源计划（MRPⅡ）是在 MRP 的基础上，增加营销、财务和采购功能，对企业制造资源和生产经营各环节实行合理有效的计划、组织、协调与控制，达到既能连续均衡生产，又能最大限度地降低各种物品的库存量，进而提高企业经济效益的管理方法。

MRPⅡ的概念是 20 世纪 80 年代提出的，它实现了企业资源内部一体化管理。生产管理系统是企业经营管理系统中的一个子系统，它与其他子系统，尤其是经营与财务子系统有着密切的联系。在对 MRP 进行研究，并汲取精华、克服缺点以后，制造资源计划便应运而生，在 MRP 完成对生产的计划与控制基础上，通过进一步扩展，将经营、财务与生产管理子系统相结合，形成制造资源计划。

运用现代生产管理思想和方法建立的计算机化生产系统 MRPⅡ是一个先进的生产管理系统。MRPⅡ软件是根据订单和预测安排生产任务，对生产负荷和人员负荷与生产能力进行平衡调整，通过计算机模拟，得到一个最佳生产组合顺序的主生产计划。根据主生产计划的要求及库存记录、产品结构等信息，由计算机自动推导出构成这些产品的零（部）件与材料的需求量，产生自制品的生产计划和外购件的采购计划。

根据物料需求量计算的结果，分阶段、分工作中心精确地计算出人员负荷和设备负荷，进行瓶颈预测，调整生产负荷，做好生产能力与生产负荷的平衡工作，制订能力需求计划，按照计划进行生产，在生产过程中若出现问题，还可再进行调整。它用科学的方法计算出什么时间需要什么、需要多少，在保证正常生产不间断的前提下，根据市场供货情况，适时、适量、分阶段订购物料，尽量减少库存积压造成的资金浪费，在解决物料供应与生产的矛盾、计划相对稳定与用户需求多变的矛盾、库存储备增多与减少流动资金的矛盾、产品复杂多样化与生产条理化的矛盾中起着很大的作用。

综上所述，MRPⅡ是管理企业所有资源的技术，它超越了库存控制和生产控制，综合了几乎所有的功能，是一个面向未来的计划技术。它不仅减少了缺货，提高了客户服务水平，还使运输更高效、更能适应需求的改变，减少了存货成本，降低了生产线停工的概率，使计划更灵活。现在，该技术又有了新的发展，有人将 MRPⅡ和 JIT 结合起来，称之为 MRPⅡ，它对消除浪费、减少不必要操作、降低储存、减少工件等待和移动时间等方面的成本降低，有了更进一步的发展。

3. 企业资源计划

企业资源计划（ERP）是在 MRPⅡ的基础上，通过前馈的物流和反馈的信息流、资金流，把客户需求和企业内部的生产经营活动以及供应商的资源整合在一起，体现完全按用户需求进行经营管理的一种全新的管理方法。

ERP 是由美国加特纳公司在 20 世纪 90 年代初首先提出来的。ERP 强调通过企业间的合作，达成快速反映市场需求、实施高度柔性的战略管理、降低风险成本以及实现高收益等目标。ERP 将管理的视角投向了整个供应链，它的实施有利于降低包括库存持有成本在内的多种成本，并有助于提升整个供应链的效益。

4. 准时制（JIT）与零库存管理

JIT 为 "just in time" 的缩写，直译为 "正好准时"，在生产和库存管理中则为 "准时到货" 之意。准时制（JIT）与零库存管理是由日本丰田汽车公司首创，并在日本工业企业中广泛推行的关于库存优化管理的一种新理念和管理方法。准时制与零库存管理的优点是可以避免库存积压，减少资金占用利息，还可以节省仓库建设投资和仓库管理费用。其基本原理如下：

（1）产品生产按照生产流程，各工序之间紧密配合，严格按生产进度时间表规定的生产节拍进行。

（2）根据市场需要，以最终产品的生产数量为基础，推动各道工序的生产活动，按生产流程的相反方向，计算逐道工序每天需要的零部件和材料的品名与数量。

（3）上道工序严格按下道工序的需要进行生产，并将准时按量完成的在制品交给下道工序。因此，在各道工序上，顶多有一天的在制品库存，甚至零库存。

（4）外购零部件和材料严格按各工序所需数量由协作厂和供应商在每天开工前准时送达指定生产线。因此，在各道工序中，外购零部件和材料最多有一天的库存，甚至零库存。

实行准时生产制度，厂内货品流通与产品生产流程在时间和数量上相互衔接，密切配合，使原材料、零部件、在制品和产品的库存减少到最低限度，几乎接近于零。

☞ **技能训练**

【训练 3-6】某企业全年需要某种材料 36000 千克，每次订货成本为 240元，单位储存成本为 3 元。计算订货的经济批量、经济批量的变动总成本、全年最佳订货次数和订货周期。

分析：

经济批量$Q=\sqrt{\dfrac{2\times36000\times240}{3}}=2400$（千克）

经济批量的变动总成本$T=\sqrt{2\times36000\times240\times3}=7200$（元）

全年最佳订货次数$N=\dfrac{D}{Q}=\dfrac{36000}{2400}=15$（次）

订货周期$S=\dfrac{360}{N}=\dfrac{360}{15}=24$（天）

【训练 3-7】接【训练 3-6】例，若企业每次订货的平均到货时间为 3 天，安全储备量为 500 千克。计算平均日需求量、订货点。

分析：

（1）平均日需求量＝全年的需求量/360＝36000/360＝100（千克）

（2）订货点＝平均日需求量×平均到货时间＋安全储备量

$\qquad$＝100×3＋500＝800（千克）

【训练 3-8】某企业共有存货 11800 种，年占用资金 8310 万元，各类存货及资金占用，如表 3-9 所示。要求编制 ABC 分析表和 ABC 分类库存管理表。

3-9　各类存货及资金占用情况表

存货编号	存货品种数	占用资金（万元）
201	505	5130
202	585	990
203	540	540
204	1350	108
205	1170	720
206	1260	225
207	270	20
208	2700	217
209	630	720
210	2790	225
合计	11800	8310

分析：

（1）根据表 3-9 所列资料，对各类存货按其资金占用多少，从大到小排序。分别计算各编号的资金占用存货金额的百分比和每个品种占总品种数的百分比。

（2）根据以上两个百分比，将存货分为 ABC 三类，并编制 ABC 分析表，如表 3-10 所示。

（3）根据 ABC 分析表，需要对不同等级的物品采用不同的管理方法。编制 ABC 分类库存管理表，如表 3-11 所示，进一步就 ABC 各类物品分类管理方法进行对比分析。

表 3-10　ABC 分析表

类　别	存货编号	占用资金（万元）	品种比重（%）	资金比重（%）	类别比重（%）	类别资金比重（%）
A	201	5130	4.28	61.73	9.24	73.64
	202	990	4.96	11.91		
B	203	720	9.92	8.66	14.50	15.16
	204	540	4.58	6.50		
C	205	290	5.34	3.49	76.26	11.20
	206	225	10.68	2.71		
	207	217	22.88	2.61		
	208	108	11.43	1.30		
	209	70	23.64	0.84		
	210	20	2.29	0.24		
合　计	—	8310	100	100	100	100

表 3-11　ABC 分类库存管理表

对比项目	A	B	C
定额的综合程度	按品种甚至按规格	按大类品种	按该类总金额
消耗定额	技术计算法	现场查定法	经验估算法
周转库存定额	按公式准确计算	按公式准确计算	经验统计法
检查	经常检查	一般检查	按季或年度检查
统计	详细统计	一般统计	按总金额统计
控制	严格控制	一般控制	金额总量控制
安全库存量	较低	较大	允许较高

知 识 拓 展

一、美国仓储成本的核算方法

美国仓储成本的核算方法是将仓储成本分成两部分，即固定成本和变动成本。

1．固定成本的核算

仓储成本中的固定成本是相对固定的，与库存数量无直接关系，其成本项目主要包括租赁费、照明费、设备折旧费等。

2．变动成本的核算

计算一种单一库存商品的仓储变动成本的步骤为：

（1）确定库存商品的成本。

（2）估算每一项仓储成本占库存商品价值的比例。其中，仓库租金、仓库折旧和税金、保险费的比例是 3%～10%；搬运装卸费、设备折旧费、能源消耗费和人工费的比例是 1%～5%；资金占用成本、库存商品损坏变质损失的比例是 5%～25%。

（3）用全部仓储成本占库存商品价值的比例乘以商品价值，就可估算出保管一定数量商品的年仓储成本。

二、日本物流的发展与仓储管理的变革

日本物流的发展，是与仓储管理的变革紧密相连的。丰田汽车制造公司在创业初期，为提高管理效率，降低生产成本，就着手对仓储管理进行改革。丰田在日本有许多联合生产厂家，原来每个厂家生产的零部件都存放在各自管理的仓库中，按一定时间运送到丰田汽车的总成品安装车间所属的仓库。后来，公司把仓库从单个生产厂家中分离出来，成立专门的仓储中心，集中存放和管理零部件，直接供应总成品安装车间。这一变革意义十分重大，它促使日本出现了专门从事仓储管理的社会化物流中心，大大推进了物流的发展。

物流中心的上游连接制造企业或进出口免税仓库，下游延伸到分散的各种店铺，日本物流协会（JILS）常务理事稻束原树先生将它形象地比喻为人的心脏。日本物流中心的设计一般强调立体化和自动化。

Aotobacks 是日本最大的物流中心之一，每天该中心用不到 100 人的员工，处理 250 个店铺近 10 万份配送订单。在欧美发达国家同类系统也需约 400 人；

在中国，估计需要 10 倍的人。该物流中心拥有一整套自动化库存管理、高效率分拣传输设备和及时配送的物流系统。该物流中心力求减少店铺工作量，按店铺要求将 90%的商品包装拆开，保证货物到店后迅速上架。让店铺更快捷地为顾客服务。物流与商流相得益彰，在协助商流中展现价值。

内容小结

　　仓储成本控制的任务是对企业物流运作进行经济分析，了解物流过程中的经济现象，以便以最低的物流成本创造最大的经济效益。在许多企业中，仓储成本是物流总成本的一个重要组成部分，对整个物流成本的高低有着很大的影响。同时，企业物流系统所保持的库存水平对于企业为生产或客户提供服务的水平起着重要的作用。仓储成本控制以保证服务水平为前提。情境三，通过案例引入和分析阐述了仓储成本的构成，介绍了仓储成本的计算，分析了仓储成本控制的策略，使学生能运用所学知识进行仓储成本优化和管理。

课业训练

一、复习思考题

1. 零库存可否真正实现？其真正含义是什么？
2. 什么是仓储物流成本的构成？
3. 什么是仓储物流的合理化？
4. 如何实现仓储物流成本的优化？
5. 什么是 ABC 分类法？它是怎样进行分类和管理的？
6. 如何区分仓储成本中的固定成本和变动成本？
7. 仓储成本的计算范围包括哪些内容？
8. 试列举仓储成本不合理的表现。
9. 仓储成本支付形态包括哪些费用？

二、案例分析题

案例一：中兴通讯供应商管理库存

在中兴通讯位于深圳高新区总部的一个库房里，整整齐齐地排列着几百个大小不一的货架。每天，都有一些来自全国各地的供应商将很多零配件送到这里，需要时，再由仓管人员运到生产车间。这种活动每天都在重复着。"这些都不是我们自己的库存，而是专门为供应商安排的，目的是为了保证及时交货。"中兴通讯的全资子公司——康讯公司主管供应链的汪部长介绍。

这是中兴通讯供应商管理库存的一种策略。中兴通讯的这种做法，就是供应链管理中一个重要的概念：供应商管理库存（VMI）。汪部长解释说，在中兴，供应商管理库存分为两种模式：一种情况是在中兴制造工厂内或者旁边设立仓库，让供应商存放零部件，需要时直接从仓库提取，然后及时补货；另一种情况是在供应商自己的地盘上设立专门供应中兴通讯的仓库，虽然地点可能在千里之外，但是库存信息对中兴通讯完全透明，并且未经许可，货物只能供应中兴，不能作为他用。

零配件供应商围着生产厂家扎堆的现象，在国内并不少见。以汽车行业为例，在上海市嘉定区上汽大众汽车厂区方圆 2.5 公里之内，分布着数十个或大或小的仓库。同样地，这些仓库绝大部分并不是上汽大众所有，而是属于上汽大众众多零配件供应商的。整车商为实现"零库存"，一般会要求零配件商在其工厂的周边设立配套厂，或者至少租一个仓库。在一汽、二汽、上汽通用厂区的周边，零配件供应商的仓库随处可见。

传统观念认为，向供应商压价，是降低采购成本最直接的方法。但中兴通讯并不赞成单纯的竞价策略。在中兴通讯，供应商之间的采购份额分配主要通过 E 化的招标机制来实现，强调公正、公开、公平的原则，通过合格供应商之间的在线竞争来降低成本。汪部长提道："成本虽然重要，但这并不是唯一，我们的招标并不是单纯地比价，而是强调供应商综合实力之间的比拼。我们的竞价是基于这样的前提，也即供应商的产能、实力、货期、质量和服务等必须满足公司的发展要求。"

供应商管理是一个重要而且复杂的工作，目前它已成为中兴通讯供应链管理中最重要的环节。中兴现有近百种产品，涉及的物料数万种，不可能全部由自己生产，很多是从上游原材料供应商处获取。目前供应商有数百家，事实上就形成了以中兴通讯为核心的一个庞大的"虚拟企业"。

和供应商发展何种关系，要视供应商的级别来定。中兴通讯根据供应商的配合、规模和产品重要性等指标，对供应商进行综合评级，将其分为三个等级：战略供应商、重点供应商和普通供应商。与核心供应商建立战略伙伴关系，进行全方位、更紧密的合作。中兴有专职的供应商关系管理工程师，负责维护与战略供应商之间的合作关系。

为了保证双方的合作顺利，从产品研发的选型开始，到商务谈判和交货方面，都明确了彼此的义务和职责。这类《战略合作备忘录》需要由双方高层签署，作为彼此合作的依据。而对普通的供应商，则主要采取竞价的方法，从中择优选择。从研发开始，中兴通讯要求战略供应商能参与进来。公司会优先考虑其产品，但也要求对方提供技术支持，如培训、方案推广，甚至和研发小组一起解决技术难题，这就要求彼此互相开放。同时，对那些中兴尚未用到的产品，材料工程师将主动推荐给项目组，和战略供应商尽量扩大合作范围。中兴通讯正在实施"提高采购集中度"的项目，目标是80%的采购量集中到前50位核心供应商身上，减少供应商数量，提高质量。供应商数量的减少，意味着管理成本的下降，彼此关系更加牢固。目前战略供应商有40多家，重点供应商超过40家，其他为普通供应商。在数量削减的同时，供应商的评级是一个动态、持续的过程。中兴每年进行采购招标，在同等的价格基础上，会优先考虑战略供应商，当然也给对方提出更高要求，如设有专门为中兴通讯服务的客户经理和质量代表，并要求彼此进行在线的信息交流。中兴通讯已建立了专门的采购网站，现正着手实施与供应商的系统对接项目，通过 EDI 方式，将彼此 ERP 系统进行连接，避免中间的人为干预，实现订单执行情况、库存状况等信息的自动交换。为了保证各部门之间更顺畅地交流和合作，中兴通讯从 2002 年年底开始实施了"产品经营团队"制度。中兴通讯有几十个大类产品，总裁明确地提出要将每种产品当做一个小公司来经营，从产品的研发阶段开始，直到产品完全退出市场。团队由产品经理负责，里面包括了采购部门、生产研发部和营销事业部的员工，团队的业绩和产品销售、利润、周转率和及时交货率等多项指标挂钩。

案例来源：http://www.chinawuliu.com.cn/

问题： 中兴通讯为了降低仓储成本采取了什么策略？达到了什么效果？

案例二：英迈公司的仓储成本控制

2000 年全年英迈公司全部库房只丢了一根电线。半年一次的盘库，由公证公司作第三方机构检验，前后统计结果只差几分钱，陈仓损坏率为 0.3%，运作成本不到营业总额的 1%……这些都发生在全国拥有 15 个仓储中心、每天库存货品上千种、价值可达 5 亿元人民币的英迈公司身上。它们是如何做到的呢？

是如何进行有效的成本控制呢？通过以下几件小事我们可以窥见一二：

（1）英迈公司库房中的很多记事本都是由收集已打印一次的纸张装订而成的，即使是各层经理使用的也不例外。

（2）所有人进出库房都必须严格按照流程进行，每一个环节的责任人都必须明确，违反操作流程，即使有总经理的签字也不可以。

（3）货架上的货品号码标识用的都是磁条，采用的原因同样是因为节约成本，以往采用的是打印标识纸条，但因为进仓货品经常变化，占据货位的情况也不断改变，用纸条标识灵活性差，而且打印成本也很高，采用磁条后问题得到了根本性解决。

（4）英迈要求与其合作的所有货运公司在运输车辆的箱壁上必须安装薄木板，以避免因为板壁不平而使运输货品的包装出现损伤。

（5）在英迈的物流运作中，厂商的包装和特制胶带都不可再次使用，否则，视为侵害客户权益。因为包装和胶带代表着公司自身的知识产权，这是法律问题。如有装卸损坏，必须运回原厂，并出钱请厂商再次包装。

提起英迈，在分销渠道中大家都知道其最大优势是运作成本低，而这一优势又往往被归因于其采用了先进的管理系统。但从以上描述中可以看出，英迈运作优势的获得并非那样简单，它是对每一个操作细节不断改进，日积月累而形成的。从所有的操作流程看，成本概念和以客户需求为中心的服务观念贯穿始终，这才是英迈竞争力的核心所在。

案例来源：http://www.chinawuliu.com.cn/

问题：从英迈公司仓储运作活动中的成本控制中我们可以得到什么启示？

三、实训题

1. 访问一家仓储企业，同企业管理者交流后，尝试为该企业设计一个库存成本优化方案。

2. 具体调查某一企业的库存状况，可以选择商业企业，或生产企业或第三方物流企业，根据调查的结果，分析企业库存成本的构成情况、存在的问题及改进措施。

情境四　装卸搬运成本管理

任何商品，不管它处于什么状态，当要对它进行包装、入库、运输、储存保管、配送和流通加工时，都需要搬运作业，装卸搬运贯穿于物流的全过程。在物流活动的全过程中，装卸搬运活动频繁发生，这是物品损坏的重要原因。因此，必须要加强对装卸搬运活动的严格管理。

对装卸搬运活动的管理，主要是对装卸搬运的方式和装卸搬运机械的选择、合理配置与使用，努力做到装卸搬运合理化，尽可能减少装卸搬运次数。装卸搬运在传统的作业中，绝大部分是人工操作，作业效率低。在现代化物料搬运中，一般是货物通过机械设备做短距离移动，所用机械设备包括传送机、叉车、货物容器等。

案 例 引 入

学一学宜家的装货之道——不为运输的空气付费

想象有一个蓝色的、底座比杯口要窄很多的杯子。如果想把这种杯子从工厂运到销售的商店中，最常见的做法就是一个摞一个地码放在货板上，然后装入卡车运往商店。这里就出现了一个问题，那就是如何处理杯子把手。这个小小的凸起部分如果按照常规5厘米的宽度设计，一个货板放不了多少个杯子。最后，设计师决定将把手宽度设定为3厘米。他们的理由是：杯子之所以成为杯子，就是因为人们可以握住把手拿住它，但是这个功能通常只需要一个手指就可完成，而一个手指只需要3厘米的空间就足够了。每个把手节省2厘米，每个货板上就可多码放576个杯子，每辆货车就可多装载2.3万个，运输效率会大大提高，运输成本会降低很多。成本降低了，这个杯子的定价也随之下降，由原来的0.99欧元降到0.8欧元。消费者们会因为价格的降低而选择多买几个，如果不小心打碎了，也不会费力气把碎片黏合起来，而是会购买新的。这是最近发生在世界著名家居企业瑞典宜家集团公司的创新故事。

一个全球性的企业，把商品配送到世界各地，运输成本必定会占经营成本的相当比重。在配送商品时，想办法把每辆运输车都装得满满的，达到最大装载率，是宜家自创始起为降低运输成本而不断追求的目标。

只对杯子把手作一个小小的设计改动，消费者和商家都能从成本降低中得到好处。宜家在60多年的发展进程中，形成了一套靠产品设计以求达到最大装载率的独特装货之道。

其一，在产品设计时，就考虑追求装货时的最大装载率，打破在运输前夕才考虑现成商品装载率的惯性思维。当然，设计时不能简单地考虑最大装载率，而要在不改变商品功能和消费者需求的前提下来充分考虑其可行性，做到尽力而为。就像上述那个杯子的故事一样，为了一次多装载些杯子，宜家的设计师们费尽心思。1956年宜家设计出可拆分家具，使得立体式的家具变成了以平板包装方式装货，装货量达到原先的6倍，这种能够达到最大装载率的产品设计经典模式被广泛应用。

其二，装货时，随时关注装载率，用心发现新方法，通过合理改进产品设计来不断提高装载率。一次，宜家装箱人员在装箱过程中发现，有一款沙发如果每张少5厘米，一个集装箱就可以多装一张沙发，而5厘米对于一张沙发来说，不会影响使用者的舒适度，顾客也能够得到更低的价格。为了在集装箱里多放一张沙发，后来宜家就把这一款沙发的设计长度减少了5厘米。于是，宜家现在运输中所使用集装箱的平均填充率达到75%以上。

从创业初的"一辆小车就可拉走"发展到今天"我们不希望为所运输的空气支付费用"，宜家用它更先进的装货理念时时刻刻激励着从事设计、运输、仓储到销售的每一位员工都去深入思考和寻求提高装载率的新方法。提高装载率是企业界普遍采取的降低运输成本的办法。在这方面，宜家的装货之道确实给我们的企业提供了一个很好的学习典范。只有跳出就运输而运输、为装货而装货的思维框框，把获得最大装载率放到产供销的每一个环节去思考，才能找到新的、更大的突破口。

案例来源：http://info.10000link.com/

情 境 描 述

装卸搬运是物流系统的功能要素之一，物流活动的主要环节，如运输、保管、包装和流通加工等，都是靠装卸搬运活动连结起来的。又如，在保管等活动中，为了进行检验、维护、保养等，需要对货物进行装上卸下、移送、拣选和分类等作业，也需要通过装卸和搬运来完成。

在习惯使用中，物流领域（如铁路运输）常将装卸搬运这一整体活动称做"货物装卸"；在生产领域中常将这一整体活动称做"物料搬运"。实际操作中，装卸与搬运密不可分，在物流科学中将两者作为一种活动来对待。

装卸搬运是物流过程中出现频度最多、作业技巧最复杂、科技含量最高、时间和空间移动最短，但费用比例最大的活动。装卸搬运作业因货物破损、散失、混杂、损耗所造成的损失，比运输、保管、包装等其他物流作业环节要大得多。搞好装卸搬运环节的成本管理，可以提高物流效率，大幅度降低物流成本。

案例一：云南双鹤药业为何飞不高？

云南双鹤医药有限公司是北京双鹤这艘医药"航母"部署在西南战区的一艘"战舰"，是一个以市场为核心、现代医药科技为先导、金融支持为框架的新型公司，是西南地区经营药品品种较多、较全的医药专业公司。

虽然云南双鹤已形成规模化的产品生产和网络化的市场销售，但其流通过程中物流管理严重滞后，造成物流成本居高不下，不能形成价格优势。这严重阻碍了物流服务的开拓与发展，成为公司业务发展的"瓶颈"。

装卸搬运活动是衔接物流各环节活动正常进行的关键，而云南双鹤恰好忽视了这一点，由于搬运设备的现代化程度低，只有几个小型货架和手推车，大多数作业仍处于以人工作业为主的原始状态，工作效率低，且易损坏物品。另外，仓库设计得不合理，造成长距离的搬运。并且库内作业流程混乱，形成重复搬运，造成大约70%的无效搬运，这种过多的搬运次数，损坏了商品，也浪费了时间。

案例来源：http://www.examda.com/

案例二：云南烟叶生产物流信息化

为了真正实现物流系统管理思路，云南烟叶生产企业改进现有的生产物流系统：

取消、合并装卸搬运环节。装卸搬运不仅不增加烟叶的价值和使用价值，相反，随着流通环节的增加和流程的繁杂，烟叶的"综合碎耗"和生产成本随之增加。因而，公司在生产物流系统设计中研究了各项装卸搬运作业的必要性，千方百计地取消、合并装卸搬运环节。

要实现生产物流作业的集中和集散分工。集中作业才能使生产作业量达到一定的水平，为保证实行机械化、自动化作业，公司在安排存储保管物流系统的卸载点和装载点时，就要尽量集中。在货场内部，同一等级、产地的烟叶应尽可能集中在同一区域进行物流作业，如建立专业货区、专业卸载平台等。

进行托架单元化组合，充分利用机械进行物流作业。公司在实施物流系统作业过程中要充分利用和发挥机械作业的优势，如采用叉车、平板货车等，增大操作单位，提高作业效率和生产物流"活性"，实现物流作业标准化。

要合理分解装卸搬运程序，改进装卸搬运各项作业，提高装卸搬运效率，力争在最短时间内完成烟叶加工的所有工艺流程。

要提高生产物流的快速反应能力。公司通过烟叶数据库的建设，促进网络信息的发展，将物流的各个环节连成一个整体，按照统一的生产计划准时地实现烟叶物资的流动。

通过物流管理体系的建立，公司逐渐加强了现场管理，同时，采用了减少、简化生产工艺流程的方法，从而达到了降低综合损耗的目的。

案例来源：http://www.gzu521.com/campus/article/

问题：

（1）针对医药企业的特点，请对云南双鹤的装卸搬运系统的改造提出建议和改进方法。

（2）分析装卸搬运环节对企业发展的作用。针对云南烟叶公司，考虑在生产物流系统设计中，公司千方百计地取消合并装卸搬运环节和次数的原因。

能 力 目 标

通过装卸搬运成本管理的学习，使学生具备如下的知识和技能：

（1）装卸搬运成本的构成及分类；

（2）装卸搬运成本的计算方法；

（3）降低装卸搬运成本的途径；

（4）控制装卸搬运成本的一般方法；

（5）能灵活运用所学知识分析经济现象，解决物流过程中的装卸搬运的实际问题。

项目实施

任务一：装卸搬运成本的计算

任务描述

装卸搬运活动效率的高低，直接影响物流整体效率。虽然装卸搬运活动本身并不产生效用和价值，但是，由于装卸搬运活动对劳动力的需求量大，需要使用装卸设备，因而物流成本中装卸费用所占的比重较大。了解装卸搬运成本的构成内容，掌握装卸搬运成本计算的方法，能对装卸搬运成本进行归集和计算，对于提高装卸搬运成本管理的能力有着重要的作用。

教学方法与手段

案例分析、操作演示、学生自主学习。

相关知识

物流企业的装卸成本，一般实行两级核算，各装卸队仅计算本装卸队的装卸成本，企业汇算各装卸队总的装卸成本。装卸成本的计算对象是机械装卸和人工装卸，计算装卸成本的单位是复合单位"元/千操作吨"。另外，为装卸业务配备的车辆一般视同装卸机械，其所发生的费用计入装卸成本，不再单独核算。

一、装卸搬运的分类

装卸搬运是衔接运输、保管、包装、流通加工、配送等各个物流环节所必不可少的活动。装卸搬运活动发生的区域，如图 4-1 所示。装卸搬运可以按不同的标准进行分类：

1. 按装卸搬运施行的物流设施、设备对象分类

可分为仓库装卸、铁路装卸、港口装卸、汽车装卸、飞机装卸等。

2. 按装卸搬运的机械及机械作业方式分类

可分为使用吊车的"吊上吊下"方式，使用叉车的"叉上叉下"方式，使用半挂车或叉车的"滚上滚下"方式、"移上移下"方式及散装方式等。

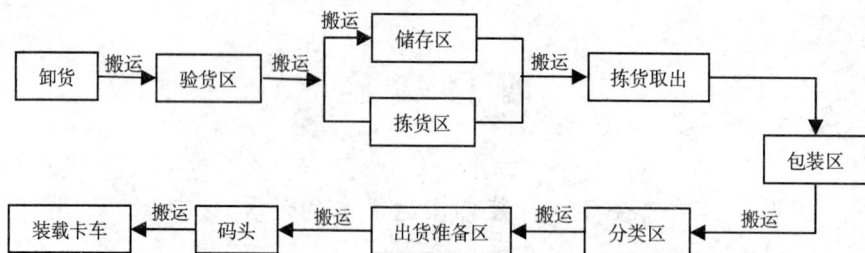

图4-1 装卸搬运活动发生的区域图

3. 按装卸搬运物品的属性分类

可分为成件包装物品的装卸搬运、超大超重物品的装卸搬运、流体物品的装卸搬运、危险品的装卸搬运。

4. 按装卸搬运作业的特点分类

可分为堆垛拆垛作业、分拣配货作业、搬运移动作业。散装物品的装卸搬运实际上包括了货物的装载物堆码上架、取货、分拣、备货等活动以及附属于这些活动的作业。基本作业流程如图4-2所示。

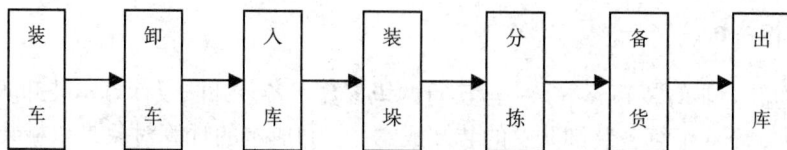

图4-2 装卸搬运基本作业流程

二、装卸搬运成本的构成

装卸搬运成本是指在一定时期内，企业为完成装卸搬运业务而发生的全部费用，包括装卸搬运业务人员费、装卸搬运设施折旧费、维修保养费、燃料与动力消耗费等。装卸搬运成本的主要内容如下：

1. 人工费用

指应由装卸成本负担的装卸工人、现场指导人员，机械司机、机械队保修人员，各种机械化装卸系统的操作人员，装卸工具的维修、保管人员，装卸队（或综合装卸队，下同）、机械队、工具队管理人员的工资及职工福利费。对于全部依靠人工装卸作业和搬运作业的部门，人工费用构成了全部装卸搬运直接费用的总和。

2. 燃料动力费用

指应由装卸成本负担的各种装卸机械实际耗用的燃料（如汽油、柴油）、装卸作业中发生的动力及照明费；装卸工具维修耗用的燃料也列入本项目。这部分费用的大小主要与设备的功率和使用时间有直接关系。

3. 轮胎费

指应由装卸成本负担的车辆领用的外胎、内胎、垫带以及外胎翻新费和零星修补费。

4. 折旧费用

指应由装卸成本负担的各种装卸机械、机械化装卸系统、机械队、工具队自行保养装卸机械、装卸工具所使用的机器设备，以及由装卸成本负担的机械库、工具库、部队办公用房等固定资产的折旧费。

5. 维修费用

指为装卸机械和装卸工具进行保养、大修、小修所发生的料、工费，以及装卸机械在运行和操作过程中所耗用的机油、润滑油的费用。为装卸机械保修所领用的周转总成的费用，也包括在本项目内。

6. 低值易耗品

指应由本期装卸成本负担，按照规定的摊销方法计算的抓斗、漏斗、网络、货盘工具等低值易耗品的摊销额。

7. 租费

指租用外单位装卸机械、设备、工具而发生的租费。

8. 劳动保护费

指应由装卸成本负担的劳动安全保护费用。

9. 事故损失

指应由本期装卸成本负担的货损、机损、人身伤亡等事故所发生的损失。

10. 保险费

指应由本期装卸成本负担的财产物资的保险费用。

11. 税金

指应直接由装卸成本负担的税金。

12. 营运间接费用

指各装卸队为组织与管理装卸业务而发生的管理费用和业务费用。

三、装卸搬运成本的计算

企业如经营装卸业务，则下设装卸队；装卸成本实行两级核算，各装卸队仅计算本装卸队的装卸成本，企业汇算各装卸队总的装卸成本。装卸成本的计算对象是机械装卸和人工装卸，计算装卸成本的单位是复合单位"元/千操作吨"。另外，为装卸业务配备的车辆一般视同装卸机械，其所发生的费用计入装卸成本，不再单独核算。

1. 装卸搬运成本项目归集和分配

（1）人工成本。按规定支付给装卸搬运工人、装卸机械司机的计时工资、计件工资，一般可以根据企业"工资分配汇总表"和"职工福利费计算表"的有关数字，直接计入装卸搬运成本的人工成本。职工工资的计算方法有两种：计时工资和计件工资。

计时工资有月薪制和日薪制两种。在月薪制下，无论各月日历天数是多少，如果职工出满勤，每月的标准工资相同。但是，如果职工有缺勤，则需要计算日工资率扣除缺勤工资。

在实行计件工资制的企业，应付工人的计件工资等于职工完成的装卸搬运数量乘以计件单价。如果工人在同一月份内从事多种作业，作业计件单价各不相同，就需逐一计算相加。计件工资计算公式表示如下：

计件工资 = Σ某种货物装卸搬运的数量×该种货物装卸搬运的单价

企业也可以采用另一种方法计算职工的计件工资，即将某月内装卸搬运完成的各种产品折合为定额工时数，乘以小时工资率，计算公式表示如下：

计件工资 = 完成定额工时数×小时工资率

（2）燃料和动力费用。装卸机械在运行和操作过程中需要耗用一定的燃料、动力和电力。月末，根据领用燃料记录，计算实际消耗数量和金额后，计入装卸搬运成本；电力费用则根据收费单或企业分配单直接计入装卸搬运成本。

（3）轮胎费。由于装卸搬运机械的轮胎磨耗与行驶里程无明显关系，故其费用不宜采用按胎公里摊提的方法处理，应在领用新胎时将其价值直接计入成本。如果一次领换轮胎数量较大，可作为待摊费用或预提费用，按月分摊计入装卸搬运成本。

（4）修理费。由专职装卸搬运机械维修工或维修班组进行维修的工料费，应直接计入装卸搬运成本；由维修车间进行维修的工料费，通过"辅助营运费用"账户归集和分配计入装卸搬运成本。装卸搬运机械在运行和装卸搬运操作过程中耗用的机油、润滑油以及装卸搬运机械保修领用的材料，月终根据油料库的领料凭证直接计入装卸搬运成本。

（5）折旧费。装卸搬运机械按规定方法计提折旧费。可将财务会计的相应装卸搬运机械设备的折旧费计入装卸搬运成本。可选择的折旧方法包括平均年限法、工作量法、年数总和法和双倍余额递减法。

（6）工具和劳保费用。工具和劳保费用指装卸机械耗用的工具费和使用的劳动保护用品费，防暑、防寒费以及因劳保案例发生的费用，工具和劳保费用在领用时按实际数一次计入成本。

（7）事故损失费。事故损失费指因装卸作业工作造成的应由本期装卸成本负担的货损、机械损坏、外单位人员人身伤亡等事故发生的损失，包括货物破损等货损，货差损失和损坏装卸机械设备应支付的修理费用。事故损失费应由本期负担的净损失计入成本。

（8）运输管理费。本月计提或实际缴纳的运输管理费计入本项目。

（9）其他费用。由装卸搬运基层单位直接开支的其他费用及管理费用，在发生和支付时直接列入成本。按机械装卸搬运和人工装卸搬运分别计算成本时，装卸搬运基层单位经费可先通过"营运间接费用"账户汇集，月终按直接费用比例分配。

2. 成本费用的分摊

如果企业分货种、分操作过程（如机械装卸、人工装卸）计算装卸搬运成本，则还要把按上述成本项目归集的费用按以下方法分配计入有关货种、有关操作过程的装卸成本。

（1）人工成本的分摊。有分货种、分操作过程装卸搬运工人计件工资统计资料的企业，装卸搬运人工费中的计件工资费用按实际发生数计入有关货种操作过程成本，其他费用按装卸搬运工人计件工资的比例分摊；无统计资料的企业，装卸搬运人工费按装卸搬运工人作业工时或定额工时比例分摊。

货种操作过程人工费 = 该货种该操作过程耗用作业工时 × 单位工时成本

单位工时成本 = 人工成本合计数 ÷ 全部作业工时合计数

（2）装卸搬运机械费的分摊。装卸搬运机械费按机械设备的作业台时比例分摊。

$$\text{某货种某操作过程的机械费} = \sum \left(\text{投入该货种方操作过程各类机械设备的作业台时} \times \text{各类机械设备的台时单价} \right)$$

各类机械设备的台时单价等于各类机械设备的营运成本除以各类机械设备的作业台时。各类机械的营运成本通过单车（或单类机械）经济核算取得。固定机械（一般为大型机械）实行单车核算，流动机械（一般为中、小型机械）实行分类核算；单车核算和分类核算都包括司机人工费用、保养维修费用、折旧费用和其他费用。

某类机械设备的费用除以该类机械设备的作业台时，即该类机械设备的单位台时成本。

$$某类机械设备的单位台时成本 = \frac{该类机械设备的费用}{该类机械设备的作业台时}$$

（3）装卸搬运工具费的分摊。工具费按装卸搬运工具适用货类、适用操作过程的操作吨分摊。

1）成组工具费用按成组工具适用货种的操作吨分摊。

$$某货种某操作过程的成组工具费用 = 该货种操作过程操作吨$$
$$\times 单位成组工作费用$$

单位成组工具费用 = 成组工具费用的总额÷成组货物操作吨

2）特种工具费用直接计入有关货种的操作成本之中。

3）通用工具费用则按所适用货种的操作吨比例分摊。

4）工具管理费用（工具队发生的工具收发、整理、保管费用）按计入分货种分操作过程装卸搬运成本的工具直接费用比例分摊。

（4）其他装卸搬运直接费用、管理费用和财务费用的分摊。其他装卸搬运直接费用和计入装卸成本的营运间接费用、管理费用、财务费用等按受益对象操作过程的装卸成本直接费用（人工费 + 机械费 + 工具费）的比例分摊。分摊营运间接费用的计算公式如下：

$$营运间接费用分配率 = \frac{应由营运成本负担的营运间接费用}{各受对象的直接费用总额}$$

3. 装卸搬运成本计算表

企业期末（月末、季末、年末）应编制装卸搬运成本计算表，汇总计算物流成本辅助账户及相应的二级、三级账户和费用专栏成本数额，按照表的内容要求逐一填列。对于"企业内部物流成本支付形态表"中的装卸搬运成本，对应的支付形态一般为人工费、维护费和一般经费，凡成本项目中各明细项目有相应支付形态的，均需填写；无相应支付形态的，则不填写。装卸搬运业务的单位成本，以"元/千操作吨"为计算单位。其计算公式如下：

装卸搬运单位成本 =（装卸搬运总成本÷装卸搬运操作量）× 1000

分货种、分操作过程装卸搬运成本的直接费用加上分摊入的其他装卸搬运直接费用、营运间接费用、管理费用和财务费用，即为分货种、分操作过程的装卸搬运总成本。分货种、分操作过程的装卸搬运总成本分别除以相应的操作吨（或标准箱），即为分货种、分操作过程的装卸搬运单位成本。装卸搬运成本计算表，如表 4-1 所示；企业内部物流成本支付形态表，如表 4-2 所示。

表4－1　装卸搬运成本计算表

编制单位：　　　　　　　　　年　月　日　　　　　　　　　单位：元

成本项目	行　次	计划数	本期实际数	本年累计实际数
一、装卸搬运直接费用				
（1）人工费用				
（2）燃料动力费				
（3）轮胎费				
（4）保养修理费				
（5）折旧				
二、装卸搬运间接费用				
三、装卸搬运总成本				
四、单位成本				

表4－2　企业内部物流成本支付形态表

编制单位：　　　　　　　　　年　月　　　　　　　　　单位：元

成本项目	内部支付形态		材料费	人工费	维护费	一般经费	特别经费	合　计
物流功能成本	物流运作成本	运输成本						
		仓储成本						
		包装成本						
		装卸搬运成本						
		流通加工成本						
		小　计						
	物流信息成本							
	物流管理成本							
	合　计							
存货相关成本	资金占用成本							
	物品消耗成本							
	其他成本							
	保险和税收成本							
	合　计							
	物流成本合计							

☞ 技能训练

【训练4－1】某物流公司装卸搬运工李明本月装卸搬运甲产品900个，每个定额工时0.1小时，装卸搬运乙产品400件，每件定额工时0.5小时，该装卸搬运工小时工资率为4.00元。要求计算装卸搬运工李明的计件工资。

分析：

(1) 完成定额工时数＝900×0.1＋400×0.5＝290（小时）

(2) 计件工资＝290×4.00＝1160（元）

【训练4-2】某物流公司装卸队 2010 年 8 月，领用装卸过工程用的燃料 56468 元（按实际成本计算），其中，机械装卸队 48960 元，人工装卸队 7508 元，机械装卸队耗用电力，应付电费 3000 元。计算计入装卸搬运成本的燃料和电力费用。

分析：燃料和电力费用企业可于每月终了，根据油库转来的装卸机械领用燃料凭证，计算实际消耗数量计入成本。耗用的电力根据供电部门的收费凭证或企业的分配凭证，直接计入装卸搬运成本，如表 4-3 所示。

表 4-3 燃料和动力分配表   单位：元

成本计算对象	直接材料	直接材料（电费）	合 计
机械装卸队	48960	3000	51960
人工装卸队	7508		7508
合 计	56468	3000	59468

【训练4-3】某物流企业装卸队 2010 年 9 月发生的管理费和业务费，除了工资及福利费 10060 元、折旧费 440 元以外，还分配水电费、支付办公费、报销差旅费等 1000 元，合计 11500 元。已归集的机械装卸与人工装卸的直接费用，分别为 159000 元和 71000 元。要求根据装卸支出明细账和营运间接费用（装卸）明细账记录，编制"营运间接费用（装卸）分配表"，如表 4-4 所示。

表 4-4 营运间接费用（装卸）分配表   单位：元

成本计算对象	分配标准（直接费用）	分配率	分配额
机械装卸	159000		7950
个人装卸	71000		3550
合 计	230000	0.05	11500

任务二：装卸搬运成本的分析与控制

任务描述

就装卸搬运环节而言，装卸搬运费是物资在装卸搬运过程中所支出费用的总和。控制点在于管理好储存物资、减少装卸搬运过程中商品的损耗率、装卸时间等。通过对装卸搬运成本的分析，可以了解装卸搬运业务所发生的各项管理费用和业务费用，严格控制装卸搬运成本，防止因投资过度造成搬运成本的升高。

☞ **教学方法与手段**

案例分析、操作演示、学生自主学习。

☞ **相关知识**

装卸搬运成本的分析，可以采用会计、统计或数学的方法。装卸搬运成本的控制是采用特定的方法和制度，对装卸搬运活动的各环节所发生的费用进行有效的计划和管理。

一、装卸搬运成本的分析

计算物流装卸搬运成本后，就要进行相应的成本分析，以便更好地进行物流装卸搬运成本的优化管理。

1. 装卸搬运成本的分析方法

在实际成本分析工作中，企业广泛使用的主要有成本分析法、指标分析法和标准成本差异分析法。

（1）成本分析法。成本分析法具体包括趋势分析和比较分析两种方法。

趋势分析是根据历年的成本资料分析各成本的发展趋势并加以研究，对变化较大的因素要作重点研究，分析原因，加强管理和控制。

比较分析是将中期成本项目的各项实际成本与本期的计划水平进行比较，与本企业前期成本进行比较，与同行业先进水平进行比较，分析原因查出差距，采取有效措施加以改进。

（2）指标分析法。指标分析法是指根据本期的物流成本计算单中的实际成本发生额与计划成本，计算总成本降低额和降低率，计算单位成本降低额和降低率，分析成本升降的原因，以便加强管理。

指标分析法一般按年进行分析，实际应用中可根据具体情况按月或季度进行分析。

（3）标准成本差异分析法。标准成本差异分析法是指以预先制定的标准成本为基础，用标准成本与实际成本进行比较，对成本差异进行分析的一种方法。标准成本的制定是使用该方法的前提和关键。其中，成本差异的计算和分析是标准成本差异分析法的重点，可以促成成本控制目标的实现，并以此为依据进行绩效考核。

2. 装卸搬运成本的分析指标

（1）成本降低额。成本降低额是根据上年度实际单位成本与本期周转量计算的总成本减去本期实际总成本的差额，是考核成本完成计划情况的主要指标，其计算公式为：

　　成本降低额 = 年度实际单位成本 × 本年度实际装卸作业量
　　　　　　　　 − 本年度实际作业成本

　　（2）成本降低率。成本降低率是成本降低额与按上年度实际单位成本计算的总成本的比率，是考核成本降低幅度和计划完成程度的主要指标，其计算公式为：

$$成本降低率 = \frac{成本降低额}{上年度实际单位成本 × 本年实际装卸作业量} × 100\%$$

　　（3）费用降低额。费用降低额是指以年初费用计划数与本期实际费用发生额的差额，计算公式为：

　　费用降低额 = 某项费用期初计划数 − 本期实际费用发生数

　　（4）费用降低率。

　　费用降低率 = （费用降低额 ÷ 上年度费用计划额）× 100%

　　（5）标准成本差异。标准成本法是以预先制定的标准成本为基础，用标准成本和实际成本进行比较，核算和分析成本差异的一种方法，它是一种物流成本控制方法。实际成本和标准成本的差异，称为标准成本差异。

　　企业为了消除或减少不利差异，要对差异原因进行分析，其关键是对成本形成的过程和结果进行分析，采取有效的管理措施提高企业效益。

　　1）装卸搬运人工成本差异分析。人工费用的标准成本是指装卸搬运单位产品所需要的标准工时乘以标准工资率。标准工资率是指按单位产品或单位标准工时交付的直接人工工资，分为计时工资和计件工资。

　　装卸搬运人工成本差异，是指直接人工实际成本与标准成本之间的差额，它包括价差和量差。价差是指实际工资率脱离标准工资率形成的人工成本差异，按实际工时计算确定，又称工资率差异。量差是指实际使用工时脱离标准工时而造成的人工成本差异，其差异额是按标准工资率计算的，又称人工效率差异。

　　工资率差异 = 实际工时 × （实际工资率 − 标准工资率）

　　人工效率差异 = （实际工时 − 标准工时）× 标准工资率

　　2）装卸搬运机械费用成本差异分析。装卸搬运机械费用成本差异是指实际装卸搬运机械费用与标准成本之间的差额。装卸搬运机械费用主要指机械设备的折旧费用。一般情况下，它经企业选定折旧法计算确定后，无特殊原因不再变动，所以与装卸搬运作业量没有直接关系。

　　装卸搬运机械费用成本差异分为耗费差异和能量差异。耗费差异是指装卸搬运机械费用的实际发生额与预算金额之间的差异；能量差异是指装卸搬运机械费用预算与装卸搬运机械费用标准成本的差额，它反映了未能充分使用现有装卸搬运能量而造成的损失。

耗费差异＝装卸搬运机械费用实际发生额－装卸搬运机械费用预算额

能量差异＝装卸搬运机械费用预算额－装卸搬运机械费用标准成本

　　　　＝固定费用标准分配率×实际工量标准工时

　　　　＝（生产能量－实际产量标准工时）×固定费用标准分配率

二、降低装卸搬运成本的途径

装卸搬运必然要有劳动消耗，包括活劳动消耗和物化劳动消耗。这种劳动消耗量要以价值形态追加到装卸搬运对象的价值中去，从而增加了产品的物流成本。因此，应合理选择装卸搬运设备；防止机械设备的无效作业、合理规划装卸方式和装卸作业过程，如减少装卸次数、缩短操作距离、提高被装卸物资纯度等；尽量减少用于装卸搬运的消耗，以实现降低装卸搬运成本的目标。降低装卸搬运成本的途径主要有：

1. 防止和消除无效作业

所谓无效作业是指在装卸搬运作业中超出必要的装卸搬运量的作业。显然，防止和消除无效作业对提高装卸搬运活动的经济效益有重要作用。为了有效地防止和消除无效作业，可从以下几个方面入手：

（1）尽量减少装卸次数。物品在整个物流过程中往往要经过多次的装卸作业，要使装卸次数降低到最小，主要措施有：尽量避免没有物流效果的装卸作业，减少人力、物力的浪费和货物损坏的可能性，采用集装方式进行多式联运等。

（2）提高被装卸物品的纯度。物品的纯度，指物资中含有水分、杂质与物资本身使用无关的物质的多少。物品的纯度越高则装卸作业的有效程度越高，反之，无效作业就会增多。

（3）减少装卸作业的距离。物资在装卸、搬运当中，要实现水平和垂直两个方向的位移，选择最短的路线完成这一活动，就可避免超越这一最短路线以上的无效劳动。

（4）提高装载效率。充分发挥装卸搬运机械设备的能力和装载空间，中空的物件可以填装其他物品再进行搬运，以提高装载效率。

2. 提高物品的装卸活性和活化

装卸活性是指货物的存放状态对装卸搬运作业的方便（或难易）程度，活性可用"活性指数"来进行定量的衡量。例如，工厂的物料处于散放状态的活性指数为 0，集装、支垫、装载和在传送设备上移动的物料，其活性指数分别为 1、2、3、4。在货场装卸搬运过程中，下一步工序比上一步工序的活性指数高，因而，下一步工序比上一步工序更便于作业时，便称为"活化"；当装卸搬运的工序、工艺设计得使货物的活性指数逐步提高时，被称为"步步活化"。通过合理设计工序、工步，以做到活化作业的同时，还要采取相应的措施和方法尽量节省劳力，降低能耗。

3. 合理选择装卸搬运方式，不断改善作业方法

在装卸搬运过程中，必须根据货物的种类、性质、形状、重量来合理确定装卸搬运方式，合理分解装卸搬运活动，并采用现代化管理方法和手段，改善作业方法，实现装卸搬运的高效化和合理化。

4. 推进集装单元化

将零散放置的物体归整为统一格式的集装单元称为集装单元化。采用托盘、货箱等方式尽量扩大货物的物流单元，对装卸搬运作业的改善是至关重要的，可以达到以下目的：由于搬运单位变大，可以发挥机械的效能，提高作业效率，搬运方便，灵活性好；负载的大小均匀，有利于实行作业标准化；在作业过程中避免物品损伤，对保护被搬运的物品有利。目前发展较快的集装箱单元就是一种标准化的大单元装载货物的容器。

5. 促进装卸搬运作业标准化

装卸搬运作业标准化是对装卸搬运的工艺、作业、装备、设施、货物单元等所制定、发布的统一标准。装卸搬运的工艺、装备、设施、货物单元或包装、运载工具、集装工具等作业的标准化、系列化、通用化，对促进装卸搬运合理化起着重要作用，又是实现装卸搬运现代化的前提。

6. 提高装卸搬运的机械化、自动化、现代化水平

从总体上看，我国目前除部分大中型城市的物流部门外，还有许多地区的装卸搬运作业机械化程度相当低，甚至主要依靠人工搬运。这种落后的作业方式劳动强度大、工作效率低、物品的损失也大。同时，由于物流作业是一环扣一环地连续进行，如果机械设备不配套，就会造成许多困难。因此，只有提高装卸搬运的机械化水平，采用合理的作业自动化，才能提高物流整体效率，最终降低装卸搬运活动的总成本。

7. 建设"复合终端"

近年来，一些发达国家为了装卸搬运合理化的改造，尝试在终端装卸场所集中建设不同的装卸设施，即创建所谓的"复合终端"。如在复合终端内集中设置水运港、铁路站场、汽车站场等，这样就可以合理配置装卸搬运机械，使各种运输方式有机地联结起来，提高设备的利用率；同时，也加快了物流速度，减少装卸搬运活动所造成的货物损失，有利于物流成本的降低。

三、装卸搬运成本控制的方法

针对装卸搬运活动的特点，装卸搬运成本控制的重点包括：物流工艺流程设计科学合理、减少装卸搬运过程中物品损耗率；尽量压缩装卸搬运时间以及与物流其他环节衔接方式的优化；通过合理选择装卸搬运设备以提高作业的机械化程度，强化机械设备和人力无效作业的预防措施；科学合理地规划装卸方式和装卸作业过程，将搬运次数减至最少，管理好物资，减少浪费、破损等。除此之外，对装卸搬运成本、费用的日常控制还应采用以下具体对策：

1. 分解、下达成本控制指标

分解下达的成本、费用指标是控制成本、费用的依据，企业的各成本、费用责任部门应将归口管理的指标按所属单位提出分项指标（包括技术经济指标和费用指标，如燃料消耗、物料消耗、修理费用、管理费用等），经财务部门综合平衡后统一下达。

2. 燃料、材料、低值易耗品等物资的控制

企业应根据消耗定额严格控制燃料、物料的消耗，对耗用量大、领料次数频繁并有消耗定额的燃料、材料、低值易耗品应实行限额发料制度。对各种零星机物料，应按材料费用定额控制。企业应编制物资采购、储存、供应等费用预算，作为控制有关支出的依据。物资管理部门应规划经济采购点和采购路线，合理组织装卸、提运，并控制各项材料物资的采购质量，合理控制储备量，把好各项材料物资验收入库关，努力降低物资采购、储存、供应费用。

3. 工资的控制

企业应制定合理的劳动定额和编制定员，严格控制职工人数的增加，努力提高工时利用率，合理调配劳动力，提高劳动生产率，并按照规定的工资标准、上级下达的劳动工资总额指标和核定的人员编制，控制工资总额。

4. 折旧及修理费用的控制

企业应提高装卸机械、车辆等各项固定资产的利用率，控制折旧及修理费用，相对降低成本费用。要充分挖掘现有固定资产的潜力，提高其利用率。新增车辆、装卸机械、机械设备以及对各项固定资产进行技术改造时，应事先组织有关部门进行技术经济论证和可行性研究，在确定有经济效益的前提下，才予以增添和改造，以控制折旧费用的增加。

企业在进行装卸机械、机械设备等固定资产修理时，如属日常维护修理，应严格按维护修理定额控制修理费用，如属大修理，应组织有关部门，提出大修方案，以降低大修理费用。企业的财务会计部门应会同固定资产管理部门建立健全本企业的固定资产管理办法，对各类固定资产的增减变动、内部转移、

维护修理、报废清理等规定统一成严密的管理制度。监督有关单位认真执行，要经常对固定资产利用效率进行分析，采取提高固定资产利用效率的措施。

5. 营运间接费用和其他费用的控制

企业对管理费用、营运间接费用和其他费用实行指标分级、归口管理，明确管理责任部门。各责任部门负责制定本部门分管的费用定额，编制费用预算，分解下达费用指标，审批费用开支，实行限额控制，加强管理。归口管理部门和财务会计部门对各单位费用支出情况应根据支出标准和控制指标进行监督与检查，开支单位需要增加开支项目或开支金额时，需报经归口管理部门和财务会计部门审批，企业要严格控制非生产性支出。

技能训练

【训练4-4】某物流企业采取定额工时工资制度，人工装卸队本期装卸货物 1150 件，实际耗用 5640 工时，实际支付工资 7200 元，标准工时每件 5 工时，标准工资率为 1.2 元，要求计算工资率差异和人工效率差异。

分析：

(1) 按实际工量计算的标准工时为：1150×5=5750（工时）

(2) 直接人工标准成本为：1150×5×1.2=6900（元）

(3) 实际小时工资率水平为：7200÷5640=1.28

(4) 直接人工成本总差异为：7200−6900=300（元）（不利）

其中，工资率差异：5640×1.28−5640×1.2=451.2（元）（不利）

人工效率差异：5640×1.2−5750×1.2=−132（元）（有利）

从计算可以看出，总的人工成本大于预期标准成本，其中工资率差异为不利因素，说明不需要高技术的岗位安排了高技术、人工费用高的工人。人工效率差异为有利因素，说明效率有所提高。

【训练4-5】某储运中心预计能量标准总工时为 3800 小时，应完成预算工量 950 件，单件标准工时为 5 小时/件，机械费用总预算额为 7500 元。本期发生费用如下：实际完成搬运量为 890 件，实际发生工时为 890 小时，机械费用发生额为 8300 元。要求计算耗费差异和能量差异。

分析：

(1) 固定费用标准分配率＝机械费用总预算额÷预计能量标准总工时
   ＝7500÷3800=1.97（元/工时）

(2) 装卸机械费用差异＝8300−890×5×1.97=−466.5（元）

其中，耗费差异＝8300−7500=800（元）

能量差异＝（3800－890×5）×1.97＝－1280.5（元）

由计算可以看出，装卸搬运机械耗费差异是正值，表明实际支出大于预算，应从企业内部寻找原因，能量差异较大主要是由于机械搬运设备利用不充分造成的。

企业装卸搬运的材料费用、维修费用、轮胎费用等也可以指定相应的标准成本，并在此基础上进行差异分析，找出不利因素和有利因素，其成本差异分析方法基本相同。

知 识 拓 展

一、日本物流作业效率的"六不改善法"

日本物流界从工业工程的观点出发，总结出改善物流作业效率的"六不改善法"，具体内容如下：

（1）不让等：闲置时间为零。通过正确安排作业流程和作业量，使作业人员和作业机械能连续工作，不发生闲置现象。

（2）不让碰：与物品接触为零。通过利用机械化、自动化物流设备进行装卸、搬运、分拣等作业，使作业人员在从事机械、搬运、分拣等作业时，尽量不直接接触物品，以减轻劳动强度。

（3）不让动：缩短移动距离和减少移动次数。通过优化仓库内物品放置位置和采用自动化搬运工具，减少物品和人员的移动距离和次数。

（4）不让想：操作简便。按照专业化、简单化和标准化的 3S 原则进行分解作业活动和作业流程，并应用计算机等现代化手段，使物流作业操作简单化。

（5）不让找：整理整顿。通过作业现场管理，使作业现场工具和物品放置在一目了然的地方。

（6）不让写：无纸化。通过应用条码技术等物流信息技术使作业记录自动化。

二、物流装卸费率如何计算

铁路货物装卸搬运作业费收费项目分整车、零担、集装箱、杂项作业四种。各地区、各车站按其实际发生的项目和铁道部规定的费率标准核收。

计算装卸搬运费重量：整车货物以吨为单位，吨以下四舍五入；零担货物以 10 千克（10 公斤）为单位，不足 10 千克进为 10 千克；集装箱货物以箱为单位。

货物堆放地点与车辆的最大距离：整车、零担货物为 30 米，集装箱货物为 50 米。人力装卸堆放于仓库和雨棚以外的货物、整车包装成件货物的装车距离为 20 米，散堆装货物除木材、毛竹、草秸类货物重复装车为 20 米外，其他货物均为 6 米。

凡超过上述规定的装卸距离，其超过部分按搬运处理。货物装卸，搬运费用，按各铁路局规定收取。

内 容 小 结

装卸搬运是物流各项活动中出现频率最高的一项活动，其是否合理，直接影响着物流的总成本。情境四通过引导案例和分析，介绍了装卸搬运成本的构成，根据装卸搬运的特点，论述了装卸搬运成本的计算，对如何控制装卸搬运成本进行了阐述。通过本情境的学习，使学生能灵活运用所学知识分析经济现象，解决物流过程中的装卸搬运的实际问题。

课 业 训 练

一、复习思考题

1. 装卸搬运的特点与功能是什么？
2. 简述装卸搬运成本的构成。
3. 加强装卸搬运管理优化的策略是什么？
4. 如何消除无效作业？
5. 简述装卸搬运的作用和意义。

二、案例分析题

案例一：物料搬运技术的愿景与超越

2007 年 11 月 15 日，日本株式会社大福（DAIFUKU CO. LTD.）正式对外宣布已与美国威勃公司（Jervis B.Webb Company）达成协议，由大福全资收购威勃，并有望在年底前获得美国政府最终许可。据界内人士称，这一并购表明大福正在加速其国际化的进程，同时，并购一旦完成，大福公司将一跃成为全球销售额排名第一的物流系统集成商。

"早在 1957 年大福与威勃就开始了漫长而稳定的技术合作，两个公司所具有的互补性的文化推动了我们在全球范围内业务的稳健发展"，株式会社大福代表取缔役副社长竹内克己这样说。大福将把威勃作为一个新的核心业务部门并入大福集团。大福的代表取缔役副社长北条正树将作为新威勃的董事长，并将与威勃现任总裁兼 CEO 苏珊·威勃（威勃的创始人杰维斯·威勃的孙女）共同担任联合 CEO。

大福公司此次并购威勃公司正是大福加强海外拓展的重要一步。成立于 1919 年的威勃公司被公认为全球物料搬运领域的领先企业。威勃在汽车组装线车体搬运用链式输送机的发展过程中，扮演着重要的角色。链式输送机如今仍然是威勃公司的主打产品。同时，威勃现在还向航空运输业以及生产制造业，提供机场行李搬运系统、自动引导小车（AGV）、自动化仓库系统及其他自动化物流设备。

日本央行不久前对日本经济的增长率从 2.1% 调低为 1.8%，并对 2008 年经济增长持乐观态度。日本经济的复苏，在相当程度上则表现为日本制造业总体的景气，由此也将引发企业物流需求的增长。通过日本物流协会提供的近几年日本物流装备制造业相关设备的出货数量及销售金额的统计数据来看，这种趋势也十分直观和明显。例如，叉车的产量从 2004 年的 75873 台，上升到 2006 年的 85315 台，增长近 12%，托盘从 2004 年的 65163375 个，上升到 2006 年的 77699840 个，增长超过 19%。

兼具制造企业和物流设备制造企业两种特质的日本大福株式会社，也在 2007 年迎来了自己 70 周年的庆典，并成就了全球最大的物流设备制造及物流系统集成商的霸业。同样，在分享这一荣耀的大福日新馆，经过改造扩建也成为全球规模最大的物流设备和系统的展览馆。随着大福滋贺工厂，L、K 两幢厂房的落成并投入使用，也使这一块大福在 1970 年日本经济衰退时取得的 120 万平方米的山地，经过近 40 年的建设和经营成为了全球规模最大、集中度最高的物流设备制造基地。

案例来源：http://www.texindex.com.cn/

问题： 作为一家行业内的标杆企业，其发展过程、行业空间及其与这个技术日新月异、生产模式复杂多变的社会生产方式的契合程度。Material Handling and Beyond——物料搬运技术的愿景与超越，会是怎样的一种诠释？

案例二：宜昌装卸中心装卸系统的技术改造

近几年，宜昌装卸中心大力开展技术革新和"节约型"活动，带来了显著成效。随着集装箱货物运输的发展，货场新增的 20 英尺国际集装箱的箱货总量为 24 吨，大大超过了 20 吨门式起重机的额定起重量。针对这一情况，该中心对现有 20 吨门式起重装置进行改造，避免了投资更新 36 吨门吊的计划，仅此一项节省了上百万元的资金投入。与此同时，中心及时采纳了职工提出的"关于开发装卸系统起重机转子变频技术改进方案"，进行了技术改造。改造前，该门吊作业一车集装箱货物（20 吨）耗电 6 千瓦时，采用该系统后只需用电 3.8 千瓦时。该中心还对装卸作业区域的机械设备，实行"单机核算"制，对每一台装卸机械核定任务指标和消耗定额，职工的收入与成本支出进行挂钩捆绑，实行利润提奖，把成本控制的责任和压力传递到每一个职工，职工每天干了多少，成本支出多少，自己能拿多少，心里都有一本清清楚楚的"账"。

问题：分析装卸搬运环节对企业发展的作用。

三、实训题

1. 了解本市装卸搬运的基本情况，调查装卸搬运成本管理在物流企业中的作用。

2. 了解本市某一物流企业装卸搬运成本的计算方法、优化措施。

情境五　包装成本管理

在传统的管理观念中，包装属于生产领域，它是产品生产的终点。包装的设计往往是从生产终结的要求出发，物流研究者认为，包装与物流的关系，比其与生产的关系要密切，其作为物流始点的意义比之作为生产终点的意义要大得多。因为，包装作为生产的终点，其设计往往不能满足流通的要求，而包装与物流系统的功能构成因素大都有关，包装的合理化关系到物流的效益和成本，因此，在激烈的市场竞争中，商品包装越来越受到重视，商品包装成本的支出比重也在不断提高。加强对商品包装成本的管理，控制商品包装成本支出是企业降低物流成本、提高经济效益的重要途径。

案例引入

商品的"绿色"配送包装

目前，在世界上几乎所有国家均在一定程度上采用塑料制品进行包装。化学专家指出，这种高分子化合物需要200~400年才能分解掉。

在日本，许多商人已放弃塑料包装，掀起"绿色"革命，如日本90%的牛奶都是以有折痕线条的包装出售，这种容易压扁的包装不但生产成本较低，而且能够减少占用空间，方便送往循环并减少运输成本。还有日本常见的饮料Yakltt 健康饮品也使用一种底部可以撕开，特别设计的杯形容器。在撕开底部后，人们能够轻易地把容器压扁，方便送往再循环。

有的公司使用再生包装物。如位于美国的亚拉巴马州——奔驰（美国）国际有限公司（MBUSI），在新设立的装配工厂就利用可再生集装箱以降低制造成本，该公司生成变种再生集装箱不会污染环境。为了达到准时制生产，除了一些特殊的齿条部件外，MBUSI要求供应商使用标准化的再生集装箱运输零部件，这样大约需要使用4000个两种规格的标准叉车式集装箱。当载满货物的集装箱抵达 MBUSI 的接货码头时，通过扫描箱外条形码，记录数量及箱体的说明，然后暂时放在中间带货区内。从现在开始，零部件要准时传送到组装线上进行装配。由于不需要打开箱子，无须对箱内的零部件进行再包装，这样就降低了间接人工成本。而且，库存量的减少也会降低成本。集装箱一旦倒空，就很快压扁并随同刚才运货的车子退还给供应商。

案例来源：http：//lswl.kmu.edu.cn/

情 境 描 述

包装可以这样形容，它是让一个商品走向成功的关键"角色"。近年来，包装加工的成本逐年增高，在包装设计上，一个全新的生产线往往只会适合 1~2 种产品。国内有些产品的包装水平甚至远远超过了一些著名国际品牌的包装水平。人们逐渐认识到：降低包装成本与搞好包装设计同样重要。

包装是现代物流系统的构成要素，与运输、储存、装卸搬运有着十分密切的关系。为了提高仓储和运输的效率，保护好产品，需要采用符合国际标准的包装设计、包装技术和包装材料，在保证包装基本功能的基础上，努力降低包装成本。

随着人类社会的进步和科学技术的发展，包装的作用已不仅是保护产品了，还发展到美化商品、促进销售。商品包装发展成为独立于商品生产之外的工业行业。长期以来，我国的产品被称为"一流的质量，二流的包装，三流的价格"。近年来，许多地区尤其是经济发达的城市开始对包装工业加大了投资力度，使包装产品最大限度地满足顾客的需求。

案例一：从"瑞贝克"改包装谈包装与销售

"瑞贝克"，是由中国医科大学和江西制药有限责任公司共同研制，获国家专利的新药。但随着产品销售的增加，全国各地反馈的信息显示，其包装存在缺陷，影响了产品的销售。其主要问题在于：第一，包装设计陈旧，在色块与文字的构成上处理不当，造成品牌不突出；第二，色彩不够鲜艳明亮，放在货柜里凸显不出来，与其他产品无大的差别性；第三，纸张材料选用不当，直接影响其在消费者心目中的档次和地位，难以提高包装在产品中的附加值。对此，企业中的领导阶层认识到，为了能成功地占有市场和保持市场的占有率，他们的品牌或服务必须具有自己独特的销售观点和主张，而这些独特的观点和主张又必须通过一种清楚明了且富有创造性的方式出现在消费者中间，并与消费者进行沟通和交流。因此，对该产品的包装重新进行设计，是整个新的销售计划的首要任务。他们清醒地看到，药品包装的优劣直接影响消费者对商品和企业的印象和认可程度。

在以后对所有设计稿的筛选中所确定的主题和定位是：这个新的包装设计应该传递了所有的欲望属性，包括高品质、独特性、影响力和容易辨认。在不断的反复和比较中最后选中了黄底深蓝字的一个包装设计，设计稿拿到各经销处征求意见，反映非常好，经销商都盼望新包装的产品早日与消费者见面。而事实上，自新包装上市以来，销售量月月上升，大大超出了预期的效果。"瑞贝克"新包装从决策、设计到销售的成功，总的来说，是由于"瑞贝克"新包装的感染力，在于它的艺术性处理。设计师在包装上对图形和文字信息的处理不是被动的，而是融进了生产者、消费者及设计者的情感，它不仅对商品信息进行取舍，强调某些特点，而且对商品形象经过联想进行再创造，拓展和延伸了商品的空间，使包装的艺术价值能独立作用于消费者，使其产生情感的共鸣和认同，同时加强了企业品牌形象的文化内涵，从而达到促进销售的目的。综合多方面的设计因素，其成功主要在于：

（1）信息齐全。现代包装有一大社会职能，即消费者在购物时期盼得到包装的保护。国家规定在药品的包装上必须印上的文字和图形如产品商标、批准文号、条形码、防伪商标、性能成分、出厂日期、保质期、保存方法、厂名、厂址、邮编、电话等。"瑞贝克"有专利号，因此，设计师将国家专利号置于较为明显的位置。正是由于这些信息使消费者大大增加了对该产品的信赖度。

（2）区别性包装设计是一个产品的"外观"，它必须使产品很容易与同类产品区分开来。现在不少商品在市场上已经饱和，其外观、成分和效果几乎是相同的。在众多的同类产品中，为了提高某一产品在市场中的竞争力，它必须具有某种特性与个性的东西，以引起消费者的兴趣，这叫"展示特色"。为了达到这一目的，所有影响产品销售的因素——外包装的形象，包括形、色、文字等都必须充分考虑。设计师在市场调查中发现目前大多数药包装白底较多，而"瑞贝克"的主要功能在于治疗胃病，因此大胆采用柠檬黄色，给人一种温暖关怀的感觉；而放大了产品的名称凸显品牌，其中两粒药片的强烈白色光晕渐变则展示了一种辉煌的效果。它的小、中、大三个包装放在一起，与其他产品形成一种明显的反差，在诸多产品中凸显了出来。该产品包装在"迈向21世纪——南昌平面设计展"中荣获设计金奖，并被《中国设计年鉴》收录进该书，被评为优秀设计作品。

（3）融合一个成功的包装。首先必须是功能和艺术的融合。这在整个设计领域是一个重要的课题，因为商业包装不同于绘画，它必须先突破其包装和保护产品的基本功能。其次是传统的现代感情的结合。社会和市场正日益变化，因此设计师必须不断关注社会和市场动态，收集最新信息，综合产生对消费者起引导作用，提升文化品位的作品。最后就是创造力和实用性相结合。没有艺术性而纯粹实用的物品是不会引人注目的，但那些太新奇、消费者不能理解的设计也是无用的。

（4）材料工艺的准确选择。对包装材料的认知和熟悉，并准确地选用，也是非常重要的一个环节。一盒12粒装的"瑞贝克"在市场上的零售价是20元左右，改包装后选用较高档的芬兰白底白卡纸，纸质由原来的250克提高到300克，表面再敷膜，让它有种整齐、挺括、标准的形象，外观档次明显提高，但小包装的成本仅提高了5厘钱，由原来的一角一分到现在的一角一分半。可见，具有说服性的印刷材料和工艺起到了非常好的烘托和宣传作用。现代社会对产品包装的要求是十分苛刻的，它需要在艺术中张扬人类意志的表达，认同"设计＝艺术＋科学"的公式。因此，企业应把产品的包装设计策略作为实现产品价值，寻求自身发展的法宝。那是因为，21世纪是设计的时代，21世纪人类更加向往科学和人文精神的结合，向往艺术在生活中承担更多的使命，更加向往人与自然的和谐共处。

案例来源：http://www.4a98.com/

案例二："酒鬼"酒包装设计的情感传达

在酒的包装设计中，除了文字、色彩、图案的构图以外，更重要的是要传达一种情感。包装设计不能只表达商品性而没有人情味，这样的设计只是一个标签符号。许多畅销商品都是借助于具有极强情感特色的品牌来占领市场的。给商品注入"情感"是包装设计要把握的重点，只有极富个性的并能引起人们共鸣的优秀设计，才能在浩如烟海的商品中夺目而出，抓住消费者，达到促销的目的。

酒类市场竞争激烈，一个无知名度的新品牌怎样才能在较短时间内在市场中争得一席之地？"酒鬼"酒的包装设计可以说在全国众多的酒品中脱颖而出，除了产品自身的品质外，品牌以及包装设计的创新是重要因素。"酒鬼"酒在传达品牌的传统文化、历史特点、商品性、民族情感、价格规律上都具有典型性。

"酒鬼"酒为湖南湘泉集团公司出的产品，据说"酒鬼"酒即将研制成功时，湘泉集团总经理王锡炳请著名画家黄永玉为之设计酒瓶，黄永玉答应了。直到有一天王锡炳再度登门，黄永玉便随手用泥巴捏个大样：再剪下一块麻袋布包住泥样，颈部用麻绳一扎，便交了差。殊不知名家作品，手下神来。极有个性和特色的包装,加上黄永玉题写的"酒鬼"牌名,书画的一幅酒鬼写意水墨画,给产品包装注入了情感的活力,使产品的整体包装形象格外地平易近人,人情味极浓。由此,"酒鬼"酒这一名不见经传的新品牌能取得巨大成功,也就不足为怪了。中国的酒类市场过去一直是几大名酒统领潮头。而"酒鬼"酒的出现,打破了名酒不可突破的神话,售价已超过了茅台、五粮液同类型的酒,成为目前我国很多地区消费者的首选品。事实证明,酒类包装设计如一味去模仿洋酒而没有特色,这样的产品没有生命力。酒的包装设计只有用心表现,传达真实的情感,才会赢得消费者。

案例来源:http://www.4a98.com/

问题:

(1)结合所学知识,讨论包装的作用及如何实现企业包装的合理化。

(2)谈谈"酒鬼"酒的包装成功之道。

能 力 目 标

通过包装成本管理的学习,使学生具备如下知识和技能:

(1)包装成本的分类及作用;

(2)包装成本的构成与计算;

(3)包装成本的分析与控制方法;

(4)熟练应用包装成本指标、包装成本优化的途径,解决实际包装成本问题的技能。

项 目 实 施

任务一:包装成本的计算

任务描述

包装需要耗费一定的人力、物力和财力。对于大多数商品,只有经过包装,才能进入流通领域。据统计,包装费用占流通费用的10%,有些商品特别是生活消费品,其包装费用所占比例甚至高达50%。因而,加强对包装费用的计算、核算与管理,可以降低企业的物流包装成本,进一步提高企业的经济效益。

☞ 教学方法与手段

案例分析、操作演示、学生自主学习。

☞ 相关知识

在社会再生产过程中，包装处于生产过程的末尾和物流过程的开始，既是生产的终点，又是物流的始点。企业在进行包装设计时，不仅要在"生产的终点"的意义上考虑包装问题，更要考虑物流对包装的要求问题，这才是现代包装的完整意义。

一、包装在物流中的地位

企业几乎所有的物流活动的操作，都能用包装所组成的货物单元量来描述，包装本身就是物流信息的载体之一，在现代物流信息活动中起着极其重要的作用。利用最先进的物流信息技术和合理的包装，可为企业挖掘出更大的利润空间。

包装作为物流系统的构成要素之一，与运输、保管、搬运、流通加工均有着十分密切的关系，主要体现在以下几个方面：

（1）从包装与运输的关系看，同样是杂货载运，如过去用装船混载，必须严格地用木箱包装，而改用集装箱后，用纸箱就可以了。

（2）从包装与搬运的关系看，如用人工搬运，应按人工可以胜任的重量单位和尺寸大小进行包装。如果运输过程中全部使用叉车，就无须包装成小单位，只要在交易上允许，则应尽量包装成大的单位，如与托盘相匹配的包装等。

（3）从包装与保管的关系看，货物在仓库保管，如果码高，最下面货物的包装应能承受压在上面的货物的总重量。以重量为20公斤的货箱为例，如果货物码放8层，最下边的箱子最低承重应为140公斤。

在现代物流条件下，包装对物流服务的成本和效率影响也很大，包装会影响到每一项物流活动的成本。比如，对存货盘存的控制主要依赖于人工或自动化的识别系统，这些都与商品的包装密切相关，因为商品分选的速度、准确性和效率都要受包装识别、包装形状和作业简便性的影响。

二、包装成本的构成

包装成本是指一定时期内，企业为完成货物包装业务而发生的全部费用，包括包装业务人员费用，包装材料消耗，包装设施折旧费、维修保养费，包装技术设计、实施费用以及包装标记的设计、印刷费用等。包装成本主要由以下几部分构成：

1. 包装材料费用

各类物资在实施包装过程中耗费在材料支出上的费用称为包装材料费用。常用的包装材料种类繁多，功能也各不相同，企业必须根据各种物资的特性，选择适合的包装材料，既要达到包装效果，又要合理节约包装材料费用。

2. 包装机械费用

使用包装机械（或工具）就会发生购置费用支出、日常维护保养费支出以及每个会计期间终了计提折旧费用，这些就构成了企业的包装机械费用。

3. 包装技术费用

为了使包装的功能能够充分发挥作用，达到最佳的包装效果，需采用一定的技术措施，如实施缓冲包装、防潮包装、防霉包装等。这些技术的设计、实施所支出的费用，合称包装技术费用。

4. 包装人工费用

在实施包装过程中，必须有工人或专业作业人员进行操作。对这些人员发放的计时工资、计件工资、奖金、津贴和补贴等各项费用支出，构成了包装人工费用。

5. 包装辅助费用

除了上述主要费用以外，企业有时还会发生一些其他包装辅助费用，如包装标记、包装标志的印刷、拴挂物费用的支出，以及一些低值易耗品的支出等。

6. 包装间接费用

主要是指应由本期包装成本负担的损耗费用、劳保费用、管理费用等。

三、包装成本的计算

包装成本的计算就是把企业物流活动实际发生的各项包装费用按照其用途，进行汇集、分配，计算出实际总包装成本和单位成本。

1. 人工成本

指工人工资、福利费、奖金、津贴、补贴等费用支出的总和。包装人工成本的计算，必须有准确的原始记录资料，包括工资卡、考勤记录、工时记录、工作量记录等原始凭证。企业的会计部门根据劳动合同的规定和企业规定的工资标准、工资形式、奖励津贴等制度，按照考勤记录、工时记录、产量记录等资料，计算每个包装工人及其他有关人员的工资。

2. 包装材料

企业的包装材料除少数自制外，大部分通过采购取得。包装材料成本的计算要点如下：

（1）材料买价即购买价格。对于购货时存在的购货折扣应予以扣除，即购入的材料，按扣除折扣后的净额计价。

（2）材料入库前发生的各种附带成本。

1）运杂费（包括运输费、装卸费、保险费、包装费、仓储费等）。

2）运输中的合理损耗，这是指运输途中所发生的定额范围内的合理损耗。

3）入库前的挑选整理成本，这是在材料验收入库前进行整理挑选所发生的工、费支出，扣除下脚废料回收价值后的必要损耗。

4）购入材料负担的不能抵扣的税和其他成本。包括购入进口材料的关税、外汇价差等。以上内容凡能直接计入各种材料采购成本的，应直接计入。不能分清的一般应按材料的重量或买价比例，分摊计入材料的采购成本。为了简化核算，在材料采购过程中发生的、一般是以现金支付的采购人员的零星差旅费等，由于其金额较小，可直接作为管理费用列支，不计入材料采购成本。

（3）发出包装材料的成本。企业发出的各种包装材料，应按其用途分别计入有关账户。在采用按实际成本计价时，由于期初的单位成本和本期内不同批次购入的材料单位成本不一致，因此，在确定发出（减少）的材料价值和期末库存材料价值时，就必须选择一定的存货计价方法，以解决发出（减少）的包装材料和期末库存材料的计价问题。对此，发出包装材料时，企业可以根据实际情况，选择使用加权平均法、先进先出法、个别计价法等方法确定发出材料的实际成本。现以加权平均法为例说明如下：

加权平均法是一种综合加权平均的方法。它是在期末以材料的数量为权数来计算该材料的平均单价并据以计算发出材料实际成本的一种计价方法，其计算公式为：

$$加权平均单价 = \frac{期初结存材料金额 + 本期收入材料金额}{期初结存材料数量 + 本期收入材料数量}$$

某批发出材料成本 = 该批发出材料数量 × 该批发出材料加权平均单价

3. 折旧

包装机械设备应当按月提取折旧，计提折旧的主要方法有：平均年限法、工作量法、加速折旧法等。企业一旦决定采用某种折旧方法，不得随意改变。

实际工作中，企业包装机械设备的折旧是按规定的折旧率计提的，并根据"固定资产折旧计算汇总表"直接计入各类包装成本。固定资产折旧计算汇总表，如表 5 – 1 所示。

表 5-1　固定资产折旧计算汇总表

年　　　月 单位：元

使用部门	固定资产项目	上月计提的折旧额	月折旧率	上月增加固定资产		上月减少固定资产		本月应计提的折旧额
				原价	折旧额	原价	折旧额	

4. 维修保养费

包装机械设备的维修费是包装机械设备发生部分损坏，进行修理时支出的成本，可以分为中小修理和大修理。中小修理的成本直接计入当期包装成本，大修理的成本由于其支出额较大，可分期计入包装成本。

5. 技术成本

包装技术费用包括包装技术设计成本和包装技术实施成本。主要支出项目有如下几项：

（1）技术设计成本。包装技术设计成本是指人员在包装技术的设计过程中所发生的与设计包装技术有关的一切成本。主要包括设计人员的工资、设计过程中领用的材料或产品以及各种现金支出：

1）设计人员的人工成本。包括设计人员的标准工资、奖金、津贴、福利、补助和加班工资及特殊情况下支付的工资。设计人员的工资，应根据其考勤记录和个人工资标准计算。

2）设计和实施技术中领用的材料或产品。设计人员为试验领用的材料，以及企业在实施防炸、防潮、防锈、防霉等技术时耗用的内包装材料，其成本计算方法与企业当期领用的包装材料成本相同。为简化计算，也可用计划成本进行计算，期末再将计划成本调整为实际成本。为试验领用的产品，其成本计算方法与企业产品成本计算方法相同。

（2）其他费用。与设计和实施包装技术有关的、不属于上述支出的其他一些费用，均在发生时以实际支出额计入相关的包装成本中。

6. 辅助成本

包装辅助成本包括包装标记、标志的印制，拴挂物成本的支出，一些低值易耗品的支出等。

企业发生上述费用时，一般可根据支付凭证直接计入各类包装成本。低值易耗品收入的核算，同包装材料收入核算基本相同；领用低值易耗品时，采用

"一次分摊法"、"多次分摊法"将其价值一次全部或分次计入包装成本中。

7. 其他费用

指除上述以外为完成包装业务所发生的费用，如办公费、差旅费、劳保费、相关税金券。包装过程中支出的防暑、防寒、保健饮料、劳动保护安全措施等费用，在费用发生和支付时，可根据费用支付凭证或其他有关凭证，一次直接计入包装成本。

企业对外发生和支付包装费时，可根据支付凭证直接计入各类包装成本。

事故损失一般于实际发生时直接计入有关成本，或先通过"其他应收款——暂付赔款"账户归集，然后于月终将应由本期负担的事故净损失结转计入包装成本。

由企业开支的管理费用，在发生和支付时，可先通过"包装间接费用"账户汇集，月终按直接费用比例分配。

8. 包装成本计算表

企业期末（月末、季末、年末）应编制包装成本计算表，并按照表的内容要求逐一填列。对于"企业内部物流成本支付形态表"中的包装成本，对应的支付形态一般为材料费、人工费、维护费和一般经费，凡成本项目中各明细项目有相应支付形态的，均需填写；无相应支付形态的，则不填写。包装成本计算表，如表 5 - 2 所示。

表 5 - 2　包装成本计算表

制表单位：　　　　　　　　　　年　　月　　　　　　　　　单位：元

项目成本	行次	计划数	本期实际数	本年累计实际数
一、包装直接费用	1			
（1）人工费用	2			
（2）包装材料	3			
（3）折旧	4			
（4）维修保养费	5			
（5）技术成本	6			
（6）辅助成本	7			
（7）其他费用	8			
二、包装间接费用	9			
三、包装总成本	10			
四、单位成本	11			

技能训练

【训练5－1】以表5－3资料为例，计算发出材料的加权平均单价。

表5－3　包装材料明细账（按加权平均法计价）

材料名称：A材料　　　　　　　　年　　月　　日　　　　　　　单位：件

月	日	凭证及编号	摘要	收入			支出			结存		
				数量	单价	金额	数量	单价	金额	数量	单价	金额
8	1	（略）	期初余额							800	0.90	720
	1		领用				350			450		
	4		购入	2600	1.00	2600	650			3050		
	5		领用				100			2400		
	9		领用							2300		
	18		领用	500	0.95	475				2800		
	25		购入				400			2400		
			领用									
	31	合计		3100		3075	1500	0.97	1557	2100	0.973	2043

分析：

(1) 发出包装材料的加权平均单价＝ (720＋3075) ÷ (800＋3100) ＝0.97 (元)

(2) 本月发出A材料成本＝1500×0.97＝1455 (元)

任务二：包装成本的分析与控制

任务描述

企业通过对包装成本的分析，可以了解包装成本的变化趋势，便于进行成本控制与优化。包装成本的控制点是包装的标准化率和运输时包装材料的耗费。有效地包装成本控制是企业在激烈的市场竞争中成功与否的基本要素。但包装成本的控制与管理绝对不仅仅是单纯的压缩企业的包装成本费用，而是需要企业建立起科学合理的包装成本分析与控制系统。

教学方法与手段

案例分析、操作演示、学生自主学习。

☞ **相关知识**

包装成本的高低直接影响着企业物流活动的经济效益。加强包装成本的分析和控制，是降低企业包装成本的前提和基础。

一、包装成本的指标分析

通过对包装成本有关指标的分析，可以了解包装成本的高低及发展趋势，便于进行成本控制与优化。包装成本的分析指标主要有以下几种：

1. 单位销售额包装成本率

单位销售额包装成本率 = 包装成本 ÷ 销售额 × 100%

该指标用来衡量单位销售额中包装成本所占比重的大小，该指标越大，说明企业单位销售额支付的包装费用越高。

2. 单位营业费用包装成本率

单位营业费用包装成本率 = 包装成本 ÷ （销售额 + 一般管理费） × 100%

通过包装成本占营业费用的比率可以判断企业包装成本的比重，而且，这个比率不受进货成本变动的影响，得出的数值比较稳定。因此，适合于作为企业包装成本合理化的指标。

3. 包装成本职能率

包装成本职能率 = 包装成本 ÷ 物流总成本 × 100%

该指标是用来衡量包装成本占物流总成本的比重。通过对该指标的分析，可以了解物流成本中包装成本所占比例的大小。企业可以通过历年的指标对比分析，对包装成本进行优化。

二、包装成本的控制

包装成本控制方法包括：选择包装材料时要进行经济分析；运用成本核算降低包装费用，如包装的回收和旧包装的再利用；实现包装尺寸的标准化、包装作业的机械化；了解用户情况，改进不必要的装潢，力求简单化、朴素化等。包装成本的主要控制方法有标准成本法和预算控制方法两种。

1. 预算控制方法

预算控制方法是控制包装成本的一个常用方法，物流成本的预算应根据物流系统成本控制与绩效考核的需要，分解到各个部门、各个物流功能、各物流成本项目等，并在日常的成本核算过程中分别实施对这些形式的物流成本核算，以便有利于比较分析物流成本预算与实际物流成本发生额之间的差异，达到预算控制的目的。因此，物流成本预算的编制内容与物流成本的核算内容基本类似。包装费用实行预算控制，必须编制包装费用预算，并对编制预算时和实际消耗之间的差异进行分析。包装费用可分为直接包装费和间接包装费。因此，包装费用的预算编制，可相应地分为直接包装材料费、直接包装人工费、间接包装费三种预算编制。

（1）直接包装材料费的预算编制。它是根据生产计划、包装含量和包装价格等资料编制的。编制时，必须考虑三个因素，即对今后价格的判断、当年购进的包装材料数量、当年购进的包装材料总额。

（2）直接包装人工费的预算编制。直接包装人工费的预算编制，是根据包装一个单位产品所需要的平均标准时间来计算包装费用。因此，要求预算编制时，对包装作业的始终、实施顺序和包装功能的内容调查清楚，制定出现场担任包装人员的包装作业时间和劳动费用，计算出每个包装的直接人工费。

（3）间接包装费的预算编制。直接材料费和人工费以外的包装费，统称为间接包装费。编制预算时，应对运费、仓储保管费等进行恰当的估计。

在编制某类物品的包装费预算时，直接包装费可按物品的包装件数乘以该物品每件的直接包装费计算确定。间接包装费用，可用企业间接包装费总额按一定的分摊标准计算出一个分配比率，然后分别乘以各种产品的分配标准数（如包装的件数，包装产品的产值、销售收入等）以确定某种产品的间接包装费。

上述费用又进一步划分为固定费用和变动费用两类，由于直接包装费随包装件数的增减而成比例增减，因此，直接包装费一般属于变动费用。相反，间接包装费则属于固定费用，但也有一部分间接包装费是变动费用，如电费、煤气费、自来水费等。对固定费用实行定额控制，对变动费用实行与销售额挂钩的办法进行控制。

包装费用预算控制的管理办法，可采取分部门承包的形式，如购销部门承包直接材料费、包装车间承包直接人工费等。承包和员工的经济利益直接结合起来，能调动广大员工的积极性，产生巨大的经济效益，员工会通过各种途径把包装费用控制在预算范围内，把包装费用降到最低限度。

2. 标准成本控制法

标准成本控制法是分别对包装成本中的包装材料成本、包装人工成本和包装设备成本进行成本控制的一种方法。

（1）包装材料的成本控制。包装材料的成本控制通过分析材料成本差异进行。包装材料成本差异是指包装材料实际成本与标准成本之间的差额，包括材料价格差异和材料用量差异。其计算公式如下：

包装材料成本差异 = 包装材料实际成本 − 包装材料标准成本
= 实际用量 × 实际价格 − 标准用量 × 标准价格

1）包装材料用量差异。包装材料用量差异是按标准价格计算的材料实际耗用数量与标准耗用数量之间的成本差额。通过用量差异分析，可以了解到材料是否存在浪费或不足现象。其计算公式如下：

包装材料用量差异＝（实际数量－标准数量）×标准价格

2）包装材料价格差异。包装材料价格差异是材料的实际价格同标准价格之间的成本差异。通过价格差异分析，可以了解包装材料市场价格的变化趋势。其计算公式如下：

包装材料价格差异＝（实际价格－标准价格）×实际数量

（2）包装人工的成本控制。包装人工的成本控制通过对人工成本差异的分析进行，包装人工成本差异是指包装活动中的人工实际成本与标准成本之间的差额。其计算公式如下：

包装人工成本差异＝包装人工实际工资－包接人工标准工资

＝实际工时×实际工资率－标准工时×标准工资率

人工成本差异包括人工效率差异和人工工资率差异两部分。

1）包装人工效率差异。包装人工效率差异是包装人工实际工作时数同其标准工作时数之间的差异，它反映了工人劳动效率的变化。通过该指标分析，可以了解包装人工效率。其计算公式如下：

包装人工效率差异＝（实际工时－标准工时）×标准工资率

2）包装人工工资率差异。包装人工工资率差异是包装人工实际工资率与标准工资率之间的差异。通过该指标的分析，可以了解工资变动对包装成本影响的大小。其计算公式如下：

包装人工工资率差异＝（实际工资率－标准工资率）×实际工时

（3）包装设备的成本控制。包装设备费用控制通过设备制造费用差异分析进行。制造费用差异分为耗费差异、闲置能量差异、效率差异。

耗费差异＝固定服务费用实际数－固定服务费用标准分配率×使用时间

闲置能量差异＝固定服务费用预算数－实际工时×固定服务费用标准分配率

效率差异＝实际工时×固定服务费用标准分配率－标准工时

×固定服务费用标准分配率

☞ **技能训练**

【训练5-2】某企业对一批甲产品进行包装，其中每件产品的材料耗用定额为2千克，每千克材料标准价格为3元，本月投入生产甲产品2000件，实际消耗包装材料4500千克，包装材料实际价格为每千克2.9元，要求对甲产品进行包装成本差异分析。

分析：

(1) 成本总差异＝（4500×2.9－2000×2×3）＝1050（元）

(2) 材料用量差异＝（4500－2000×2）×3＝1500（元）

(3) 材料价格差异＝（2.9－3）×4500＝－450（元）

通过计算可知，实际发生的包装成本高出标准成本1050元，由于用量增加，使物流成本增加了1500元，材料价格下降，导致物流成本降低了450元，今后应控制材料的耗费。

【训练5－3】某企业对一批乙产品进行包装，本期包装量为2000件，实际耗用工时为3000小时，平均每小时工资率为20元，标准工资率为18.9元，单位产品耗用工时标准为1.6小时。要求对企业乙产品进行人工成本差异分析。

分析：

(1) 成本总差异＝（3000×20－1.6×2000×18.9）＝－480（元）

(2) 人工效率差异＝（3000－1.6×2000）×18.9＝－3780（元）

(3) 工资率差异＝（20－18.9）×3000＝3300（元）

通过计算可知，实际成本的支出低于标准成本480元，由于人工效率较高，促使成本比标准成本降低了3780元，由于工资上升，使成本增加了3300元。

【训练5－4】某企业本月包装 N 产品400件，发生机械费用1600元，实际工时1000小时；企业包装能力为500件，即1200小时，每件产品包装机械费用标准成本2.4元/件，每件产品标准工时为2.4小时，即标准分配率为1元/小时。分析其包装机械费用成本差异。

分析：

包装机械费用成本差异＝实际包装机械费用－标准包装机械费用

＝1600－400×2.4元

＝640（元）

其中：耗费差异＝1600－1200×1＝400（元）

能量差异＝1200×1－400×2.4×1＝240（元）

任务三：包装成本的管理

👉 **任务描述**

产品包装存在于整个流通环节，包括运输、仓储、装卸等，改变包装的每一处都会产生诸多的影响。考虑包装问题，不能只考虑它的一个流通环节，也不能只考虑其某一方面，要求将所有的流通环节和所有的包装要素综合起来通盘考虑，这样才能开发出更好的包装解决方案。这就需要企业加强对包装成本的全面的管理，通过管理手段最大限度地降低整个包装链的浪费。

☞ 教学方法与手段

案例分析、操作演示、学生自主学习。

☞ 相关知识

随着科学技术的不断进步，人们对包装产品的质量的要求愈来愈高。新管理模式和新生产方式的出现，现代质量管理技术的发展，对企业包装的质量和管理提出了新的要求，企业应适时调整，利用科学的管理方法和技术设施，尽量降低产品的包装费用，搞好产品包装的质量管理。

一、降低包装成本的途径

企业降低包装成本的途径具体有以下几种方式：

1. 用价值分析法降低包装费用

价值分析法是广泛搜集具有同样功能的包装材料或包装容器资料，分别计算它们的成本，研究运用更为廉价的材料、容器及包装工艺，在保持同样包装功能的前提下进行包装。通过比较分析，可以发现包装工作中容易疏忽的问题和漏洞，可以大幅度降低包装费用。

2. 采用机械化包装降低包装费用

在市场经济不断发展，劳动费用不断升高的情况下，广泛采用机械化包装代替手工包装，是提高包装工作效率、降低包装费用的重要手段。

3. 通过包装的标准降低包装费用

实现包装标准化，保证包装质量，并使包装的外径尺寸与运输工具、装卸机械相配合，方便商品堆码、装卸、储存，以降低商品的运输费、装卸费和管理费，提高物流活动的效益。

4. 在条件允许的情况下，组织散装运输以降低包装费用

散装是现代物流中备受推崇的技术，也称为无包装运输。所谓散装是指对一些颗粒或粉末状物资，在不进行包装的情况下，运用专门的散装设备来实现物资的运输。目前，美、日等物流发达国家水泥散装率超过了90%，而我国仅达15%左右。

5. 回收和利用旧包装降低包装费用

我国每年产生的旧包装数量惊人，回收利用潜力巨大。企业可以通过各种

渠道和各种方式回收旧包装，然后由有关部门进行修复、清洁，再次予以利用。包装物的回收使用可相对节约包装材料、节约加工劳动、节约因包装而造成的能源电力的消耗，既降低了包装成本又能及时解决产品（商品）的包装问题。同时，包装材料对资源的消耗数量较大，企业如能收回利用旧包装，还能为国家节省大量的资源。

6. 实行预算控制降低包装费用

实行预算控制，首先要编制包装费用预算，包括包装材料费、包装人工费、包装技术费、间接包装费等的预算编制。直接包装材料费的预算编制，其包装材料价格要按三个因素来计算：对今年价格的判断、必须当年购进的包装材料数量、必须当年购进的包装材料总额；直接人工费的预算编制，根据包装一个单位所需的平均标准时间计算包装费用；间接包装费用的预算编制，要求对直接材料费和直接人工费以外的包装进行恰当的估计。

二、包装成本管理的主要内容

包装成本管理的主要问题，是如何利用科学的管理方法和技术设施，尽量降低产品的包装费用。包装费用的管理包括包装费用计划、包装费用核算、包装费用控制与分析。

1. 包装费用计划

企业根据运作计划、包装含量和包装制品价格等资料，用货币的形式，预先规定计划期内各项包装费用的水平及其降低的程度。包装费用计划是对包装活动进行指导、监督、控制、考核和评价的重要依据，也是降低包装费用的重要保证。

2. 包装费用核算

包装费用核算就是把企业实际发生的各项包装费用按照其用途，进行汇集、分配，计算出实际总包装费用。正确地组织包装费用核算，不仅可以控制包装费用开支范围，监督各项消耗定额和费用标准的正确贯彻，还可以与计划包装费用比较，了解包装费用计划的执行情况，正确而及时地把增产节约的经济效益反映出来。

3. 包装费用控制

包装费用控制是指在包装费用形成的整个过程中，通过经常监督和及时修正偏差，使各种包装费用的支出都限制在包装费用计划的范围内，保证达到降低产品包装费用的目的。

4. 包装费用分析

为了充分发挥包装费用管理的作用，不仅要事先计划、事后核算，而且还要认真做好包装费用分析。对企业包装费用形成情况进行评价、剖析、总结。其目的是确定实际包装费用达到的水平，查明影响包装费用升降的因素，揭示节约浪费的原因，寻找进一步降低包装费用的方向和途径。

三、包装成本管理的一种主要方法——价值分析法

1. 价值分析法的概念及注意的问题

价值分析法就是通过综合分析系统的功能与成本的相互关系，寻求系统整体最优化途径的一项技术经济分析方法。价值分析法与现代管理方法中的价值分析（VA）或价值工程（VE）方法是一脉相承的。在价值分析里所说的"价值"，是指某种产品的功能与成本的相对关系，把二者的比值叫做产品的价值，即产品价值＝产品功能／产品成本。产品价值是评价产品受益程度的尺度。价值高的产品受益大，价值低的产品受益小。

价值分析法始于美国，后经日本引进后成效显著。价值分析法的目的就是从品质上、使用上、耐用性上、外观上等方面考虑降低包装成本的可能性，剔除不必要的功能和过剩质量，做到效果好、费用省。采用价值分析法，从选择有替代性的廉价材料开始，采用合理的包装工艺，发挥专业人员的作用，一步一步地进行调查分析。在包装功能不变的情况下，博取各家所长，并把它们集中起来，从而产生一种更新的物美价廉的包装。必须说明的是价值分析法不是找一个代用品，使之比原来的价格低就行了，而是为了实现更大的效果进行的周密的研究。使用包装费用的价值分析方法，一般可比原包装降低15%左右的包装成本。

价值分析法是用项目发挥的功能来进行分析，而不是用实物或货币来计量。分析时应注意：一是是否存在既提高功能，又降低成本的可能；二是当功能相同或固定时，可否降低成本；三是当成本固定或相同时，功能可否提高；四是当成本和功能均提高时，功能的提高是否更多；五是当成本和功能均降低时，成本的降低是否更大。

2. 价值分析法分析的内容

价值分析法针对包装成本的分析通常包括下述项目：

（1）必要性。通过对逐次必要性检查，找出不必要的地方。

（2）效果。包装的各种功能是增强了，还是减少了。

（3）成本与用途对比是否相称。

（4）物品本身的性能是否需要、适应。

（5）价格是否合理，能否降低。

（6）规格尺寸是否恰当，是否标准化。

（7）包装生产时是否经济，效率是高还是低。

（8）包装的安全性。

（9）成本各项构成是否合理等。

3.　价值分析法的步骤

应用价值分析，包括选择对象、收集情报、功能分析、提出方案、选择方案、验证方案和效果评价等步骤。

（1）选定对象。选定产品的包装费用作为研究对象，并对构成产品包装费用的工业包装费和商业包装费逐一进行分析，并按其费用高低顺序排列，再按其累计费用在总成本中所占比重排列。

（2）收集情报。包括主要服务对象、主要用户用途、特殊用户及特殊用途、用户在不同用途上对包装质量的不同要求、对已使用包装产品的反馈意见。

（3）进行功能分析与成本分析。功能分析是价值分析活动的核心，是价值分析最重要的手段和最关键的环节。所谓功能分析就是把功能分解，使每个零部件的功能数量化，并结合实现功能的成本，来确定其价值的大小。要分析该对象为什么需要，应具备什么功能，分析功能在整个系统中所占的地位和重要程度，以便提出提高功能和降低成本的改进方案。功能分析包括功能的定义、功能分类、功能整理和功能评价四个过程。

功能定义是用最简明的语言来描述某包装产品的特定用途与使用价值，通过功能定义加深对包装产品功能的理解，便于改进。

功能分类是为了区分功能的主次，一般分为基本功能和辅助功能，也可分为使用功能和美学功能。包装的基本功能是保护货物、便于处理、促进销售、传递信息等，此外还有辅助功能和外观功能等，其中各种功能的重要程度互不相同。因此应该对各种功能的重要性做出评价。

功能整理就是对定义出的包装产品及其零部件的功能，从系统的思想出发，明确功能间的相互关系，排列出功能系统图，以便进行功能评价和参考改进方案。

功能评价就是探讨功能的定量价值，评定研究对象中功能是过剩还是不足，以及功能改善的期望值，从中选择价值低的功能区域作为改善对象，确定价值分析工作的重点顺序。通过方案创造，实现功能的改进，从而提高其价值。即用某种方法找出某一特定的功能所需要的最低费用或必需费用，并以这个费用与目前费用之比值作为评价功能的一个标准。进行功能评价的目的，在于挖掘一切可以节约的潜力。每种包装的功能项目可由评价人员讨论确定，参加评价的人员一般可定为熟悉该种包装的 5～10 人。在"功能"定义后，再对包装费用的"功能"采用多比例评分法进行评价。

（4）评价方案。评价方案是从技术上和经济上对各种方案进行分析比较，做出最优化选择，以选出最具"价值"的方案。包装具有的"价值"决定于包装必须具备的"功能"和生产使用该包装所耗费的"成本"。主要公式为：

V（价值）＝F（功能）÷C（成本）

由此可知，评价包装价值的高低，不能单纯地看技术（功能）或经济（成本）某一方面，而要衡量两者的比值，即它们的综合效果。

4. 价值分析法要解决的几个问题

现代管理科学方法体系中的价值分析方法已比较成熟，一般而言，价值分析要解决以下几个问题：

（1）如何选择价值分析的具体对象？对一个较复杂的产品来说，一般都有许多零部件，将每个零部件都作为价值分析的具体对象在事实上是没有必要的，通常的做法是选择重点零部件，如造价高的、结构复杂的、体积重量大的零部件进行价值分析。

（2）如何对分析对象进行功能分析？功能分析是针对分析对象从技术和经济两方面进行系统思考，以鉴别其基本功能与辅助功能、必要功能与多余功能，同时，计算其成本。在此基础上，确定其功能价值的大小。

（3）如何进行方案改进与评价？功能分析只是指出了改进产品的方向和可能性，并没有提出改进方案。价值分析法的运用要落实到新技术方案的设计上。由于创造性思维、创新技法以及各种工程设计方法的运用，我们可以获得多个技术方案，因此要对新方案进行技术经济方面的分析比较，以选择出最佳的技术方案。

☞ **技能训练**

【训练5－5】我国机械产品的包装多用木制包装箱，每年要消耗大量的木材。由于森林资源贫乏，木材供应紧张，因而包装成本提高，影响了企业效益。以某企业包装材料的选用为例，对机械包装物开展价值分析。

1. 对象选择

对一个企业来说，包装箱也和企业的产品一样，品种规格多，众多的包装箱中选择哪一种作为对象？而且一个包装箱又是由多个零部件组成的，以哪个部件作为对象呢？都需进一步地确定。某企业运用重点选择方法，从众多的包装箱中，选择了产量最大的主体产品包装作为分析对象。然后，用ABC分类分析法确定包装箱的箱体为具体的分析对象，如表5－4所示。

表5-4　某企业产品包装价值分析表

序号	零件名称	数量	成本（元）	总成本占（%）	零件总数占（%）
1	箱体	1	5.18	91.03	6.25
2	夹板	2	0.30	5.27	12.50
3	柏油纸	1	0.15	2.43	6.25
4	钉子	12	0.06	1.07	75.00
合　计		16	5.69	100	100

2．功能分析

（1）功能定义。包装箱每个零部件的功能定义，如表5-5所示。

表5-5　零部件的功能定义

序号	零件名称	功能定义
1	箱体	承装物品、方便物流、造型美观
2	夹板	防止磕碰、缓冲外力
3	柏油纸	防尘、防潮、防雨
4	联结件	形成整体、紧密联结、坚固牢靠

（2）功能整理。包装箱的总体功能是实现物流，它是上位功能，放在功能系统图的左侧；其他功能则按照目的—手段的逻辑关系整理成，放在功能系统图的右侧，如图5-1所示。

（3）功能评价。采用 DARE 法对包装箱功能进行评分，求出功能系数，如表5-6所示。从表可知箱体的功能系数为0.7442。

　　箱体的成本系数＝5.18÷5.69＝0.910

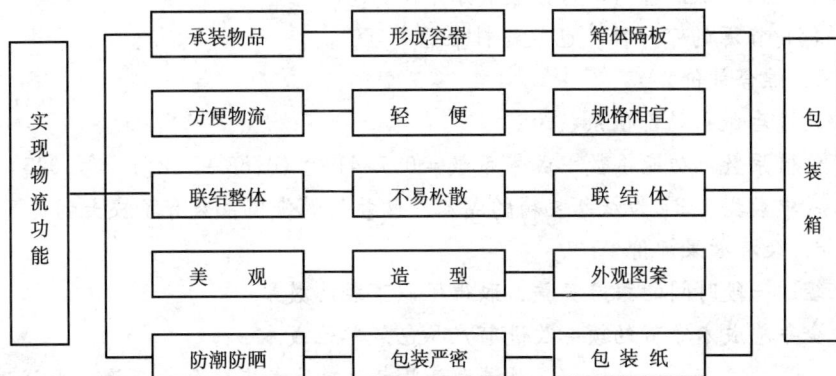

图5-1　包装箱功能系统图

表5-6　包装箱功能系数表

序　号	零件名称	功能关系	评分值	相对重要系数
1	箱体	F1 > SF2	160	0.7442
2	联结件	F2 > F3 + F4	30	0.1395
3	夹板	F3 > F4	15	0.0698·
4	柏油纸	F4	10	0.0465
合　计			215	1.0000

箱体的价值系数＝箱体的功能系数÷箱体的成本系数＝0.8178

箱体价值系数小于 1，说明箱体的成本过高，企业应通过价值分析合理选用箱体材料，以降低成本。

3.方案创建

包装箱体的材料很多，有纸板、木板、金属、硬质塑料、复合材料等。经过概略评价，筛选出下列三个方案：①厚木质箱体。②用聚苯乙烯泡沫塑料作包装箱体的内包装，以瓦楞纸箱作外包装。③用五层瓦楞纸箱作外包装，每箱装一台。第二个方案的成本比原方案还高，不可取。可以选取第三个方案作进一步的评价。

4.方案的技术经济评价

(1) 技术可行性。采用瓦楞纸箱后，每箱装一台，采用集装托盘托运，产品不易被磕碰；外观美观，有利于提高商品的视觉效果；自身重量轻，搬运方便；装载效率高，运输周期短；箱位光滑，搬运条件好。

(2) 经济可行性。纸箱箱体成本为 0.88 元/台，而木装箱箱体成本为：5.18/3＝1.73 元/台（单台包装成本下降）

(3) 资源的可行性。包装材料来源丰富。

5.综合评价

改进后纸箱的价值系数为：

价值系数＝功能系数÷成本系数＝0.7441÷（0.88÷1.21）＝1.023。

式中数据1.21为纸包装箱的成本，包装箱的价值系数有了较大的提高。

6.经济效果评价

经过一段时间的推广实施，取得了以下经济效果：

全年总成本净节约额＝改进前产品包装单位成本

　　　　　　　　－改进后产品包装单位成本×全年产量－VE活动费

　　　　　　＝（1.89-1.21）×23000-100＝15540（元）

VE活动节约倍数＝全年产品总成本净节约额÷VE活动费用

　　　　　＝15540÷100＝155.4

全年节约木材达1100立方米，减少仓库存放包装箱面积4/5。

知识拓展

一、国际快递物品包装注意事项

包装是影响运输质量的一个非常重要的因素，它可由托运人自己完成，也可委托专业包装公司进行。如果委托给公司，是需要另外加费用的，建议不要节省这个费用。包装材料的选择要视货物品质而定，目的是使货物得到安全的保护和支撑。常用的有木箱、纸箱等。不同国家对木箱的要求不同，在有些国家和地区木箱是要求熏蒸的。

（1）钢琴、陶瓷、工艺品等偏重或贵重的物品请用木箱包装。

（2）美国、加拿大、澳大利亚、新西兰等国，对未经过加工的原木或原木包装有严格的规定，必须在原出口国进行熏蒸，并出示承认的熏蒸证，进口国方可接受货物进口。否则，对出口商罚款或将货物退回原出口商。

（3）欧洲对松树类的木制包装规定，货物进口时必须有原出口国检疫局出示的没有虫害的证明。

（4）加工后的木制家具不用做熏蒸。

（5）日常生活常用类物品如书籍、各种用具等可用结实的纸箱自行包装，并最好做防潮处理。

（6）易碎类的物品最好用东西填充好，避免损坏。

（7）条件允许，在纸箱内铺垫一层防水用品，如塑料袋、布等。

（8）在一包装箱内，轻重物品要合理搭配放置，以便搬运。

（9）箱内最后要塞满填充物，要充实，可用卫生纸、纸巾、小衣物等填充，以防在搬运挪动过程中箱内物品互相翻动、碰撞而受到损坏。

二、"限制过度包装"国标实施

为了从源头抓起，加强对商品过度包装的管理，整治商品过度包装之风，减少资源的消耗，国家标准委在2008年7月完成的《限制商品过度包装——食品和化妆品要求》的征求意见中，对过度包装定义如下：超出正常的包装功能需求，其包装空隙率、包装层数、包装成本超过必要程度的包装，即为过度包装。

2010 年 4 月 1 日，由国家质检总局和国家标准委批准发布的《限制商品过度包装要求——食品和化妆品》国家标准正式实施。"国标"规定了限制商品过度包装——食品和化妆品部分的基本要求、限量要求和限量指标计算方法，对食品和化妆品销售包装的空隙率、层数和成本三个指标做出了强制性规定，分别是包装层数 3 层以下、包装空隙率不得大于 60%、初始包装之外的所有包装成本总和不得超过商品销售价格的 20%。同时，针对饮料酒、糕点、粮食、保健食品等过度包装现象较为严重的商品，标准指标要求进行了相应调整。其中，饮料酒的包装空隙率不得超过 50%。该标准的发布实施为治理商品过度包装工作提供了技术依据。

目前，市场上销售的商品包装超过 3 层的并不多见，搭售礼品的现象也明显减少。国际食品包装协会常务副会长兼秘书长董金狮认为，经过一段时间的治理和引导，过度包装现象得到了缓解，但依然存在一些问题：一是空隙率大；二是包装物重量过重；三是包装成本难以计算，消费者很难知道包装成本是否过度，给消费维权及执法带来困难；四是材料组成复杂，不仅加工复杂，也会给今后的回收工作带来困难。

内 容 小 结

包装是生产的终点，同时又是物流的起点，合理的包装能够保护商品不受损坏，便于商品的集中运输和储存，降低物流成本。情境五对包装成本的构成进行了分析，对如何计算包装成本进行了阐述，分析了企业控制包装成本的具体措施。通过案例引入和分析，使学生能熟练应用包装成本指标进行包装成本的分析，熟悉包装成本优化的途径，能解决企业实际包装成本的相关问题。

课 业 训 练

一、复习思考题

1. 说明包装在物流中的作用和地位。
2. 说明物流包装费用的构成。
3. 物流包装成本优化的内涵及意义是什么？
4. 包装成本合理化的途径有哪些？

5. 外购包装材料费用的计算方法有哪些?

6. 试列举可应用于乳品行业的几种包装材料,它们在实际应用中各有什么优劣?

7. 请说明包装机械和包装技术的发展对包装成本将会产生什么影响?

8. 请阐述包装成本中价格差异与数量差异的衡量方法。

二、案例分析题

案例一: 日本包装减量化

日前,上海市"包协"接待了日本"包协""包装与环保"代表团,中日包装专家就包装、包装废弃物和环境等问题展开了交流,特别就当今困扰社会经济生活发展的问题展开了深层次的切磋研讨。会上日本专家向上海同行介绍了他们在产品包装减量化方面的先进经验,有不少案例值得我们借鉴、学习。

1.索尼公司电子产品的新包装

索尼公司用四原则来推进该公司的产品包装。他们不但遵循"减量化、再使用、再循环"循环经济的"3R"原则,而且还在替代使用上想办法,对产品包装进行改进。先来看几个实例:1998 年该公司对大型号的电视机的泡沫塑料材料(EPS)缓冲包装材料进行改进,采用八块小的 EPS 材料分割式包装来缓冲防震,减少了 40% EPS 的使用;有的产品前面使用 EPS 材料,后面使用瓦楞纸板材料,并在外包装中采用特殊形状的瓦楞纸板箱,以节约资源;另外,对小型号的电视机采用纸浆模塑材料替代原来的 EPS 材料。

2.大日本印刷株式会社的新型包装

该企业产品包装贯彻环境意识的四原则,即包装材料减量化、使用后包装体积减小、再循环使用、减轻环境污染的原则。

(1)包装材料减量化原则:减少容器厚度、薄膜化、削减层数、变更包装材料等方法;

(2)使用后包装体积减小原则:箱体凹槽、纸板箱表面压痕、变更包装材料等方法,例如,饮料瓶使用完毕后,体积变得很小,方便回收;

(3)再循环使用原则:例如,采用易分离的纸容器,纸盒里面放塑料薄膜,使用完毕后,纸、塑分离,减少废弃物,方便处理;还有一种易分离的热塑成型的容器;

(4)减轻环境污染原则:该企业在包装产品的材料、工艺等方面进行改进,减少生产过程中二氧化碳的排放量,保护环境。

3．东洋制罐株式会社的包装产品

由东洋制罐开发的塑胶金属复合材料 TULC（Toyo Ultimate Can），以 PET 及铁皮合成二片罐，主要是做饮料罐使用。这种复合罐既节约材料，又易于再循环，在制作过程中能耗低、消耗低，属于环境友好型产品。东洋制罐还研发生产出一种超轻级的玻璃瓶。像用这种材料生产的 187 毫升的牛奶瓶的厚度只有 1.63 毫米，重 89 克，普通牛奶瓶厚度为 2.26 毫米，重 130 克。这种瓶比普通瓶轻 40%，可重复使用 40 次以上。该公司还生产不含木纤维的纸杯和可生物降解的纸塑杯子。东洋制罐为了使塑料包装桶、瓶在使用后方便处理，减小体积，在塑料桶上设计几根环形折痕，废弃时，可方便折叠缩小体积。

案例分析：http://www.exam8.com/

问题：

（1）日本的几个企业降低包装成本的途径有哪些？

（2）结合日本包装案例，探讨对我国包装成本的降低有何启示。

案例二：飞利浦降低包装成本的途径

据专家介绍，在十种最易损坏的产品包装件中，小家电和灯具分别列在第一位和第二位。对于照明产品的生产企业而言，如何进行产品包装一直是个难题，而包装的难度主要表现在三个方面：第一，产品几乎全部为易碎品，需要包装具有极好的保护性能；第二，产品本身成本低，不宜过分强调保护性能而附加过高的包装附加值；第三，产品中多数为日用消费品，如采用低廉结实的包装物而忽视外观就会降低货架销售的市场竞争力，因此企业还要兼顾包装的美观性和可展示性。针对照明产品的特点，很多企业都在研究解决包装问题的方法，如有的企业在可接受的范围内以产品破损率的提高换取包装成本的降低等。在达到某些既定要求的同时，又要控制包装成本，成为每个照明产品生产企业所追求的目标。同样面对这一问题，飞利浦亚明照明有限公司的徐先生介绍了飞利浦产品的包装状况：飞利浦照明产品的破损率基本被控制在万分之五左右，并且在外包装印刷上附加了极具质感的荧光效果，很受消费者的欢迎。现在公司在包装方面集中精力研究的问题是如何进一步控制成本，目前主要通过两个途径来实现。

1．选用低克重高强度的包装材料

目前国内白板纸等包装材料的市场价位主要是依据涂布质量等技术指标确定的等级进行划分的，并且以吨为单位进行买卖。当白板纸在单位重量内时，克重越小，纸张数量越多，企业在包装材料上花费的成本就越低。所以近年来，飞利浦的包装材料克重从最初的 350 克逐步调整到了 250 克，企业通过这种方法在控制成本方面收到很好的效果。现在主要采用两种材料：一种为单张灰底白板纸，另一种为灰底白板纸、瓦楞和茶板纸组合的复合材料。但是再往下发展，飞利浦碰到很多阻力。第一，国内生产 250 克以下低克重白板纸的厂家非常少，尽管企业采购部的人员多方收集信息、调查资料，仍无法为企业提供更多的供应商。第二，在克重达到要求的纸张中，造纸技术不成熟，纸张强度不够，印刷效果不好。第三，飞利浦曾考虑进口国外白板纸，但因为还要附加其他因素如关税等，经采购部综合计算，认为成本过高，进口包装材料的方法并不适宜。据徐先生介绍，国内白板纸在质量上要比国外产品相差很多，与同种强度的材料相比，克重上国外产品要比国内低 100~150 克，而国内白板纸是强度越好克重越大。这使企业通过改善材料来控制成本这一发展途径的前景越来越不容乐观。

2．设计简单、用材少的包装结构

在飞利浦有一套科学的盒型结构设计，为企业包装设计人员提供了很多参考方案，但因为国内外在纸张上的差别，国外飞利浦产品上所使用的结构复杂的盒型设计越来越不适用于国内。飞利浦亚明包装设计部门主要通过一系列包装试验来进行检测，并没有具体的量化指标。在简化结构方面，最初通过减少包装用料（如简化隔栅）的方法，以能否通过跌落试验为标准。最新的包装结构改进是将瓦楞纸板中用于增强瓦楞强度的茶板纸去掉，将瓦楞的 E 楞改为日楞，增加了楞高，提高了瓦楞抗压抗震的能力，在减少用料的情况下，强度不变，这一方式主要参照了欧洲飞利浦产品在线包装的形式，即产品在线直接被印刷好的材料包装、钻合、成型后下线。由于这一在线包装设备的成本较高，国内只借鉴了这一包装结构。同时由于包装供应商本身不具备加工这种材料的覆面机，飞利浦的这一新结构包装只能由包装企业手工操作，很大程度上限制了生产速度。

案例来源：http://www.cpack365.com/

问题：飞利浦公司控制包装成本的做法对包装企业降低包装成本、更好地满足客户的需求有什么启发？

三、实训题

1. 了解本市物流企业的包装成本在物流总成本中所占比重，观察物流企业使用新型包装材料和技术的情况，了解它们实现包装成本管理合理化的新方法。

2. 具体调查我国包装成本现状，也可以具体调查某一商品的包装成本构成，然后针对调查结果分析包装成本的现状、存在的问题及改进措施。

情境六　流通加工成本管理

在客户和消费者对服务要求越来越高、物流企业竞争日趋激烈、成本上升、利润下降的情况下，物流企业为了生存和发展，不得不追求更多的附加价值，大范围、更深层次地承揽业务。原来物流企业进行流通加工时，一般只限于拴价签、贴条形码等简单作业；而现在流通加工业务的范围已大大拓宽，出现了各种各样的流通加工服务的新形式。

只要我们留意超市里的货柜，就会发现，那里摆放的各类洗净的蔬菜、水果、肉末、鸡翅、香肠、咸菜等无一不是流通加工的产物。这些商品在摆进货柜之前，已经由许多人进行了加工作业，包括分类、清洗、贴商标和条形码、包装、装袋等多种作业工序。这些流通加工都不在本地，而且已经脱离了生产领域，进入了流通领域。这种加工形式，节约了运输等物流成本，保障了商品质量，增加了商品的附加价值。在发达国家，早已把流通加工从生产领域中剥离出来，作为社会化分工的产物而备受推崇。

案 例 引 入

阿迪达斯的流通加工

阿迪达斯公司在美国有一家超级市场，设立了组合式鞋店，摆着不是做好了的鞋，而是做鞋用的半成品，款式花色多样，有 6 种鞋跟，8 种鞋底，均为塑料制造的，鞋面的颜色以黑、白为主，搭带白颜色有 80 种，款式有百余种，顾客进来可任意挑选自己所喜欢的各个部位，交给职员当场进行组合。只要 10 分钟，一双崭新的鞋便"闪亮登场"。

这家鞋店昼夜营业，职员技术熟练，鞋子的售价与成批制造的价格差不多，有的还稍便宜些。所以顾客络绎不绝，销售金额比邻近的鞋店多 10 倍。

案例来源：http://www.shenyang.gov.cn/

情 境 描 述

　　流通加工活动是发生在流通领域的生产活动，是为了方便流通、方便运输、方便储存、方便销售、方便用户以及物料的充分利用、综合利用而进行的加工活动。流通加工创造了物流的"形质效应"。为了使商品适应消费者的需要，通过流通领域的加工改变了商品的形态和质量，其结果增大了产品的附加价值、提高了供需双方的效益与效率，从这个意义上说，流通加工与市场活动有着密切的关系。流通加工成本的高低直接反映出物流企业成本管理水平的高低。如何降低加工过程中物料的消耗，管理费用的节约，提高加工效率，掌握流通加工成本控制方法，是每个流通加工企业重点关注的问题。

　　目前，在世界许多国家和地区的物流中心或仓库经营中都大量存在流通加工业务，在日本、美国等物流发达国家则更为普遍。在日本的东京、大阪等地区有九十多家物流公司，其中一半以上从事流通加工业务。随着我国经济总量的不断增长，国民收入增多，消费者的需求出现多样化，流通加工活动也势必成为一项有广阔前景的经营业务。

案例一：迪安食品公司鲜牛奶流通加工

　　迪安食品公司的首席执行官霍华德·M.迪安（Howard·M.Dean）正在开发一项计划，打算在墨西哥市场投放牛奶制品和冷冻蔬菜。对于这家有23亿美元资产、总部设在芝加哥、仅在美国从事销售活动的公司来说，这是一项重大的举措。由于"北美自由贸易协定"允许开放墨西哥市场，迪安食品公司正在利用机会将其产品推荐给9000万新的消费者。

　　牛奶是一种特别吸引人的产品，因为墨西哥新鲜牛奶短缺，而人口中有一半年龄在18岁以下（主要的喝牛奶者）。并且，因为政府的限价，还没有什么动力驱使批发商和零售商推销该产品。在投入这项冒险事业之前，迪安指派了两名经理去研究墨西哥市场行销和物流需求。迪安还寻求专业厂商TetraPak公司的合作，这是他的包装供货商之一，是一家大型的墨西哥公司。

　　迪安首先通过建立一家合资企业把目标对准墨西哥奶制品市场。该合资企业期望配送商有经验处理迪安的牛奶和奶制品，将其装运到边界城镇。墨西哥现在消费迪安的 EI Paso 奶制品公司的 1/3 的产品，迪安食品的合资企业仍然需要解决几个问题。第一个问题是冷藏问题，因为绝大部分的产品是在小型的

"夫妻"店里出售的,这类店里几乎没有什么冷藏设备。因为产品的堆放空间缩小了,在货架上的保存期也缩短了,迪安就把加仑壶包装改成小纸箱包装。第二个问题与超市有关。这些超市常常通宵停电,造成冰激凌产品反复地融化和冻结,以至于损害了产品的品质。迪安正在考虑的一个解决办法就是自己购买冰箱并对店里24小时维持供电进行补贴。第三个问题是墨西哥缺少奶牛场。这一短缺正在迫使迪安考虑发展与原牛奶生产商的关系,而不是实际经营这些奶牛场。第四个问题是低品质牛奶的问题。因为墨西哥几乎没有关于产品品质控制的法律规章、所出售的全部牛奶中有 40%未经巴氏法灭菌就直接输送到消费者手中。

虽然存在许多潜在的困难,迪安的管理部门仍把这种形势看做在一个大市场中获得大份额的机会。迪安先生说,"我们得快点行动,现在正是机会"。

案例来源: http://lswl.kmu.edu.cn/

案例二:一条供应链上的故事

2006 年,当禽流感让众多以鸡类食品为招牌菜的中餐馆门可罗雀时,肯德基因为要求所有鸡肉供应商,必须提供由当地检疫部门签发的检验证明而使得消费者信任。但一年之后,当"苏丹红"袭来时,供应商的证明却没有带给肯德基幸运。

百胜餐饮中国协作发展总部(以下简称"百胜")公共事务部总监王某在接受媒体采访时表示,在 2 月份,百胜就要求供应商提供原材料不含有"苏丹红"的书面证明,而供应商也都提供了相应的证明。但是,书面证明没能防住"苏丹红",这一次,供应商的供货出了问题。

1. 餐饮巨头连着河南个体户

出现问题的供应商是中山基快富食品(中国)有限公司(以下简称"基快富"),基快富的供应商是宏芳香料(昆山)有限公司(以下简称"昆山宏芳"),而昆山宏芳的供应商,是安徽阜阳义门苔干有限公司(简称"义门苔干")。

义门苔干成立于 1988 年,是一家民营股份制企业。2006 年初,这家年产值 2000 万元人民币、豪州最大的脱水菜供应商,开始给昆山宏芳供应"辣椒粉"。"辣椒粉"的需求方只有昆山宏芳一家,需求量很少。

义门苔干没有成立专门"辣椒粉"小组。昆山宏芳的需求随意性也很大,并非每个月都要,每次要货 3 吨、5 吨、10 吨不等。义门苔干上述工作人员介绍,"农副产品利润都比较低,供给昆山宏芳的辣椒粉,利润为 5%~8%"。每次进了辣椒粉之后,义门苔干按照 20 千克或 25 千克的包装简单分装后,发给昆山宏芳。供给昆山宏芳最后一批货是什么时间，义门苕干工作人员表示不太清楚，但他认为："从昆山宏芳的说法看，检查出'苏丹红'的那批货是 2004 年 9 月发的。"

义门苕干方面称，辣椒粉供货方是河南豫香调味品食品有限公司（以下简称河南豫香）。但是这个说法遭到了河南豫香副总经理张某的反驳，"如果他们（义门苕干）说有合作，那让他们提供合同啊"。他强调，河南豫香没有与义门苕干直接发生过联系，找上门的是河南商丘的一个个体户。那个个体户要求整车发货，不要厂包装。但张某不愿透露关于个体户的更多消息。

在河南驻马店的调味品圈子里，除了十三香调味品公司，数得着的就是河南豫香了。据河南驻马店农业局有关部门介绍，河南豫香有辣椒生产基地。

2. 供应链上封闭的信息

由于张某不愿透露更多情况，《第一财经日报》记者无法获知河南豫香是不是辣椒粉的生产源头，其原料来自何处。假如河南豫香就是辣椒粉的生产源头，那么肯德基的辣椒粉供应路径上就应该有河南豫香、河南商丘个体户、义门苕干、昆山宏芳和基快富。

"报纸刊登出来，我们才知道是供给肯德基的。"昆山宏芳业务部的黄先生说。在这个链条上，每个环节只知道自己的上家和下家。据黄先生介绍，义门苕干的辣椒粉进入昆山宏芳之后，公司会对产品进行微生物、水分等品质检查，然后分装成 25 千克包装，发到基快富。黄某表示，昆山宏芳赚取的利润"应该不到 10%，具体不太清楚"。

"苏丹红"事件发生后，昆山宏芳投资 200 万元，从国外进口了先进的检测设备。黄某说："它除了能检测'苏丹红'，还可以检测农药残留物等。"昆山宏芳的货物发至基快富后，基快富对产品如何进行加工，再发至肯德基，这无从得知。基快富方面表示，与肯德基的合作是商业秘密，不方便告知。

3. 书面报告背后的失控

"此次事件的确反映出我们存在管理漏洞。"王某此前在接受媒体采访时承认，"供应链出现了问题"。

"在这次事件中，每个环节的供应商都承诺没有'苏丹红'，我们则相信了他们的承诺。"这是百胜集团公开的说法。这次出事的基快富，是最快向肯德基提供书面报告的供应商。但是，在基快富之外，肯德基无法直接监控。关于以往每批货，义门苕干是否向昆山宏芳提供检测报告，以及是否向辣椒粉供货方要检测报告，义门苕干业务经理陈某说："以前有关部门没有相关的要求。"

HACCP（危害分析与关键控制点）中国网咨询师卫某表示："肯德基的书面保证是符合国际惯例的转嫁风险方式，也是有法律效力的。"

但是消费者不管这么多，肯德基最后还是买了一个"大单"。有业内人士在接受媒体采访时估算，因5种"拳头"产品全都牵扯进了"苏丹红"事件而被停售，全国1200家肯德基店在这次事件中4天至少损失2600万元。

案例来源：http://www.cmarn.org

问题：

（1）迪安食品公司鲜牛奶是如何流通加工的？

（2）一条供应链上的故事说明了什么问题？分析其在哪个流通加工环节可能出现了问题，你从中得到了什么启发？

能 力 目 标

通过流通加工成本管理的学习，使学生具备如下知识和技能：

（1）流通加工的特点和类型；

（2）影响流通加工成本的因素；

（3）流通加工成本的构成和成本计算方法；

（4）降低流通加工成本的途径和成本控制、成本分析方法。

项 目 实 施

任务一：流通加工成本的计算

任务描述

企业流通加工费用是不同的，首先应选择反映流通加工特征的经济指标，如流通加工的速度，并观察、测算这些指标，对标准值与观察值的差异，必要时进行适当的控制。控制方式包括合理确定流通加工的方式、合理确定加工能力和改进流通加工的生产管理等。

教学方法与手段

案例分析、操作演示、学生自主学习。

☞ **相关知识**

流通加工成本是指一定时期内，企业为完成货物流通加工业务而发生的全部费用。由于流通加工成本的计算涉及多环节的成本计算，因而需要先对每个环节分别按成本项目归集计算成本，在此基础上，再汇总计算流通加工总成本。总成本是指成本计算期内成本计算对象的成本总额，即各个成本项目金额之和。

一、流通加工的类型和特点

1. 流通加工的类型

我国常见的流通加工形式，包括剪板加工、集中开木下料、配煤加工、冷冻加工、分选加工、精制加工、分装加工、组装加工、加工定制等。

（1）以保存产品为主要目的的流通加工。通过对生活资料和生产资料进行流通加工可以达到延长产品使用时间的目的。

（2）为适应多样化需要而进行的流通加工。将生产出来的单调产品进行多样化的改制，以满足消费者多样化的需求。如对钢材卷板的舒展、剪切加工，平板玻璃按需要规格的开片加工，木材改制成方木、板材的加工，将商品的大包装改为小包装等。

（3）为了消费方便、省力而进行的流通加工。发挥流通加工中心人才、设备、场所的优势，对产品进行深度加工。例如，对钢材定尺、定型，按需求下料；将木材、铝合金加工成各种可直接投入使用的型材；冷拉钢筋及冲制异型零件；钢板预制处理、整形、打孔等加工等。

（4）为提高产品利用率而进行的流通加工。利用流通领域的集中加工代替原分散在各使用部门的分别加工，不仅可以减少原材料的消耗，提高加工质量，而且还能使加工后的副产品得到充分利用。

（5）为提高物流效率，降低物流损失而进行的流通加工。对一些形状特殊，影响运输、装卸作业效率，极易发生损失的物品进行加工，可以弥补其物流缺陷。例如，对自行车在消费地进行装配加工，将造纸用材料磨成木屑的加工，对石油气的液化加工等，均可提高物流效率。

（6）为衔接不同运输方式而进行的流通加工。某些流通加工可以帮助克服生产大批量、输送的高效率与消费多品种、多户头的矛盾。例如，水泥中转仓库从事的散装水泥袋流通加工以及将大规模散装转化为小规模散装，就属于这种流通加工形式。

（7）为实现高效率配送而进行的流通加工。配送中心通过对物品进行各种加工，如拆整化零、定量备货、定时供应等，这些加工活动为实现高效率配送创造了条件。

2. 流通加工的特点

流通加工和一般生产加工相比，在加工方法、加工组织、生产管理方面无显著区别，但在加工对象、加工程度方面差别较大，其差别主要表现在：

（1）加工对象不同。流通加工的对象是进入流通过程的商品，具有商品的属性；而生产加工对象不是最终产品，而是原材料、零配件及半成品。

（2）加工内容不同。流通加工大多是简单加工，主要是解包分包、裁剪分割、组配集合、废物再生利用等；而生产加工一般是复杂加工。

（3）加工目的不同。流通加工的目的主要是方便流通、方便运输、方便储存、方便销售、方便用户和物资充分利用，在完善使用价值的基础上提高价值；而生产加工的目的在于创造物资的使用价值，使其能成为人们需要的商品。

（4）所处领域不同。流通加工处在流通领域，由流通企业完成；而生产加工处在生产领域，由生产企业完成。

二、流通加工成本的构成

流通加工成本包括流通加工业务人员费用、流通加工材料消耗、加工设施折旧费、维修保养费、燃料与动力消耗费等。具体包括以下几部分内容：

1. 直接人工费用

直接人工费用，是指直接进行加工生产的生产工人的工资总额和按工资总额提取的职工福利费。生产工人工资总额包括计时工资、计件工资、奖金、津贴和补贴、加班工资、非工作时间的工资等。

2. 直接材料费用

流通加工的直接材料费用是指在对流通加工产品进行加工的过程中直接消耗的材料费、辅助材料费、包装材料费等费用。与制造企业相比，在流通加工过程中的直接材料费用，占流通加工成本的比例不大。

3. 燃料动力费用

燃料动力费用是指加工设备在运行和操作过程中，所耗用的燃料（如汽油、柴油）、动力（如电力、蒸汽）费用。

4. 制造费用

流通加工制造费用是企业（或配送中心）设置的生产加工单位为组织和管理生产加工所发生的各项间接费用。主要包括流通加工生产单位管理人员的工资及提取的福利费，生产加工单位房屋、建筑物、机器设备等的折旧和修理费，加工生产单位固定资产租赁费、机物料消耗、低值易耗品摊销、取暖费、水电费、办公费、差旅费、保险费、试验检验费、季节性停工和机器设备修理期间的停工损失以及其他制造费用。

5. 流通加工间接费用

流通加工间接费用是指除上述费用之外所发生的费用，如流通加工中发生的应由本期成本负担的损耗费用、劳保费用，以及为组织与管理流通加工活动而发生的管理费用等。为简化核算，对流通加工成本设置直接材料、直接人工和制造费用三个成本项目。

三、流通加工成本的计算

1. 流通加工成本的核算程序

流通加工成本核算的一般程序是：对企业流通加工过程中发生的各项费用，逐步进行归集和分配，按照一定的方法最终计算出各种加工对象的总成本和单位成本。主要程序包括：

（1）归集本月份发生的各项费用。对流通加工的各项费用进行严格的审核和控制，确定本月发生的各项费用是否应计入本月的加工成本中；对于应计入本月的费用，进一步确定各项费用应直接计入成本类账户，还是应计入期间费用类账户。然后依据各张原始凭证直接编制费用分配表，通过分配计入各有关账户。

（2）摊销和预提应由本月份负担的各项费用。将本期已经支付的、受益期较长的费用列入待摊费用，并按其受益期分期摊销转入各期成本；将本期已经受益、尚未支付的费用作为预提费用，预先提取计入本期的成本。以此划清各个会计期间的费用，以正确核算各期的流通加工成本。

（3）正确计算各种加工产品的成本。将应计入本月产品的各项生产费用，在各种产品之间按照产品成本项目进行分配和归集，计算出各种加工产品的总成本。具体包括：

1）分配辅助生产费用。期末，企业应将辅助生产车间发生的辅助生产费用，按其服务的对象和提供的产品编制"辅助生产费用分配表"，分配计入成本和期间费用类账户。

2）分配制造费用。将归集的间接费用，选用适当的分配标准，编制"制造费用分配表"，在各受益产品之间进行分配。并根据分配的结果，将制造费用转入各个成本账户及所属的明细账户。分配间接费用的主要计算公式有：

费用分配率＝待分配费用总额÷分配标准总额

某种产品应分配的费用＝该产品的分配标准额×费用分配率

（4）正确计算完工产品的成本。对于月末既有完工产品又有在产品的产品，将该种产品所归集的生产费用，采用适当的方法，在完工产品与期末在产品之间进行分配，计算出完工产品总成本及单位成本。主要计算方式有：

某种产品的成本总额 = 直接计入额 + 分配计入额

某种产品的单位成本 = 某种产品的成本总额 ÷ 该种产品的产量

2. 流通加工成本项目的归集和分配

（1）直接材料费用。在归集直接材料费用时，凡能分清某成本计算对象的材料消耗，应当直接计入各成本计算对象直接材料成本项目；属于几个成本计算对象共同耗用的材料，应当选择适当的分配方法，分别计入有关成本计算对象的直接材料成本项目。在直接材料费用中，流通加工所消耗的材料的分配，一般可以采用重量分配法、定额耗用量比例分配法等。

1）采用重量分配法，其计算公式如下：

$$材料费用分配率 = \frac{各种产品共同耗用的材料费用}{各种产品的重量（体积）之和}$$

某种产品应分配的材料费用 = 该产品的重量（体积）× 材料费用分配率

2）采用定额耗用量比例分配法，其计算公式如下：

某种产品材料定额耗用量 = 该种产品实际产量 × 单位产品材料消耗定额

$$材料费用分配率 = \frac{几种产品共耗材料费用总额}{各种产品材料定额消耗量之和}$$

某种产品应分配负担的材料费用 = 该产品的材料定额耗用量

× 材料费用分配率

（2）外购动力费用。外购动力费用的分配与材料费用的分配在程序和方法上相同。直接用于产品生产的燃料动力，在企业只生产一种产品时，属于直接计入费用，可以直接计入各种产品成本的"燃料和动力"成本项目。若是生产几种产品共同耗用的燃料，则属于间接计入费用，应采用适当的分配方法，在各种产品之间进行分配。流通加工所消耗的动力费用的分配，可以选用定额耗用量比例分配法、系数分配法、生产工时分配法、机器工时分配法等。

（3）直接人工费用。流通加工成本中的直接人工费用，是指直接进行加工生产的生产工人的工资、奖金、津贴和补贴，职工福利费，医疗保险费、养老保险费、失业保险费、工伤保险费和生育保险费等社会保险费，住房公积金等。企业可以根据具体情况采用各种不同的工资制度进行工资的计算，一般情况下，主要有计时工资制度和计件工资制度两种。

企业的工资费用，应按照它的用途和发生部门进行归集和分配。"工资结算汇总表"是进行工资结算和分配的原始依据，它是根据"工资结算单"按人员类别（工资用途）汇总编制的。"工资结算单"应当依据职工工作卡片、考勤记录、工作量记录等工资计算的原始记录编制。计入成本中的直接人工费用的数额，是根据当期"工资结算汇总表"和"职工福利费计算表"来确定的，并在期末据以编制"工资及职工福利分配表"。

采用计件工资形式支付生产工人工资，可以直接计入所加工产品的成本，不需要在各种产品之间进行分配。采用计时工资形式支付的工资，如果生产工人只加工一种产品，也可以将工资费用直接计入该产品成本，不需要分配；如果生产工人加工多种产品，则需要选用合理的方法，将工资费用在各种产品之间进行分配。

直接人工费用的分配方法有生产工时分配法、系数分配法等。流通加工生产工时分配法中的生产加工工时，既可以是产品的实际加工工时，也可以是按照单位加工的产品定额工时和实际加工生产量的定额总工时。流通加工生产工时分配法的计算公式如下：

费用分配率 = 应分配的直接人工费用 ÷ 各种产品加工工时之和

某加工产品应分配费用 = 该产品生产工时 × 费用分配率

（4）制造费用。制造费用是各加工单位为组织和管理流通加工所发生的间接费用，其受益对象是流通加工单位当期所发生的全部产品。当加工单位只加工一种产品时，制造费用不需要在受益对象之间进行分配，直接转入流通加工成本；若加工多种产品时，则需要在全部受益对象之间进行分配，包括自制材料、工具以及加工单位负责的在建工程。

在选择制造费用分配方法时，应注意分配标准的合理和简便。制造费用分配方法有：加工工时分配法、机器工时分配法、系数分配法、直接人工费用比例分配法、计划分配率分配法等。下面主要介绍加工工时分配法、机器工时分配法。

1）加工工时分配法。它是以加工各种产品的加工工时为标准分配费用的方法。加工工时一般是指加工产品实际总工时，也可以是按实际加工量和单位加工量的定额工时计算的定额总工时，其计算公式如下：

$$费用分配率 = \frac{某流通加工单位应分配制造费用}{该流通加工单位各种产品加工工时之和}$$

某加工产品应分配费用 = 该产品加工工时 × 费用分配率

2）机器工时分配法。它是以各种加工产品的机器工作时间为标准，来分配制造费用的方法。当制造费用中机器设备的折旧费用和修理费用比较大时，采用机器工时分配法比较合理。

必须指出，不同机器设备在同一工作时间内的折旧费用和修理费用差别较大。也就是说，同一件产品（或不同产品）在不同的机器上加工一个单位所负担的费用应当有所差别。因此，当一个加工部门存在使用和维修费用差别较大的不同类型的机器设备时，应当将机器设备合理分类，确定各类机器设备的工时系数，各类机器设备的工作时间，应当按照其工时系数换算成标准机器工时，将标准机器工时作为分配制造费用的依据。

（5）加工费用在完工产品和期末在产品之间的分配。

1）在产品数量的计算。在产品指流通加工单位或某一加工步骤正在加工的在制品，将在产品进行加工，完成全部加工过程，验收合格后即成为完工产品。按成本项目归集加工费用，并在各成本计算对象之间进行分配以后，企业本期（本月）发生的加工费用，已经全部计入各种产品（各成本计算对象）的成本计算单中，登记在某种产品成本计算单中的月初在产品成本加上加工费用，即生产费用合计数或称作累计生产费用，有以下三种情况：

一是该产品本月已经全部完工，没有月末在产品，则加工费用合计数等于本月完工产品加工总成本。如果月初也没有在产品，则本月加工费用等于本月完工产品加工总成本。

二是该产品本月全部没有完工，则加工费用合计数等于月末在产品加工成本。

三是该产品既有已经完工的产品，又有正在加工的月末在产品，这时需要将加工费用合计数在本月完工产品和月末在产品之间进行分配，以正确计算本月完工产品的实际总成本和单位成本。其计算公式表示如下：

月初在产品加工成本+本月发生加工费用 = 本月完工产品
+ 月末在产品加工成本

根据上述公式，本月完工产品的加工成本计算公式如下：

本月完工产品成本 = 月初在产品加工成本 + 本月发生加工费用
– 月末在产品加工成本

无论采用哪一种方法，各月末在产品的数量和费用的大小及数量或费用变化的大小，对于完工产品成本计算都有很大的影响。若计算完工产品的成本，需取得在产品增减动态和实际结存的数量资料，因而，企业需要正确组织在产品收发结存的数量核算。

2）加工费用在完工产品和期末在产品之间的分配。如何既较合理又简便地在完工产品和月末在产品之间分配费用，是在产品成本计算工作中又一个重要而复杂的问题。在产品结构复杂、零部件种类和加工工序较多的情况下，更是如此。企业应该根据在产品数量的多少，各月在产品数量变化的大小，各项费用比重的大小及定额管理基础的好坏，采用适当的分配方法。常用的方法有：在产品不计算成本法、在产品按固定成本计价法、在产品按所耗原材料费用计价法、约当产量比例法、在产品按完工产品计算法、在产品按定额成本计价法和定额比例法。

若企业采用在产品按所耗原材料费用计价法这种分配方法时，月末在产品只计算其所耗用的原材料费用，不计算工资及福利费等加工费用。这种方法适用于各月末在产品数量较大，各月在产品数量变化也较大，但原材料费用在成本中所占比重较大的产品。

3）流通加工成本计算表。企业月末应编制流通加工成本计算表，以反映流通加工业务的总成本和单位成本。流通加工总成本是指成本计算期内成本计算对象的成本总额，即各个成本项目金额的总和。"流通加工成本计算表"一般格式，如表6-1所示：

表6-1　流通加工成本计算表

编制单位：　　　　　　　　　　　年　月　　　　　　　　　　单位：元

产品名称 成本项目	加工产品 A		加工产品 B		加工产品 C		合　计
	总成本	单位成本	总成本	单位成本	总成本	单位成本	
一、直接费用							
二、直接人工							
三、制造费用							
合　计							
补充资料（略）							

四、流通加工成本的分析

对流通加工成本的分析，可通过编制流通加工成本报表来进行。在对流通加工成本报表分析的过程中，要研究各项成本指标的数量变动和指标之间的数量关系，测定各种因素变动对成本指标的影响程度，常用的分析方法有以下几种：

1. 比较分析法

比较分析法又称指标对比法，它是将两个或两个以上相关的可比数据进行对比，从数量上确定差异的一种分析方法，用以说明两个事物间的联系与差距。比较分析法是财务分析中最常见的一种方法。财务分析的过程包括比较、分解和综合三个阶段。其中，比较分析是基础。比较分析法是实际工作中广泛应用的分析方法。由于成本分析的目的不同，比较分析法在实际应用中通常有以下三种形式。

（1）将成本的实际指标与成本的计划或定额指标对比。这是说明企业业绩的计划完成情况和程度，分析实际与计划的差异，为进一步的财务分析提供依据。但在进行此项比较中，应注意计划本身的先进性与可行性。

（2）将本期的实际成本指标与前期的实际成本指标对比。这是同一指标在不同时间上的对比，一般是用本期实际指标与历史指标进行对比（上期或历史先进）。通过比较，可以观察企业经营状况、财务活动发展规律趋势，有助于规划未来，并及时发现处于萌芽状态的新事物与薄弱环节。

（3）将本企业实际成本指标与国内外同行业先进指标对比。这是同一指标在不同条件下的对比，一般是将本企业与同类型、同行业企业对比，以便发现差距，促使指标朝先进方向发展。

运用比较分析法要注意指标的可比性与指标差异的确定。指标可比性是指要求指标间口径相同，包括指标内容、计算方法、评价标准和时间单位等方面一致，以及业务经营规模和业务范围的基本一致。指标差异的确定是指差异如果是绝对数，则采用两个指标相减的差额来表示；如果是相对数，则将两个基本指标相除，以取其两者之比率来表示。

2．因素分析法

成本是反映企业工作质量的综合性指标。企业某个时期成本、费用的高低，受多种因素的共同影响。采用因素分析法是将某一综合指标分解为若干个相互联系的因素，并分别计算、分析每个因素影响程度的一种方法。因素分析法是在比较分析法的基础上发展起来的，成为比较分析法的补充。

3．趋势分析法

趋势分析法也是企业成本分析中常见的一种方法，它是比较分析法的延伸，是将连续数年（一般3年以上）的财务报表以某一年作为基期，计算每期各项指标对基期同一项目指标的趋势百分比，借以表示其在各期间的上、下变动趋势，从而判断企业的经营成果和财务状况。在实际工作中，一般选择第一年作为基础，如果第一年不适宜，也可选择其他年份。其计算公式如下：

某期增长趋势百分比 = 本期金额/基期金额 × 100%

4．比率分析法

在错综复杂、相互联系的经济现象中，某些指标之间存在一定的关联，这种关联可组成各种比率。比率分析法就是将两项相互依存、相互影响的财务指标进行计算，形成比率，以分析评价企业财务状况和经营水平的一种方法。它是从财务现象到财务本质的一种深化。比率分析法比比较分析法更具有科学性和可比性，它适用于不同流通加工企业之间的对比。

5．标准成本差异分析法

标准成本差异分析法是指以预先制定的标准成本为基础，用标准成本与实际成本进行比较，对成本差异进行分析的一种方法。标准成本的制定是使用该方法的前提和关键，其中成本差异计算和分析是标准成本差异分析法的重点，借此可以促进成本控制目标的实现，并据以进行经济业绩考评。

企业为了消除或减少不利差异，应对差异进行分析，找出原因，核心是按标准成本记录成本的形成过程和结果，并借以实现对成本的控制，寻找决策，以便采取有效管理措施提高经济效益。

流通加工标准成本应按直接材料、直接人工和制造费用三个成本项目分别制定。

（1）标准成本的制定。

1）直接材料标准成本的制定。制定直接材料的标准成本要考虑两个基本因素：直接材料的数量标准与直接材料的价格标准。

直接材料数量标准的确定，以正常生产条件下单位产品耗用材料数量，与正常范围内允许发生的耗损及不可避免的废品所耗费的材料数量为依据；直接材料的价格标准，是指在取得某种材料时应支付的平均单位价格，包括买价和采购费用。其计算公式如下：

某产品流通加工直接材料标准成本 = 直接材料标准数量 × 直接材料标准价格

2）直接人工标准的制定。直接人工标准的制定，要考虑直接人工数量标准与直接人工价格（工资率）标准两个因素。直接人工数量标准，是指正常生产条件下单位产品所需的标准工作时间，包括工艺过程的时间与必要的间歇或停工时间及不可避免的废品损失时间；直接人工价格（工资率）标准，是指现行的工资福利标准确定的每一单位工作时间的工资和福利费。其计算公式如下：

某产品流通加工直接人工标准成本 = 直接人工标准数量 × 直接人工标准价格

3）制造费用标准成本的制定。制造费用标准成本的制定，须考虑数量标准与费用率标准两个因素。制造费用的数量标准，也是指正常生产条件下生产单位产品所需的标准工作时间。制造费用的费用率标准，是指每标准工时所负担的制造费用，制造费用分为固定性制造费用预算和变动性制造费用预算两部分。费用率标准的计算公式如下：

固定性制造费用标准分配率 = 固定性制造费用 ÷ 标准总工时

变动性制造费用标准分配率 = 变动性制造费用 ÷ 标准总工时

根据制造费用用量和费用分配率标准，制造费用标准成本公式如下：

固定性制造费用标准成本 = 固定性制造费用分配率 × 标准工时

变动性制造费用标准成本 = 变动性制造费用分配率 × 标准工时

4）单位产品流通加工标准成本的制定。单位产品的流通加工标准成本是在流通加工直接材料标准成本、直接人工标准成本、制造费用标准成本的基础上汇总而成的。

（2）标准成本差异的分析。标准成本差异是标准成本同实际成本的差额。实际成本低于标准成本的差异为节约差异，实际成本高于标准成本的差异为超支差异。由于标准成本是根据消耗数量与价格两个基本因素计算而成，因而差异的分析，也要从消耗数量与价格两个因素入手。

1）直接材料成本差异分析。直接材料成本差异分析，分为直接材料数量差异和直接材料价格差异。直接材料数量差异是直接材料实际耗用量同标准用量之间的差异。其计算公式如下：

直接材料数量差异＝（实际数量－标准数量）×标准价格

出现差异之后，要进行差异分析，并应及时采取纠偏措施。造成数量差异的主要原因有用料上的浪费和质量事故造成的材损等，同时要考虑采购部门购入材料的质量及仓储保管质量。

直接材料价格差异，是指直接材料的实际价格同标准价格之间的差异。其计算公式如下：

直接材料价格差异＝（实际价格－标准价格）×实际数量

材料价格差异由采购部门负责，造成价格差异的原因，一般是市场价格的变化，采购批量的增减、采购费用的升降等。

2）直接人工差异分析。直接人工差异分析，分为直接人工效率差异和直接人工工资率差异分析。直接人工效率差异，是指直接人工实际工作时间数同其标准工作时间数之间的差异。其计算公式如下：

直接人工效率差异＝（实际工时－标准工时）×标准工资率

直接人工工资率差异，是指直接人工实际工资率与标准工资率之间的差异。其计算公式如下：

直接人工工资率差异＝（实际工资率－标准工资率）×实际工时

造成直接人工成本差异的原因主要有工资水平的提高、工艺改进引起工时的变化、劳动生产率的升降等。

3）制造费用差异分析。制造费用差异是制造费用的实际发生额与标准发生额之间的差异。制造费用一部分与当期生产量发生联系，而大部分则与企业的生产规模发生联系，因此，对制造费用的差异分析，要按变动性制造费用与固定性制造费用进行分析。对变动性制造费用的差异分析，要对效率差异与耗用差异两部分进行分析。其计算公式如下：

变动性制造费用耗用差异＝（实际分配率－标准分配率）×实际工时

变动性制造费用效率差异＝（实际工时－标准工时）×标准分配率

固定性制造费用数额的大小，一般与一定的生产规模相联系，故对固定性制造费用差异的分析，不仅要对耗用差异、效率差异进行分析，还要对生产能力利用的差异进行分析。其计算公式如下：

固定性制造费用耗费差异＝固定制造费用实际发生额－固定制造费用预算额

固定性制造费用效率差异 ＝（实际工时 － 标准工时）× 标准分配率

固定性制造费用能力差异 ＝ 固定制造费用预算数

－ 按实际工时计算的标准固定制造费用

＝ 标准分配率 ×（正常生产能力工时 － 实际工时）

6. 全部产品计划完成情况的分析

全部产品计划完成情况的分析是一种综合分析。通过分析，可以总体地考核成本计划指标的完成情况，查明全部产品总成本中各个成本项目的成本计划完成情况，找出成本超支或降低幅度较大的产品和成本项目，为进一步分析指明方向。企业全部产品包括可比产品与不可比产品。由于不可比产品没有历史成本资料，因此，对全部产品成本的分析，就不能用实际总成本与上年总成本进行比较，只能用实际总成本同计划总成本进行比较。为进一步分析指明方向，在实际开展成本分析时，应以企业编制的产品成本表的资料为依据进行。

成本降低额 ＝ 计划总成本 － 实际总成本

＝ ∑[实际产量 ×（计划单位成本 － 实际单位成本）]

$$成本降低率 ＝ \frac{成本降低额}{\sum（实际产量 × 计划单位成本）} ×100\%$$

7. 产品成本技术经济指标分析

对产品成本产生影响的技术经济指标主要包括产量、材料利用率、劳动生产率、产品质量等方面。这些指标有的直接对成本产生影响，如材料利用率；有些通过间接方式影响成本，如劳动生产率等。产量变动主要会引起单位产品成本中的固定成本上升或下降；材料利用率则因为材料消耗的高低变化引起成本中材料数额的变化；劳动生产率则会引起成本中的人工费用变化；产品质量通过废品率的变化对成本产生影响，因为废品产生的各项损失应计入合格产品成本，因此，废品率也与产品成本休戚相关。

（1）材料利用率对成本的影响。材料费用在产品成本中占有很大的比重，企业提高材料利用率，对节约消耗，降低单位产品材料成本有着重要的影响。企业材料的利用率越高，消耗定额越低，单位产品中的材料成本越低。其计算公式为：

材料消耗的变动对产品成本降低率的影响 ＝ 材料费用占成本的百分比

× 材料消耗定额升降的百分比

降低材料消耗定额，可以通过提高材料利用率，即通过改进工艺加工方法，实行合理下料、节约用料等，使单位产品材料成本下降。其影响程度的计算公式为：

材料利用率 =（产品零件的净重 ÷ 投入生产的材料重量）× 100%

$$材料利用率变动对材料成本的影响 = \frac{变动后材料单位成本 - 变动前材料单位成本}{变动前材料单位成本} \times 100\%$$

为降低单位产品材料消耗，企业还可以通过改进产品设计，如缩小产品的体积、减轻产品重量、减少不必要的功能节约材料或者利用替代材料等方式，最终降低材料成本。

（2）劳动生产率变动对成本的影响。劳动生产率提高，就可以降低单位产品工时消耗定额，即降低了单位产品的工资费用，但产品中的工资费用又受平均工资增长率的影响。在工资增长率小于劳动生产率的前提下，劳动生产率的提高将使单位产品中人工费用下降。因此，计算劳动生产率增长对成本的影响，要看劳动生产率的增长速度是否快于工资率增长速度，一般采用的计算公式为：

$$产品成本降低率 = \frac{生产工人工资成本}{占产品成本比重} \times \left(1 - \frac{1 - 平均工资增长率}{1 + 劳动生产提高率}\right)$$

（3）产品质量变动对成本的影响。企业在生产消耗水平不变的前提下，产品质量提高必然会使单位产品成本降低。由于影响产品质量的因素很多，因此判断质量好坏的指标也是很多的，如合格品率、废品率、等级品率等。产品质量变动对成本的影响程度，一般从两个方面进行计算：

1）废品率高低对成本水平的影响。废品是生产过程中的损失，这种损失最终是要计入产品成本的，因此，废品率的高低会直接影响产品成本水平。其影响程度的计算公式为：

$$废品率对成本水平的影响度 = 废品率 \times \frac{1 - 可回收价值占废品成本的百分比}{1 - 废品率}$$

2）产品等级系数变动对成本的影响。某些产品采用同一种材料，经过相同的加工过程，生产出不同等级的产品。这些产品通常用"等级系数"来表示，等级系数越高，统一换算为一级品的总产量越大，产品的成本水平也会相应降低。产品等级系数变动对成本影响程度的计算公式为：

$$产品等级系数变动对成本影响程度 = \frac{变动后的等级系数 - 原来分等级系数}{变动后的等级系数}$$

技能训练

【训练6-1】某物流企业2010年8月份包装甲、乙两种产品，其耗用原材料8000千克，每千克5.4元，本月包装甲产品700件、包装乙产品600件，单件产品原材料消耗定额为：甲产品5千克，乙产品4千克。要求计算甲、乙产品应分配的材料费用。

分析：

(1) 甲产品原材料定额消耗量 $=700×5=3500$（千克）

乙产品原材料定额消耗量 $=600×4=2400$（千克）

(2) 材料费用分配率 $=(8000×5.4)÷(3500+2400)=7.32$（元/千克）

(3) 甲产品应分配的材料费 $=3500×7.32=25620$（元）

乙产品应分配的材料费 $=2400×7.32=17568$（元）

【训练6-2】某物流中心流通加工部门，本月制造费用总额为56000元，各种产品机器加工工时为71000小时，其中甲产品由A类设备加工15000小时，B类设备加工8000小时。乙产品由A类设备加工8000小时，B类设备加工15000小时，丙产品由A类设备加工18000小时，B类设备加工7000小时。该加工部门A类设备为一般设备，B类设备为高级精密大型设备，按照设备的使用和维修费用发生情况确定的A类设备（标准设备类）系数为1，B类设备系数为1.3。采用机器工时分配法，根据资料编制制造费用分配表，如表6-2所示。

表6-2 制造费用分配表

产品名称	机器工作时间（小时）				分配率（%）	分配金额（元）
	A类设备（标准）	B类设备系数1.3		标准工时		
		加工时数	折合时数			
甲产品	15000	8000	10400	25400		17780
乙产品	8000	15000	19500	27500	0.7	19250
丙产品	18000	7000	9100	27100		18970
合　计	41000	30000	39000	80000		56000

分析： 从表中的分配结果可以看出：甲、乙两种产品实际机器工时均为23000小时，但考虑设备工时系数以后，由于乙产品在B类设备加工工时较多，因此就比甲产品多负担了1470元费用，这样分配比较合理。

【训练6-3】某物流中心的流通加工部门，加工某种产品的月末在产品只计算原材料费用，原材料费用（即月初在产品成本）为4890元，本月发生原材料费用为 9830 元, 工资及福利费用等共计为 3230 元, 本月完工 880 件, 月末在产品 480 件, 原材料是加工开始时一次投入的, 因而每件完工产品和不同完工程度的在产品所耗用的原材料数量相等, 原材料费用可以按完工和月末在产品的数量比例分配。计算该产品的完工产品成本。

分析:

(1) 原材料费用分配率 = (4890＋9830) ÷ (880＋480) = 10.82%

(2) 完工产品的原材料费用 = 880×10.82 = 9521.6 (元)

(3) 月末在产品原材料费用 = 480×10.82 = 5193.6 (元)

(4) 完工产品成本 = 9521.6＋3230 = 12751.6 (元)

【训练 6-4】根据某物流加工中心的产品成本计算表有关资料, 编制下列分析表, 如表 6-3 所示。要求考核全部产品、可比产品、不可比产品及各种产品成本计划的完成情况。

表 6-3 产品成本分析表 (按产品类别)

编制单位: 200×年度   单位: 元

产品名称	全部产品总成本		成本降低指标	
	计划成本	实际成本	成本降低额	成本降低率
可比产品				
甲产品	205200	199800	5400	2.63%
乙产品	160000	160000	0	0
合 计	365200	359800	5400	1.48%
不可比产品				
丙产品	768000	691200	76800	10%
丁产品	307200	268800	38400	12.5%
合 计	1075200	960000	115200	10.71%
全部产品总计	1440400	1319800	120600	8.37%

分析: 该企业全部产品完成了成本计划, 不可比产品总成本降低率达 10.71%, 而可比产品的总成本降低率只有 1.48%, 其中乙产品成本降幅为零。因此, 虽然可比产品成本的计划完成了, 但成本降低幅度均不及不可比产品, 尤其是乙产品, 其实际与计划持平, 未实现降低的目标。这说明企业对于不可比产品的成本管理措施强于可比产品, 企业应加大力度, 查明原因, 进一步挖掘降低可比产品成本的潜力, 例如, 生产设备的更新、生产工艺过程的改进、共同费用的分配方法等方面。

【训练6-5】某物流加工中心为了充分了解成本变动的原因，挖掘成本降低的潜力，编制了按成本项目反映的产品生产成本分析表，如表6-4所示。要求对构成产品成本的各个项目支出的变动情况及其对总成本的影响程度进行比较分析。

表6-4 产品成本分析表（按成本项目类别）

编制单位：　　　　　　　　　　200×年度　　　　　　　　　　单位：元

成本项目	产品总成本		成本降低指标		降低率构成
	计划成本	实际成本	成本降低额	成本降低率	
一、直接材料	209400	207242	2158	1.03%	0.59%
二、燃料及动力	56000	54760	1240	2.21%	0.31%
三、直接人工	45500	49862	−4362	−9.59%	−1.22%
四、制造费用	46200	44352	1848	4.00%	0.52%
合　计	357100	356400	884	0.25%	0.20%

分析：该厂按成本项目反映的全部产品成本计划完成情况，与计划相比的成本降低额为884元，成本降低率为0.25%，其主要原因是，由于直接材料、燃料及动力、制造费用三个成本项目均实现了成本降低，但该企业的直接人工费用却存在着超支现象，且超支率高达9.59%。如果企业能够克服此不足，则产品实际成本将比计划降低5246元（2158＋1240＋1848），降低率将提高到1.47%。同时，企业应对超支的直接人工费用作进一步分析，找出问题所在，以便加以解决。

【训练6-6】某物流加工中心，根据各主要产品的单位成本表的资料，分别编制单位成本分析表，如表6-5所示。分析产品成本升降的情况及一般原因。

表6-5 甲产品成本分析表（按成本项目类别）

编制单位：　　　　　　　　　　200×年度　　　　　　　　　　单位：元

成本项目	计划成本	实际成本	降低（−）或超支（＋）		成本项目升降对单位成本的影响
			金额	百分比	
一、直接材料	432	429	−3	−0.69	−0.32%
二、直接人工	70	65	−5	−7.14	−1.19%
三、制造费用	116	79	−37	−31.90	−8.81%
合　计	618	573	−45	−7.28	−7.28%

分析：甲产品实际单位成本比本年计划降低了 45 元，降低幅度为 7.28%，致使甲产品成本降低的主要原因在于制造费用的大幅降低。从各成本项目分析，直接材料和直接人工都有所降低，但直接材料的降低幅度较小。这说明企业在降低甲产品的原材料消耗方面，在改进甲产品的生产组织和劳动组织、提高劳动生产率方面采取了措施，取得了较大的成绩。

任务二：流通加工成本的控制

☞ 任务描述

流通加工之所以能够有生命力，重要优势之一是有较大的产出投入比，有效地起着补充完善的作用。如果流通加工成本过高，则不能实现以较低的投入获得更高使用价值的目的。因此，企业开展流通加工活动，必须要努力寻求降低流通加工成本的途径和方法，重视流通加工成本的优化和管理。

☞ 教学方法与手段

案例分析、操作演示、学生自主学习。

☞ 相关知识

流通加工对物流活动具有增值作用。而流通加工过程必然要有活劳动和物化劳动的消耗，这些消耗要以成本的形式加入流通加工产品的价值中去。因此，必须要对流通加工成本进行有效的控制和优化。

一、降低流通加工成本的途径

企业的物流活动中，应尽量减少流通加工过程的消耗，切实地降低流通加工成本。企业降低流通加工成本的主要途径如下：

1. 合理规划流通加工的供应区域和加工点的分布

企业一般按经济区域来组织流通加工，便于流通加工与物资流通系统协调一致，提高加工的整体功能。为衔接单品种大批量生产与多样化需求的流通加工，加工地应设置在需求地区，这样既有利于销售，提高服务水平，又能发挥干线运输与末端配送的物流优势，如平板玻璃的开片套裁加工中心。为方便物流而设立的流通加工中心应建在产出地，如肉类、鱼类的冷冻食品加工中心。这样，使经过流通加工中心的货物能顺利到达，并能低成本地进入运输、储存等物流环节。同时，要注意，同一层次、同一形式的加工点在同一地区的数量要与消费需求的数量相平衡，防止重复或短缺。

2. 开展流通加工环节的设置分析

流通加工有很多优越性，但同时也在产需之间形成了一项中间环节，因而，也可能存在许多降低经济效益的因素。因此，必须进行技术经济可行性分析，在经过充分论证，综合比较分析后，方能最终决定是否设置流通加工环节。一般需要从以下几个方面进行分析：

（1）从生产领域分析。主要考虑能否通过延续生产过程或改造原有生产过程使生产与需求衔接，而免去流通加工环节的设置。在生产过程确实不能满足产需衔接，或实现产需衔接表现的经济效益不好的情况下，才可考虑设置流通加工环节。

（2）从消费领域分析。主要考虑能否通过在使用单位进行加工来实现产需衔接。当在使用单位进行相关加工因技术、场地、设备、组织管理以及经济效益问题无法实现或无法完全实现其效益的情况下，方可考虑设置流通加工环节。

（3）从物流过程分析。主要考虑能否采用其他方式，如集装化、专门化等方法解决流通加工需解决的问题，若其他方式均不能较好地解决流通加工预期目的，方可考虑设置流通加工环节。

（4）从经济角度分析。流通加工仅是一种补充性、延伸性、辅助性加工，其技术设备要适用，规模要合理，这样对投资方面的要求就相对降低。

3. 加强流通加工的生产管理

加工的品种根据加工网络的分工来确定；分工的规模根据流通量的大小来确定；加工的技术水平根据物资的特点来确定；加强对流通加工环节人力、设备、财务、物资等的管理，提高出材率，降低消耗。

4. 加强流通加工的质量管理

通过加强对加工产品的质量控制，满足用户的质量要求，以质量确保企业持久的效益。流通加工中的控制职能突出表现在质量控制。由于流通加工所依据的质量控制标准是由用户提出来的，因此，用户要求不同，质量标准高低就有较大的差异。为了满足用户提出的质量要求，企业要实行过程控制，强化内部质量审核，以优秀的工作和工程质量保证流通加工质量。

5. 制定反映流通加工特征的技术经济指标

分析流通加工的可行性，对流通加工环节实施有效的成本管理和控制，可考虑通过制定经济指标进行衡量和考核。由于流通加工的特殊性，不能全部搬用考核一般企业的指标。对流通加工较为重要的是劳动生产率、成本及利润指标。此外，还有反映流通加工特殊性的指标，主要包括：

（1）增值指标。增值指标，反映经流通加工后，单位产品的增值程度，以

百分率计:

$$加工产品增值率 = \frac{产品加工后的价值 - 产品加工前的价值}{产品加工前的价值} \times 100\%$$

增值率指标可以帮助管理人员判断投产后流通加工环节的价值变化情况,并以此观察该流通加工的寿命周期位置,为经营者提供是否继续实行流通加工的依据。

（2）品种规格增加额及增加率指标。品种规格增加额及增加率指标,反映某些流通加工方式在满足用户、衔接产需方向的成就,增加额以加工后品种、规格、数量与加工前之差决定。

（3）资源增加量指标。资源增加量指标,反映某些类型的流通加工在增加材料利用率、出材率方面的效果指标。这个指标不但可提供证实流通加工的重要性证据,而且可具体用于计算微观和宏观经济效益。其具体指标分新增出材率和新增利用率两项:

新增出材率 = 加工后出材率 - 原出材率

新增利用率 = 加工后利用率 - 原利用率

二、流通加工成本的优化策略

1. 不合理流通加工的几种形式

流通加工是在流通领域中对物品的辅助性加工,从某种意义来讲它不仅是生产过程的延续,而且是生产本身或生产工艺在流通领域的延续。这个延续可能有正、反两方面的作用,即一方面可能有效地起到补充完善的作用,但是,也必须估计到另一方面的可能性,即对整个过程的负效应。各种不合理的流通加工都会产生抵消效益的负效应。几种不合理流通加工形式如下:

（1）流通加工地点设计不合理。流通加工地点设置即布局状况,是关系到整个流通加工是否有效的重要因素。一般而言,为衔接单品种大批量生产与多样化需求的流通加工,加工地设置在需求地区,才能实现大批量的干线运输与多品种末端配送的物流优势。如果将流通加工地设置在生产地区,其不合理之处在于:第一,多样化需求要求的多品种、小批量产品由产地向需求地的长距离运输不合理;第二,在生产地增加了一个加工环节,同时增加了近距离运输、装卸、储存等一系列物流活动。所以,在这种情况下,不如由原生产单位完成这种加工而无须设置专门的流通加工环节。

一般而言,为方便物流的流通,加工环节应设在产出地,设置在进入社会物流之前,如果将其设置在物流之后,即设置在消费地,则不但不能解决物流问题,又在流通中增加了一个中转环节,因而也是不合理的。即使是产地或需求地设置流通加工的选择是正确的，还有流通加工在小地域范围的正确选址问题，如果处理不善，仍然会出现不合理。这种不合理主要表现在交通不便，流通加工与生产企业或用户之间距离较远，流通加工点的投资过高（如受选址的地价影响），加工点周围社会、环境条件不良等因素的影响。

（2）流通加工方式选择不当。流通加工方式包括流通加工对象、流通加工工艺、流通加工技术、流通加工程度等。流通加工方式的确定实际上是生产加工的合理分工。本来应由生产加工完成的，却错误地由流通加工完成；本来应由流通加工完成的，却错误地由生产过程去完成，都会带来不利影响。流通加工不是对生产加工的代替，而是一种补充和完善。所以，一般而言，如果工艺复杂，技术装备要求较高，或加工可以由生产过程延续或轻易解决的，都不宜再设置流通加工。

流通加工企业不宜与生产企业争夺技术要求较高、效益较高的最终生产环节，更不宜利用一个时期市场的压迫力使生产者变成初级加工者或前期加工者，而由流通企业完成装配或最终形成产品的加工。如果流通加工方式选择不当，就会出现与生产夺利的恶果。

（3）流通加工作用不大，形成多余环节。有的流通加工过于简单，对生产及消费作用都不大，甚至有时流通加工的盲目性使之未能解决品种、规格、质量、包装等问题，相反却实际增加了环节，这也是流通加工不合理的重要形式。

（4）流通加工成本过高，效益不好。流通加工之所以能够有生命力，重要优势之一是有较大的产出投入比，因而起着补充完善的作用。如果流通加工成本过高，则不能实现以较低投入实现更高使用价值的目的。除了一些必需的，从政策要求即使亏损也应进行的加工外，其他成本过高的流通加工都应看成是不合理的。

2. 流通加工的优化

流通加工优化是实现流通加工的最优配置，不仅要做到避免各种不合理性，使流通加工有存在的价值，而且要做到该配置是最优的选择。

为避免各种不合理现象，对是否设置流通加工环节、在什么地点设置、选择什么类型的加工、采用什么样的技术装备等，需要作出正确抉择。目前，国内在进行这方面合理化的考虑中已积累了一些经验，取得了一定的成果。实现流通加工的优化主要有以下几方面：

（1）加工与配送结合。这是将流通加工设置在配送点中，一方面按配送的需要进行加工，另一方面加工又是配送业务流程中分货、拣货、配货之一环，加工后的产品直接投入配货作业，这就无须单独设置一个加工的中间环节，使流通加工有别于独立的生产，而使流通加工与中转流通巧妙地结合在一起。同时，由于配送之前有加工，可使配送服务水平大大提高。这是当前对流通加工做合理选择的重要形式，在煤炭、水泥等产品的流通中已表现出较大的优势。

（2）加工与配套结合。在对配套要求较高的流通中，配套的主体来自各个生产单位，但是，完全配套有时无法全部依靠现有的生产单位，进行适当流通加工，可以有效地促成配套，大大提高流通的"桥梁与纽带"的能力。

（3）加工与合理运输结合。流通加工能有效地衔接干线运输与支线运输，促进两种运输形式的合理化。利用流通加工，在支线运输转干线运输或干线运输转支线运输这本来就必须停顿的环节，不进行一般的支转干或干转支，而是按干线或支线运输的合理要求进行适当加工，从而大大提高运输及运输转载水平。

（4）加工与合理商流结合。通过加工有效促进销售，使商流合理化，也是流通加工合理化的考虑方向之一。加工和配送结合，通过加工，提高配送水平，强化销售，是加工与合理商流相结合的一个成功例证。此外，通过简单地改变包装加工从而方便用户购买，通过组装加工解除用户使用前进行组装、调试的难处，都是有效促进商流的例子。

（5）加工与节约结合。节约能源、节约设备、节约人力、节约耗费是流通加工合理化要考虑的重要因素，也是目前我国设置流通加工，考虑其合理化的较普遍的形式。对于流通加工合理化的最终判断，要看其是否能实现社会的和企业本身的两个效益，而且是否取得了最优效益。对流通加工企业而言，与一般生产企业的一个重要不同之处是，流通加工企业更应树立社会效益为第一的观念，只有在以补充完善为己任的前提下才有生存的价值。如果只是追求企业的微观效益，不适当地进行加工，甚至与生产企业争利，这就有违流通加工的初衷，或者其本身已不属于流通加工范畴。

在确定了合理化的流通加工方式之后，再对所选择的流通加工成本进行优化。优化涉及的内容比较广泛，既要对流通加工方式进行优化，又要对流通加工成本构成的四个方面即流通加工设备费用、流通加工材料费用、流通加工劳务费用和流通加工其他费用进行分析和优化。可以以集中下料、合理套裁来说明优化过程和结果。

👉 **技能训练**

【训练6-7】某物流中心流通加工部门加工100套钢架，每套用长为2.9米、2.1米、1.5米的圆钢各一根，来自供应商的原材料长为7.4米，如何下料使原材料最省？

分散下料需要：

甲：100/2＝50（根）；　　乙：100/3＝34（根）；　　丙：100/4＝25（根）

合计109（根）

采用集中下料，经分析每根规格棒材可有下面几种套裁方案（如表6-6所示，方案2是裁两根2.9米和一根1.5米，共用7.3米，剩余的料头0.1米。其他方案类推）。

表6-6　规格棒材的套裁方案

方案	1	2	3	4	5
2.9米	1	2	0	1	0
2.1米	0	0	2	2	1
1.5米	3	1	2	0	3
合计（米）	7.4	7.3	7.2	7.1	6.6
料头（米）	0	0.1	0.2	0.3	0.8

分析：为了得到各100根所需要的棒材，需混合使用各种下料方案，设集中下料需要5种裁法的原料分别为：X_1，X_2，X_3，X_4，X_5。

目标函数：$Z_{min}＝0.1X_2＋0.2X_3＋0.3X_4＋0.8X_5$

约束条件：
$$X_1＋2X_2＋X_4＝100$$
$$2X_3＋2X_4＋X_5＝100$$
$$3X_1＋X_2＋2X_3＋3X_5＝100$$

利用单纯型法得到结果为：$X_1＝30$；$X_2＝10$；$X_3＝0$；$X_4＝50$；$X_5＝0$，合计90根。即用原材料90根就可以制造100套钢架，结果显示套裁比分散下料可节省原材料17.4%，说明了流通加工成本优化的经济效果。

知识拓展

一、钢材生意越来越难做，应向物流加工配送要效益

激烈竞争的市场，跌宕起伏的价格，瞬息万变的行情，如今的钢材生意越来越难做，不少钢材贸易商改变经营策略，向物流加工配送要效益，成为时下钢材贸易业的一个盈利模式。

近来，钢贸商在钢材贸易中越来越重视钢材加工、配送物流业，一些钢贸

公司将运输、仓储、装卸、加工、整理、配送、信息等方面有机结合，形成完整的供应链，为用户提供多功能、一体化的综合性服务，从而把贸易与钢材配送加工结合起来，通过配送加工，扩大经营，提升企业竞争力和经济效益。

目前，上海地区配送加工的钢材品种及加工方式主要有以下几种：一是建立不锈钢卷板的开平、剪切、加工中心；二是由金属制品企业设立的钢材配送加工中心；三是建立 H 型钢配送加工中心；四是建立模具钢加工配送中心；五是外省市钢铁企业在上海建立钢材加工配送中心等，形成了多元化的钢材加工配送格局，有的钢贸公司已经取得一定的成效。

一些钢贸企业在探索钢厂配送加工物流业发展方向和方式过程中，积极研究新的盈利模式，有的与钢材市场合作，联手筹建钢材配送加工中心。选择其中一两家上规格的钢材市场，共同筹建钢材配送加工中心。其优势，一是进驻钢材市场的贸易公司，本身需要对钢材进行配送加工，有固定的加工业务；二是钢材市场对钢材配送的业务熟悉，便于拓展市场；三是可利用钢材市场的场地，建造钢材配送加工基地，可免去场地租赁或征地等一系列烦琐手续；四是一些钢材交易市场的业主也有这一愿望，由于资金、管理等方面的问题，迄今为止还没有一家钢材市场能建立一个上规格的具有现代物流理念的钢材加工配送中心，即使有也只是简单的切割、焊接，没形成真正意义的配送加工地区；五是投资少、周期短、见效快。若能选择一家合适的钢材市场，双方都有诚意，共同投资，在很短时间内就能运作，还可以把钢材经营与配送加工业务融为一体，以收回投资，获得盈利。

再有，钢贸企业与钢结构行业协会或模具、工具等行业协会联手，共同筹建钢材配送加工中心。以钢结构制造行业为例，仅上海市金属结构协会就有五百多家会员单位，绝大部分为钢结构制造厂家，上海地区的会员占一半以上，用于钢结构制造的各类钢材一百多万吨。这些钢结构制造厂家所用的钢材一般以板材、工字钢、角钢、槽钢、H 型钢为主，大多需要剪切加工。若双方联合共同筹建以钢结构产业为主的钢材配送加工中心，如果一年有 50 万吨的钢材加工配送量，其经济效益也就相当可观。

在发展现代物流的大趋势下，钢贸企业把发展钢材加工配送融入钢材贸易中，以"深加工"的概念，通过多样化、个性化的配套服务，构筑钢材供应产业链的整体解决方案，这是一个完整的系统工程，也是未来钢贸企业的主要盈利模式。

二、韩国釜山港打造东北亚国际物流中心基地

为了保持釜山港国际大港口尤其是它在亚洲的优势地位，韩国及当地政府

制订了釜山港的中长期发展计划。

（一）打造东北亚国际物流中心基地

预计到 2013 年，韩国政府总投资 7 兆 4979 亿韩圆建设釜山新港，确保大型 KUN 船 30 艘接岸能力与年处理能力 804 万标箱，形成关税自由物流基地。具体计划如下：

1．港口开发计划

首先是釜山新港港口开发。釜山新港的开发规模将从原先的 25 个泊位扩大到 30 个泊位，30 艘大型集装箱船能同时接岸，同时改善物流体系，建成东北亚物流据点（HUB 港湾），提高国际竞争力。这样，釜山新港后面的用地将开发成为多国企业入驻的东北亚地区定点物流中心，釜山地区将发展成为国际物流产业的枢纽。其次，计划还包括开发大浦港。大浦港位于釜山港西部，现主要涉及沿岸渔获物，计划在进行海洋环境保护的同时，建成可以满足釜山港设施不足的环境亲化港湾。最后，还鼓励超大型集装箱船舶的停泊，开发巡航船专用总站，扩充集装箱设施（主要是针对集装箱专用码头设施）。

2．构建基于电子商务的釜山港港湾物流系统

通过此物流系统，客户可以访问该地区所有的物流活动，并且该系统可将釜山港港口信息和东北亚的物流网络连接在一起。

3．辟为自由贸易区，激活物流

计划开发 LME 仓库或多功能码头，并且制订地皮使用计划后诱导有关企业进入，最后建成关税自由地区综合物流基地，在关税自由地区内实现快速物流。

（二）构建国际化水产贸易流通基地

计划的主要内容：推进水产品流通加工基地、国际交易所的设置，为水产业的发展打好基础；开设预查诊疗中心，构建赤潮警报系统，完成水产灾害预防系统。强化符合流通、观光、牧场等基地特征的地区特点与竞争力。此项计划将通过水产品进口自由化及流通服务市场开放来吸引国外流通资金，通过实现水产品生产、加工、流通的一体化来提高水产物附加值，减少物流费用，由水产物流功能的现代化强化国际竞争力，进而构建 21 世纪海洋尖端城市。预计经济效果为 1 兆 2500 亿韩圆，创造 4.4 万个就业机会，确保釜山成为 21 世纪东亚最大国际水产市场中心圈。

此外，还有培养海洋水产专业人才计划和完成将釜山港辟为关税自由区等有关事宜。

内 容 小 结

　　流通加工是流通领域的特殊形式，它和生产一样，通过改变或完善流通对象的形态来实现"桥梁和纽带"的作用。流通加工的主要作用在于优化物流系统，提高整个物流系统的服务水平。流通加工成本的高低直接反映出物流企业成本管理水平的高低。如何降低加工过程中物料的消耗、节约管理费用、提高加工效率、掌握流通加工成本的控制方法，是每个流通加工企业应重点关注的问题。情境六分析了流通加工成本的构成，探讨了流通加工成本的计算方法，阐述了流通加工成本的控制策略。通过案例引入和分析，使学生能运用所学知识对企业的流通加工成本进行有效的成本分析和控制。

课 业 训 练

一、复习思考题

1. 举出四种属于流通加工的作业。
2. 简述流通加工成本的主要构成。
3. 如何降低流通加工成本？
4. 流通加工成本有几种类型？
5. 流通加工成本的分析和控制指标有哪些？
6. 如何进行流通加工成本的优化？
7. 流通加工费用如何在完工品和在产品之间分配？
8. 企业在流通加工过程中存在哪些不合理现象？
9. 如何对流通加工成本进行优化？

二、案例分析题

案例一：打造以食用菌为主导的农产品加工流通业

　　近年来，河北省平泉县中小企业局立足当地资源、区位优势，紧紧围绕富民强县和全面建设小康社会目标，确立了"农业立县、工业强县、市场兴县"的发展战略，积极推进农业产业化经营，大力引导民营资本向农业领域投资。

重点发展了以食用菌产业为主导，以山杏产品、设施菜和畜禽养殖为特色的农产品加工流通业。目前，全县食用菌生产面积达 800 万平方米，鲜品产量 8 万吨，产值经营额为 8 亿元，食用菌产品加工转化率达到 62.5％。其具体做法如下：

1. 狠抓基地建设，推进食用菌产业规模化、标准化发展

一是典型示范带动。采取县抓专业乡（镇）、乡（镇）抓专业村、村抓示范户的梯次抓法，以点带面，不断扩大基地生产规模。二是强化标准化生产。在标准化生产上，重点建设标准化生产示范园区，采取统一租地、统一规划、统一标准、统一政策扶持、统一原辅料供应、统一技术指导、统一产品销售和分户生产管理的"七统一分"模式，先后建立标准化园区二十多个，占地面积为 1500 亩。三是坚持品种多元化发展。在以香菇为主的木腐菌生产的基础上，大力推广双孢菇、鸡腿菇等草腐菌和黑木耳、平菇、杏鲍菇等短周期品种，形成了草木腐菌共同发展，长短周期相结合、多品种相补充的周年生产格局。经过全县上下的共同努力，食用菌遍布全县 19 个乡镇、250 个行政村，5 万农户参与食用菌生产，占全县总农户的 50%，成为华北地区重要的食用菌生产基地和产品集散地。

2. 狠抓科技创新，增强食用菌产业发展活力

县里专门成立了食用菌办公室，负责全县的食用菌科研、技术指导、行业管理等工作。同时还组建了食用菌研究会、食用菌研究所，并与中国农业大学、河北师范大学、浙江庆元食用菌研究所建立长期技术依托关系，为产业发展提供了全方位技术支撑。为提高食用菌产业科技创新意识，县里专门出台了《科研项目管理办法》、《科技创新奖励办法》。县财政每年拿出 30 万元专项科研经费，用于支持食用菌科研机构进行科技攻关；拿出 10 万元用于奖励食用菌科技创新，加快了产品更新步伐，成功分离、驯化和栽培了高温、低温品种和黄伞等珍稀品种，推广了香菇、滑子菇等新品种 12 个；成功推广了食用菌、液体菌种以及香菇免割保水膜、夏季地栽香菇和反季滑子菇周年生产等技术。

3. 狠抓企业建设，提高食用菌产业化经营水平

一是多方筹资建企业。通过引资金、上项目、合资、合作、嫁接等方式，建立了绿源、润隆、花通、三棵树等龙头企业 46 家，协会及专业合作组织 23 家。县政府出资五百多万元扶持建立了四十多座香菇保鲜岸，总库容达到 1.5 万立方米以上。目前，全县食用菌企业固定资产达到 2 亿元，年加工能力为 5 万吨，开发了以保鲜、速冻、烘干、盆渍、重制、即食包装、菌青等为主导的八大系列五十多种产品，常年供应国内外市场。二是抓企业扩建。通过争取项目资金、协调金融贷款、社会集资等方式，筹集资金一亿多元，完成了绿源、润隆、三棵树等企业的扩建，促其尽快投产达效，不断增强食用菌生产加工企业综合实力。三是创新产业运行机制。通过引导龙头企业为基地农户提供产前、产中、产后的系列化服务，进一步完善"公司＋农户"、"公司＋协会＋农户"的产业运行机制，全方位带动产业快速发展。

4. 实施"质量立菌"战略

把菌种和食用菌标准化生产作为食用菌产业发展的生命线。一方面严格菌种市场管理。千方百计引进、扶持有资质的大型标准化菌种厂，扶强缔弱，提高菌种生产水平。对菌种生产技术员、检验员进行培训，实行资质认证、持证上岗。加强菌种质量检验检测，对不合格的菌种坚决不允许上市销售和使用，达到优质高效。另一方面全方位推行标准化生产。建立健全食用菌产品检验检测体系，随时对产品进行抽检和出县检查，确保上市产品绿色无污染，提高平泉食用菌知名度和市场公信度。加大标准化生产普及推广力度，严格规范各个操作程序，切实规范农民的种植行为。重点实施龙头带动型、市场牵动型、专业合作组织产储一体型的以"品牌"为中心的产销标准化生产。

5. 实施"科技兴菌"战略

把品种多元化、技术高效化、产品优质化、循环经济发展作为食用菌产业的主攻方向。继续加大科技投入，千方百计优化品种结构，改进技术措施，提高产量和质量，提升食用菌科技水平。在品种上，重点围烧香菇、滑子菇两大主导品种，研究推广周年生产模式，通过改进栽培措施，提高产量和一级品率，努力提高香菇花菇率。大力发展苹腐菌，推行黑木耳全日光生产、竹笋与玉米套种等多品种多模式生产。

实施"市场活菌"战略，把培育市场、活跃流通作为菌业发展和财政增效的重头戏。一是依托食用菌综合开发项目，建设高标准的集贸易、洽谈、加工、储运、产品展示、餐饮、服务、培训、信息于一体的功能齐全的中国北方食用菌交易市场，招全国各地客商，集全国各地产品，巩固平泉在中国北方的食用菌产品、技术、信息的集散功能。二是改善食用菌辅料交易市场硬件建设条件，创新市场经营管理模式，建成中国北方食用菌物资供应中心。三是广泛开展物流配送，直销经营等新型服务业务，健全食用菌销售网络系统，拓宽食用菌销售范围。不断加强现代信息化建设，随时了解国内外食用菌市场信息，实现销售网络化。

案例来源：http://www.foodqs.cn/news/gnspzs01/

问题：河北省平泉县的主导产业是什么？为什么开展加工流通业务？有何效果？对我国农产品流通具有哪些启示？

案例二："大众包餐"公司面对的专业包餐商的竞争压力

"大众包餐"是一家提供全方位包餐服务的公司，由上海某大饭店的下岗工人李杨夫妇于 1994 年创办，如今已经发展成为"苏锡常"和"杭嘉湖"地区小有名气的餐饮服务企业之一。

"大众包餐"的服务分成两类：递送盒饭和套餐服务。盒饭主要由荤菜、素菜、卤菜、大众汤和普通水果组成。可供顾客选择的菜单：荤菜 6 种、素菜 10 种、卤菜 4 种、大众汤 3 种和普通水果 3 种，还可以定做饮料佐餐。尽管菜单的变化不大，但从年度报表上来看，这项服务的总体需求水平相当稳定，老顾客通常每天会打电话来订购。但由于设施设备的缘故，"大众包餐"会要求顾客们在上午 10 点前电话预订，以便确保当天递送到位。

在套餐服务方面，该公司的核心能力是为企事业单位提供冷餐会、大型聚会，以及一般家庭的家宴和喜庆宴会。客户所需的各种菜肴和服务可以事先预约，但由于这项服务的季节性很强，又与各种节假日相关，需求量忽高忽低，有旺季和淡季之分，因此要求顾客提前几周甚至 1 个月前来预订。

"大众包餐"公司内的设施布局类似于一个加工车间。主要有 5 个工作区域：热制食品工作区、冷菜工作区、卤菜准备区、汤类与水果准备区，以及一个配餐工作区，专为装盒饭和预订的套菜装盆共享。此外，还有 3 间小冷库供储存冷冻食品，一间大型干货间供储藏不易变质的物料。由于设施设备的限制以及食品变质的风险制约了"大众包餐"公司的发展规模。虽然饮料和水果可以外购，有些店家愿意送货上门，但总体上限制了大众包餐公司提供柔性化服务。

包餐行业的竞争是十分激烈的，高质量的食品、可靠的递送、灵活的服务以及低成本的运营等都是这一行求生存谋发展的根本。近来，"大众包餐"公司已经开始感觉到来自越来越挑剔的顾客和几位新来的专业包餐商的竞争压力。顾客们越来越需要菜单的多样化、服务的柔性化，以及响应的及时化。

李杨夫妇聘用了 10 名员工：两名厨师和 8 名食品准备工，旺季时另外雇用一些兼职服务员。李杨夫妇最近参加现代物流知识的学习，对准时化运作和第三方物流服务的概念印象很深，深思着这些理念正是"大众包餐"公司要保持其竞争能力所需要的东西。但是他们感到疑惑，"大众包餐"公司能否借助第三方的物流服务？

案例分析：http://www.examda.com/wuliu/anli/

问题："大众包餐"公司的经营活动可否引入第三方物流服务？"大众包餐"公司实施准时化服务有无困难？在引入第三方物流服务中你会向"大众包餐"公司提出什么建议？

三、实训题

1. 请深入了解一家流通加工类型企业，了解其有关生产管理的基本情况和加工目的、作用及经营特点，了解其流通加工环节产生的经济效益，完成一份调研报告。

2. 请学生具体去调查某一企业或某一商品的流通加工情况，针对调查结果分析企业流通加工成本中的现状、存在的问题及改进的措施。

情境七 配送成本管理

随着市场经济的发展和竞争的加剧，市场出现多品种、小批量，产品多样化，消费多样化的趋势，配送由此应运而生。配送体现了物流的最终效应——直接为客户服务，满足客户的各种需要。配送是现代物流的一个核心内容，通过配送，物流活动才能最终得以实现，但是完成配送是需要付出代价的。处于物流末端的配送，具有提高物流经济效益，优化、完善物流系统，改善服务，降低成本的功能，在物流系统中占有重要的地位。

案例引入

上海华联超市为什么能在连锁经营方面取得成功？

近几年来，随着我国零售业的发展，商业连锁店大批涌现，为这些连锁店配送的服务开始出现，并逐渐走向成熟，成为我国利用现代物流配送服务比较成功的领域之一。上海华联超市公司在超市连锁店的配送方面进行了有益的尝试，该公司以配送中心为支撑，经营规模获得高速发展，成为中国规模大、销售额高、效益好的知名连锁超市公司之一。超级市场以连锁制为轴心，以分布面广的门店网络为市场依托，以中央采购制及配送中心来开发销售利润，以直接的市场信息向加工制造业渗透，发展超市公司自己的品牌商品来开发生产利润，它是商流、物流、信息流的高度集成，相互制约，相辅相成的极佳形式。

上海华联超市成立于1993年，经过十几年的发展，目前，门店已遍布上海和江、浙、皖等地区。该公司在其建设的配送中心的有力支持下，经营效益和效率逐渐显现。从上海华联超市的运作物流的特点来看，属于商业销售企业自己拥有物流资产（仓库、场地、车辆等）为其自身的生产活动提供全方位的物流服务。华联超市公司在企业壮大的过程中，一直重视其配送中心的建设和发展。公司配送中心目前拥有2.5万平方米的平房仓库和货架堆垛设备、4500平方米的分拣作业场地，库存能力40万箱以上，高峰期达55万箱。大的配送中心把华联的运输、仓储、装卸、流通加工、信息处理等物流功能和订货、开单等商流功能有机结合起来，形成多功能的配货枢纽。

情 境 描 述

配送是物流中一种特殊的、综合的活动形式，是商品与物流紧密结合的，包含了商流活动和物流活动的，也包含了物流中若干功能要素的一种形式。

从物流角度来说，配送几乎包含了所有的物流功能要素，它集装卸、包装、仓储、流通加工、运输于一体，其基本功能是通过收储与集配送货，来弥合货物在产销时间上和地区上的矛盾。配送是物流的一个缩影或较小范围中物流全部活动的体现。

现代物流配送优化是"第三个利润源"的一个重点。从物流成本的构成比重上看，配送成本占物流总成本的比重非常高，为35%~60%，因此，控制配送成本并对其进行优化是企业提高物流收益，获得更多利润的重要途径。对配送的管理就是在配送的目标即满足一定的顾客服务水平与配送成本之间寻求平衡。

案例一：当当网配送方式——靠脚踏车物流车队

中国最大B2C网站当当网，每天出货上万件，它结合飞机、地铁和脚踏车的物流系统，涵盖一百一十四个城市，这家富有中国特色的网站，运用特殊资金流及物流，营业收入三年增长2.7倍。

冲着比市价便宜两成，抱着试试看的心理，家住北京市朝阳区的杨小兵，选择上"当当网"买一台原价人民币500元的MP3。就在杨小兵按下确认键的那一刻，当当网的库房已经开始运作。计算机系统先从北京库房里调出全新的MP3，24小时后，一台脚踏车穿过半个北京，找到杨家，把产品送上门。杨小兵先仔细检查，如果不满意，可以退回产品，不付一毛钱。确定满意，再把钱交给快递员，即可完成一次具有"中国特色"的电子交易。整个流程，当当网只收人民币5元物流费，消费者不必出门，即可在家选购产品，还省了人民币95元。

不只是北京，北从长春，西到西安，南到桂林，每天在大陆114个城市，都有上万个像杨小兵一样的消费者上当当网买东西。以西安为例，一般邮件需要半个月才能到，当当网却有办法在5天内就把货品送到消费者手中，物流费同样只收人民币 5 元。从一台人民币 3 万元的笔记本，到单价人民币 10 元的儿童读物，在这个网站上都买得到。

从卖书起家，当当网现在跨足百货，买卖品项达三十多万种，注册会员人数达 1600 万人，（当当网目前已是中国最大的 B2C 网站）。网站科技副总经理刘彦婷观察，当当网一天平均出货量在 1 万件以上，比在中国排名第二的对手——网络书店龙头亚马逊（Amazon）2004 年收购的卓越网高得多。

当当网刚成立时，中国有 300 家网络书店和他们竞争。现在主要对手只剩下卓越网，在中国网络购书市场，当当网已是独大。那么，当当网是如何成功地建设其物流配送的呢？

1. 在地"金流"模式：一手交钱、一手交货

这套有中国特色的电子商务营运模式有两个关键：第一，必须百分之百收到消费者的货款。第二，则要建置一套低廉又有效的物流系统。

在美国，因为信用卡风行，网络交易的"金流"根本不是问题。但是，在中国，大部分消费者用的是直接从账户里扣款的转账卡，用转账卡上网购物，必须先把密码交给网站，才能完成交易，结果是根本没人敢用。加上大陆银行手续费极高，跨区转账手续费有时每笔高达人民币 200 元。因此网络购物的"金流"问题如何解决，成为一大挑战。

一开始，当当网向世界级的亚马逊书店学习，把整个交易模式搬到中国，却完全行不通（光是全中国银行，什么时候系统关机，什么时候能联机，就没人能搞得清楚）。当当网总裁李国庆无奈地说着。更惨的是，在欧美等先进市场，物流有 DHL、UPS 等高效率的物流系统，配送也不需要电子商务网站操心。但在中国，根本没有适合的全国性物流系统。

2. 接力物流模式：灵活调度送货，快又廉

为了同时解决这两道难题，李国庆想到用外包的脚踏车队，建立一个庞大的货到付款系统，用最简单的一手交钱、一手交货模式做生意。从北京开始建立物流系统。

消费者要的是方便、便宜。当当网摸索了很久，李国庆最后发现，同一个城市的物流成本要控制在人民币 2 元，而且 4 天内要送到，否则消费者就会失去耐心。要满足消费者的需求，当当网的做法是在同一个城市，找好几家脚踏车快递公司合作，要求每个快递公司必须先交相当于一定天数营业额的押金给当当网，每个快递员再交超过他们一天递送货品价值的押金给快递公司，之后，快递员即可执行货到收款的动作。如果货物寄出，公司没收到钱，当当网就直接从押金里扣，每个快递员的月薪，平均在人民币 600 元左右，每天可做六七件生意，通过这个方法，当当网用脚踏车队建立起跨越全中国的物流网，客户订货

却没收到货品的比率，约为 1％，消费者退货的比率，约为 3.5％。

在北京，当当网靠着这批人做到 4 小时送货到家。结合地铁，他们还发展出一套"急件"的快递物流。快递公司拿到急件，由脚踏车快递员送到地铁站，送货人员在收票口直接把商品交给负责坐地铁送货的伙伴，这个人一整天不出站，坐着地铁到处送货，到站后，再交给另一个骑脚踏车的快递员，送到消费者家里。如此做法，不但便宜，还能避开北京交通的拥堵时段。

如果要跨城市运送，李国庆选在交通最方便的北京、上海、广东建立发货总仓，利用航空公司大肆扩张后，经常出现空余廉价货舱的特性，用飞机或铁路把商品传到各大城市，同时整合分布于全国的四十几个快递公司。当当网不必投资车队，却同时解决了金流和物流的问题。

解决了金流和物流问题，接着，李国庆还强打低价策略。设计出一套比价系统，所有商品价格，都必须比对手低两成以上。哈利波特第六集上市时，原本当当网以原价八折卖书，发现上海一家书店用七折出售，最后，不顾出版商反对，硬是把价格降到五折。当时，每卖一本书就要赔上人民币 8 元，第一个月，当当网卖出 10 万本，赔掉 80 万元，换来的却是消费者对当当网坚守低价的信心。

目前，随着拍卖业务打开市场，中国电子商务商机即将起飞，包括淘宝网和 eBay 旗下的易趣都宣布投入这个将快速成长的大市场。阿里巴巴副总裁波特（Porter Erisman）认为，像当当网费力建仓库、堆库存，在中国恐怕赚不到钱，专心掌握信息流，做撮合平台才能真正抓住利润。当当网虽然有过和亚马逊对阵的经验，但这套物流系统能否同样打败接踵而来的强敌，仍待观察。

案例来源：http://info.10000link.com/

案例二：梅林正广和配送系统

2008 年 2 月 22 日下午，上海新闸路 1124 弄的一户人家拨通"85818"报出自己在正广和购物网络的用户编号，要求订购两桶纯净水、一袋免淘米，并说明第二天上午家里留人，支付水票。几秒内，这份订单被接线员输入正广和的计算机系统，系统根据用户编号从数据库中调出用户住址，再根据地址和送货时间自动把这份订单配送到第二配送站次日上午的送货单，当天晚上 9 时，正广和销售网络第二配送站里，经理准时打开计算机，接收从总部传过来的送货单。这份送货单上的用户全部在第二配送站的辖区之内，送货时间是 23 日上午，用户地址、电话、编号、所需货物、数量、应收款等已经被清楚地列出来。几乎与此同时，一份相同的送货单也传到公司配送中心和运输中心。第二天一大早，运输中心派出车辆，到配送中心仓库提出已配好的货物，发往第二配送站。第二配送站墙上贴着一张辖区详细到门牌号的地图。签收完货物后，经理根据这张地图和自己的经验排好送货路线，把上午的送货单分派给7个送货工人。整个上午，这些揣着送货单的工人蹬着有"梅林正广和"和"85818"字样的三轮车，在辖区弄堂里出出进进，完成送货到家的"最后1公里"。

中午12时30分，所有工人送货和收款的情况被汇总成表，由第二配送站的计算机传送至总部。个别没有送到的，汇总表中的"原因"一栏会被注明"01"、"02"，分别代表"地址错误"、"家中无人"等。当天收回的水票和现金也交至总部结算。根据这些信息，总部再决定是否有必要给配送站及时补货。有4名职能管理人员、7名送货工人、一辆小货车和7辆"黄鱼车"，房屋月租金7000元的第二配送站，每天要送出大桶纯净水300多桶、袋装米300多包，还有饮料、冷饮、鲜花、罐头等其他几十种物品。在梅林正广和遍布上海的大约100个配送站里，第二配送站的规模算是中等。据说，每个配送站的年利润都在15万~20万元。3个配送中心、100个配送站、200辆小货车、1000辆"黄鱼车"、1000名配送人员，构成了正广和在上海的整个配送网络。这个号称上海市区"无盲点"的网络组织严密而有序，截至2008年底，上海市已经有65万户市民依靠这个配送网完成日常饮水和其他日用消费品的采购。

案例来源：http://www.chinese163.com

问题：

（1）当当网配送方式给你印象最深的是什么？配送在该企业中的作用如何？请结合本市情况，了解本市物流配送行业的发展状况。

（2）绘出梅林正广和配送系统的工作流程图。假如梅林正广和想进一步降低配送成本，你认为应该怎样做？

能 力 目 标

通过物流运输成本管理的学习，使学生具备如下知识和技能：

（1）配送成本的影响因素与构成；

（2）配送成本的计算；

（3）配送成本的分析；

（4）配送成本的控制和管理；

（5）具备熟练应用配送成本优化的策略和方法，解决实际配送成本问题的技能。

项 目 实 施

任务一：配送成本的计算

任务描述

配送是以现代送货形式，实现资源的最终配置的经济活动。配送中心的选址对配送成本有着重要的影响。在计算配送成本时，应根据企业的实际情况和所选择的成本核算方法进行具体分析，要避免配送成本费用重复交叉、夸大或缩小费用支出，计算的准确就显得尤为重要。

主要控制点是加强配送的计划性管理，以最合理的配送方案解决客户配送需要与企业配送成本控制目标之间的矛盾。

教学方法与手段

案例分析、操作演示、学生自主学习。

相关知识

配送包含了一系列的流程，每个流程都发生相应的费用，因此配送成本的计算是一个多环节、多流程的过程。配送成本有广义和狭义之分，广义的配送成本的构成复杂，几乎涉及了物流成本的各个构成项目。狭义的配送成本是指配送环节所特有的主要成本费用，包括配送运输费用、分拣费用、配装费用和流通加工费用。

一、配送成本的特性

配送成本与企业其他的物流成本相比，具有如下特点：

1. 配送成本具有隐蔽性

日本早稻田大学的物流成本计算的权威——西泽修先生提出了"物流成本冰山"说，透彻地阐述了物流成本的难以识别性。同样，要想直接从企业的财务中，完整地提取出企业发生的配送成本也是难以办到的，因为，企业没有单独设置"配送费用"会计科目，来专门核算企业对外对内发生的配送费用。所以，通常的财务会计不能完全核算配送成本。

2. 配送成本对于提高企业效益的潜力巨大

随着企业间竞争的日益激烈，传统的竞争方式如提高销售、降低成本、提高产品的科技含量等对提高企业的经济效益作用已经不明显。物流作为企业的"第三个利润源"，降低物流成本尤其是作为物流终端的配送成本，对提高企业效益起着不可估量的作用。

3. 配送成本与其他物流系统成本存在"效益背反"关系

"效益背反"是指同一资源的两方面处于相互矛盾的关系之中，要达到一方面的目的必然要损失另一方的利益，要追求一方必然要以牺牲另一方为代价。例如，如果企业为了降低保管费用，减少仓库数量和每个仓库的储存量，将引起库存补充频繁、运输次数增加，仓库减少也会导致配送距离变长，运输费用进一步增加。

二、配送成本的构成

配送起着配置资源、沟通顾客的作用。狭义配送成本的构成包括以下几个方面的内容：

1. 配送运输费用

配送运输费用主要由运输车辆费用、营运间接费用构成。①运输车辆费用主要指从事配送运输而发生的各项费用，包括驾驶员及其助手的工资福利费、燃料费、修理费、轮胎费、折旧费、养路费、车船使用费、运输管理费等。②营运间接费用主要是指配送运输管理部门为组织和管理配送运输生产所发生的各项管理费用及业务费用。包括配送运输管理部门管理人员的工资、福利费；配送运输管理部门为组织运输生产活动所发生的管理费用及业务费用，如办公费、水电费、修理费、折旧费等；直接用于生产活动，构成配送运输成本，但不能直接计入成本项目的其他费用。

2. 分拣费用

分拣费用是指分拣工人和分拣设备在完成商品货物的分拣过程中，所发生的各种费用总和。它包括分拣直接费用和分拣间接费用。①分拣直接费用包括分拣人工费用和分拣设备费用。其中，分拣人工费用，是指从事分拣工作的工作人员及相关人员的工资、奖金、补贴等费用的总和；分拣设备费用，是指分拣设备的折旧费和修理费用。②分拣间接费用是指配送分拣管理部门为管理和组织分拣生产，需要由分拣成本负担的各项管理费用和业务费用。

3. 配装费用

配装费用是指在完成配装货物的过程中所发生的各种费用。它包括配装直接费用和配装间接费用。①配装直接费用包括配装人工费用、配装材料费用和配装辅助费用。其中，配装人工费用是指从事配装工作的人员及相关人员的工资、补贴等费用；配装材料费用，常见的配装材料主要有木材、纸、自然和合成纤维、塑料这些配装材料，因为功能不同，成本相差较大；配装辅助费用，如包装标记、包装标志的印刷等方面的支出。②配装间接费用，配装管理部门为组织和管理配装生产所发生的各项费用，由配装成本负担的各项管理费用和业务费用。

4. 流通加工费用

部分商品货物在进入配送中心后，还需按客户的要求进行加工，由此而发生的成本就是流通加工成本。包括：①流通加工设备费用。它是指购置流通加工所用设备的支出。它通过流通加工费的形式转移到所加工的商品货物上。②流通加工劳务费用。它是指直接从事加工活动的人员及相关管理人员的工资、奖金等费用的总和。③流通加工材料费用。为了完成对商品货物的加工，往往需要使用一定的材料，这些材料的成本就构成流通加工材料费用。④流通加工其他费用。如流通加工过程中的照明费、燃料费、油料及管理费用等，均应构成流通加工成本。

三、配送成本的计算

配送成本就是各个流程费用的总和，其计算公式如下：

配送成本 = 配送运输费用 + 分拣费用 + 配装费用 + 流通加工费用

实际操作中，应注意避免各流程成本费用计算的重复和交叉，如实地反映配送成本，为配送成本的管理和控制提供真实的数据材料。

1. 配送运输成本的计算

配送运输费在配送总成本中所占的比重很大，是配送成本管理乃至物流成本管理的重点。配送运输费用由车辆费用和配送的间接费用构成。配送运输费用计算的各个主要的费用项目的数据来源如下：

（1）工资和职工福利费。按照"工资分配汇总表"和"职工福利费计算表"中各种车型所分配的金额计入成本。

（2）轮胎。轮胎外胎按照"轮胎发出凭证汇总表"中各种车型领用的金额计入成本，采用一次摊销法。有些企业采用的是按照车辆行驶的公里数来分配轮胎消耗成本，则要按照"轮胎摊提费计算表"中各种车型应该负担的摊提额计入成本；轮胎的内胎、垫带则要按照"材料发出凭证汇总表"中各种车型的成本领用额来计入成本。

（3）燃料。按照"燃料发出凭证汇总表"中，各种车型消耗的燃料金额计入成本，如果配送车辆不是在本企业的油库加油，其领发的数量不应作为企业购入和发出处理，而应该在发出时，按照配送车辆领用数量和金额计入成本。

（4）修理费。对配送车辆进行保养和维修往往是辅助生产部门的工作，因此，其费用按照"辅助营运费用分配表"中各种车型应分配的金额计入成本。

（5）折旧费。按照"固定资产折旧计算表"中，各种车型应提取的折旧额计入各分类成本。

（6）养路费和运输管理费。企业应该在月末计算成本时，编制"配送营运车辆应缴纳养路费及管理费计算表"，据此计入配送成本中。

（7）车船使用税、行车事故损失及其他费用。一般情况下，这些成本费用都是通过银行转账、应付票据或者现金支付的，可以按照付款凭证上面的金额直接计入相关的车辆成本。如果是通过实物的形式支付，如领用本企业仓库内的材料物资，则要按照"材料发出凭证汇总表"或者"低值易耗品发出凭证汇总表"中各种车型领用的金额计入成本。

（8）营运间接费用。按照"营运间接费用分配表"计入有关配送车辆的成本。

月末，编制配送运输成本计算表，其格式如表7-1所示。据以反映配送运输总成本及单位成本。这里的总成本是指各个成本项目的金额之和，单位成本是指各成本计算对象完成单位周转量所用的成本，这里的周转量是一个复合单位，如千吨公里或万吨公里。

在编制配送运输成本计算表时，企业往往要计算出本月的成本降低额及成本降低率，以考察成本控制的成效，指定下一步的成本控制计划。成本降低额是一个绝对指标，反映了由于单位成本降低而产生的总成本减少额。而成本降低率是一个相对指标。成本降低额和成本降低率的计算公式如下：

成本降低额 = 上一年度实际单位成本 × 本计算期实际周转量
　　　　　　－本计算期实总成本

$$成本降低率 = \frac{成本降低额}{上一年度实际单位成本 \times 本计算期实际周转量} \times 100\%$$

表7-1　配送运输成本计算表

编制单位：　　　　　　　　　年　月　　　　　　　　单位：元

项　目	计算依据	配送车辆合计	配送营运车辆		
			解放	东风	其他
一、车辆费用					
工资					
职工福利费					
轮胎					
燃料					
修理费					
折旧费					
养路费					
运输管理费					
车船使用费					
行车事故损失					
其他费用支出					
二、营运间接费					
三、配送运输成本					
四、周转量/千吨公里					
五、单位成本（元/千吨公里）					
六、成本降低额					
七、成本降低率（%）					

2. 分拣成本的计算

分拣费用也可分为分拣直接费用和分拣间接费用。分拣费用的计算方法：

（1）工资和职工福利费。按照"工资分配汇总表"和"职工福利费计算表"中本环节分配的金额计入分拣成本。

（2）修理费。与配送运输成本的计算方法相似，对分拣机械进行保养和维修是辅助生产部门的工作，应按照"辅助生产费用分配表"中分配的金额计入分拣成本。

（3）折旧费。按照"固定资产折旧计算表"中分拣机械所提取的折旧额计入分拣成本。

（4）其他费用。按照"低值易耗品发出凭证汇总表"中分拣环节领用的金额计入成本。

（5）分拣间接费用。这类成本主要是负责管理分拣工作部门的支出，按照"配送管理分配表"所列示的金额计入分拣成本。

月末，编制分拣成本计算表，及时反映分拣成本并进行成本控制。分拣成本计算表的格式，如表7-2所示。

表7-2 分拣成本计算

编制单位：　　　　　　　　　　年　　月　　　　　　　单位：元

项　目	计算依据	合　计	分拣物品			
			物品A	物品B	物品C	物品D
一、分拣直接费用						
工资						
福利费						
修理费						
折旧费						
其他费用						
二、分拣间接费用						
分拣总成本						

3. 配装成本的计算

配送环节的配装活动是配送的独特要求，其成本的计算方法，是指配装过程中所发生的费用按照规定的成本计算对象和成本项目进行计算的方法。

（1）工资和福利费。按照"工资分配汇总表"和"职工福利费"中所分配的金额计入装配成本，而计入产品成本中的直接人工费用是按照"工资结算汇总表"和"职工福利费计算表"来计算确定的。

（2）材料费用。按照"材料发出凭证汇总表"、"领料单"和"领料登记表"等原始凭证上面所分配的金额计入装配成本。直接材料费用中，材料费用是按照全部领料凭证汇总编制"耗用材料汇总表"来确定的。需要指出的是，在归集计算直接材料费用时，凡是能够分清某一成本计算对象的费用，应该单独列出，这样就可以将该费用直接汇总到装配对象的产品成本中；凡是直接材料费用是由几个配装对象共同耗用的，则要依据一定的分配方法，计算出各个装配对象所应负担的直接材料费用。

（3）辅助材料费用。按照"材料发出凭证表"和"领料单"的金额计入装配成本。

（4）折旧费。按照"固定资产折旧计算表"中装配机械所提取的折旧额计入装配成本。

（5）其他费用。按照"材料发出凭证汇总表"和"低值易耗品发出凭证"中所分配的金额计入配装成本。

（6）配装间接费用。按照"配装间接费用分配表"的金额计入配装成本。

配装成本计算表的一般格式，如表7-3所示。

表7-3 配装成本计算表

编制单位：　　　　　　　　年　　月　　　　　　　　单位：元

项　目	计算依据	合　计	分拣物品			
			物品 A	物品 B	物品 C	物品 D
一、配装直接费用						
工资						
福利费						
材料费用						
辅助材料费用						
折旧费						
其他费用						
二、配装间接费用						
配装总成本						

4. 流通加工成本的计算

（1）直接材料费用。在计算直接材料费用时，材料和燃料费用是通过全部领料凭证汇总编制的"耗用材料汇总表"来确定的，而外购的动力费用则可以通过有关的付款凭证直接确定。需要注意的是在归集计算直接材料费用时，凡是能够分清某一成本计算对象的费用，应该单独列出，这样就可以把该费用直接汇总到流通加工对象的产品成本中；凡是直接材料费用是由几个流通加工对象共同耗用的，则要依据一定的分配方法，计算出各个流通加工对象所应负担的直接材料费用。

（2）直接人工费用。计入产品成本中的直接人工费用，是按照本期的"工资结算汇总表"和"职工福利费计算表"确定的。而"工资结算汇总表"是通过"工资结算卡"按照人员类别（工资的用途）来编制的，它是企业进行工资结算和分配的原始依据。"职工福利费计算表"是通过"工资结算汇总表"所确定的各类人员工资总额，并按照法定的计提比例计算后汇总编制的。

（3）制造费用。它是配送中心自身的生产加工车间为组织和管理生产加工所发生的各项间接费用。制造费用是通过设置制造费用明细账，依据费用发生的地点来归集的。总成本中，流通加工环节的折旧费用、固定资产修理费用等所占的比重很大。流通加工成本计算表的格式，如表7-4所示：

表7-4　流通加工成本计算表

编制单位：　　　　　　　　　　年　　月　　　　　　　　单位：元

项　目	计算依据	合　计	分拣物品			
			物品A	物品B	物品C	物品D
直接材料费用						
直接人工费						
制造费用						
流通加工总成本						

技能训练

【训练7-1】某配送企业的配送运输费用发生情况，如表7-5所示。计算配送运输总成本和单位成本。

表7-5　配送运输成本计算

编制单位：　　　　　　　　　　年　　月　　　　　　　　单位：元

成本项目	配送车辆合计	配送营运车辆	
		货车甲（5辆）	货车乙（2辆）
一、车辆费用	357362	246488	110874
工资	20000	14000	6000
福利费	2800	1960	840
燃料费	128400	89600	38800
轮胎费	35269	22810	12459
修理费	68132	47600	20532
折旧	28449	19600	8849
养路费	65606	45080	20526
车船使用税	2206	1488	718
运输管理费	6500	4350	2150
其　他			
二、营运间接费	64177	44575	19602
三、配送运输总成本	421539	291063	130476
四、周转量/1000t·km	3028	2057	971
五、配送运输单位成本	139.21	141.50	134.37

分析：

（1）配送运输总成本＝车辆费用＋营运间接费用＝357362＋64177

$$＝421539（元）$$

（2）配送运输单位成本＝运输总成本÷周转量＝421539/3028

$$＝139.21（元/月1000·km）。$$

【训练7-2】某配送企业的分拣中心发生的分拣直接费用和分拣间接费用如下，计算分拣总成本，如表7-6所示。

表7-6　分拣成本计算

编制单位：　　　　　　　　　　年　　月　　　　　　　　　单位：元

项　目	计算依据	合　计	分拣品种	
			货物甲	货物乙
一、分拣直接费用				
工资	工资分配汇总表	5560	3310	2250
福利费	职工福利费计算表	778.4	315	463.4
修理费	辅助生产费用分配表	1595	850	745
折旧	固定资产折旧计算表	1119	621	498
其他费用	低值消耗品发出凭证汇总表	668	332	336
二、分拣间接费	配送管理费用分配表	1606	850	756
分拣总成本		11326.4	6278	5048.4

分析：

分拣总成本＝分拣直接费用＋分拣间接费用

$$＝5560＋778.4＋1595＋1119＋668＋1606＝11326.4（元）$$

【训练7-3】某配送企业的流通加工车间，对甲产品进行流通加工，其工艺过程为单步骤流水线加工。原材料一次投入。12月份甲产品完工200件，月末在产品80件。在产品完工程度为30%。月初在产品材料费220元，人工费890元，制造费用632元。本月发生的材料费6800元，人工费36220元，制造费用61086元。要求采用品种法，计算流通加工成本；采用约当产量法分配完工产品和月末在产品加工成本。

采用约当产量比例法，应将月末在产品数量按照完工程度折算为相当于完工产品的产量，即约当产量，然后再按照完工产品产量与月末在产品约当产量的比例分配计算完工产品成本和月末在产品成本。原材料一般是在生产开始时一次投入。因而，月末在产品在分摊材料费用时，完工程度相当于100%。其他各项加工费仍应按月末在产品完工程度折算的约当产量按比例法分配计算。配送企业的流通加工成本计算,如表7-7所示。其计算分析如下:

在产品约当产量＝在产品数量×完工百分比

某项费用分配率＝该项费用总额÷(完工产品产量＋在产品约当产量)

完工产品该项费用＝完工产品产量×该项费用分配率

在产品该项费用＝在产品约当产量×该项费用分配率

在产品该项费用＝该项费用总额－完工产品该项费用

分析:

(1) 材料费用分配率＝7020÷(200＋80×100%)＝25.07

流通加工完工成本材料费用＝200×25.07＝5014(元)

月末在产品成本材料费用＝7020－5014＝2006(元)

(2) 人工费用分配率＝37110÷(200＋80×30%)＝165.67

流通加工完工产品人工费用成本＝200×165.67＝33134(元)

月末在产品人工费用成本＝37110－33134＝3976(元)

(3) 制造费用分配率＝61718÷(200＋80×30%)＝275.53

流通加工完工产品制造费用成本＝200×275.53＝55106(元)

月末在产品制造费用成本＝61718－55106＝6612(元)

(4) 流通加工总成本＝5014＋33134＋55106＝93254(元)

流通加工单位成本＝93254÷200＝466.27(元)

表7-7 流通加工成本计算

编制单位: 　　　　　　　　　　年　　月　　　　　　　　单位:元

成本项目	月初在产品	本月费用	成本费用合计	分配率	完工产品加工成本	月末在产品加工成本
材料费	220	6800	7020	25.07	5014	2006
人工费	890	36220	37110	165.67	33134	3976
制造费用	632	61086	61718	275.53	55106	6612
合　计	1742	104106	105848	466.27	93254	12594

任务二:配送成本的分析

👉 任务描述

物流配送是大物流在小范围内的缩影,其在物流业中的作用极大。合理配送，能加速商品流通，减少商品损耗，提高库存周转率，减少仓库面积，提高经营的灵活性和工作效率。企业在进行配送成本管理的过程中，应认真分析影响配送成本的主要因素，并在努力提高服务水平的情况下，采取适当的措施控制不必要的配送成本开支。

☞ **教学方法与手段**

案例分析、操作演示、学生自主学习。

☞ **相关知识**

在配送成本管理中，要处理好总成本最低与个别物流费用降低之间的关系，坚持总成本最低。

一、影响配送成本的主要因素

影响配送成本的因素有很多，如配送规模、配送的服务水平等，具体影响因素分析如下：

1. 时间

配送持续的时间直接影响的是对配送中心的占用及耗用仓储中心的固定成本。而这种成本往往表现为机会成本，使得配送中心不能提供其他配送服务以获得收入或者在其他配送服务上增加成本。

2. 距离

距离是构成配送运输成本的主要内容。距离越远，运输成本越大；同时导致需要增加运输设备和送货员工。

3. 配送物的数量、重量

数量和重量增加虽然会使配送作业量增大，但大批量的作业往往使得配送效率能够提高。配送的数量和重量是委托人获得折扣的理由。

4. 配送物的易损性

有些物品具有易损、易腐、易自燃、易自爆等特性，容易造成损坏风险和导致索赔事故，运输或配送这些商品除需要特殊的运输工具和运输方式外，承运人还必须通过货物保险来预防可能发生的索赔，从而增加了运输成本。

5. 货物种类及作业过程

不同的货物种类对配送作业的要求不同，导致配送作业的难度不同，配送人承担的责任也不同，因而对成本会产生较大幅度的影响。采用原包装配送的成本支出显然要比配装配送要低，因而不同的配送作业过程直接影响到成本。

6. 外部成本

配送经营时或许要使用到配送企业以外的资源，比如起吊设备。如果当地的起吊设备租赁市场具有垄断性，则配送企业就需要对租用起吊设备增加成本支出；另外，如果当地的路桥收费普遍且无管制，则必然使配送成本剧增。

二、配送成本的分析

在配送成本管理中，应坚持总成本最低的成本分析的原则。

1. 配送成本的分析方法和指标

配送成本的分析包括配送成本的全面分析和配送成本的详细分析。

（1）配送成本的全面分析。计算出配送成本之后，可以计算出以下各种比率，再用这些比率同前年、大前年比较来考察配送中心物流成本的实际状况，还可以与同行业其他企业比较，或者与其他行业比较。

1）单位销售额物流成本率。其计算公式如下：

单位销售额物流成本率 = 物流成本 ÷ 销售额 × 100%

这个比率越高则其对价格的弹性越低，从物流企业历年的数据中，大体可以了解其动向。另外，通过与同行业和行业外进行比较，可以进一步了解配送中心的配送成本水平。该比率受价格变动和交易条件变化的影响较大，因此作为考核指标还存在一定的缺陷。

2）单位成本物流成本率，其计算公式如下：

单位成本物流成本率 = 物流成本 ÷ 总成本 × 100%

这是考察物流配送成本占总成本比率的一个指标，一般作为连锁企业内部的物流合理化目标或检查企业是否达到合理化目标的指标来使用。

3）单位营业费用物流成本率，其计算公式如下：

单位营业费用物流成本率 = 物流成本 ÷（销售额 + 一般管理费）× 100%

通过物流成本占营业费用（销售额 + 一般管理费）的比率，可以判断连锁企业物流成本的比重，而且这个比率不受进货成本变动的影响，得出的数值比较稳定，因此适合于做连锁企业配送中心物流合理化指标。

4）物流职能成本率，其计算公式如下：

物流职能成本率 = 物流职能成本 ÷ 物流总成本 × 100%

该指标可以明确包装费、运输费、保管费、装卸费、流通加工费、信息流通费、物流管理费等各物流职能成本占物流总成本的比率。

（2）配送成本的详细分析。详细分析所用的指标有四类，通过这四类指标的序时分析或按部门、设施分类比较以及与同行业其他企业进行比较，就可以掌握配送成本的发展趋势及其差异。

1）与运输、配送相关的指标。

装载率＝实际载重量÷标准载重量×100%

车辆开动率＝月总开动次数÷拥有台数×100%

运行周转率＝月总运行次数÷拥有台数×100%

单位车辆月行驶里程＝月总行驶里程÷拥有台数

单位里程行驶费＝月实际行驶三费÷月总行驶里程

（行驶三费＝修理费＋内外胎费＋油料费）

单位运量运费＝运输费÷运输总量

2）有关保管活动指标。

仓库利用率＝存货面积÷总面积×100%

库存周转次数＝年出库金额（数量）÷平均库存金额（数量）

　　　　　　＝年出库金额（数量）×2

　　　　　　　　×[年初库存金额（数量）+年末库存金额（数量）]

3）有关装卸活动指标。

单位人时工作量＝总工作量÷装卸作业人时数

（装卸作业人时数＝作业人数×作业时间）

装卸效率＝标准装卸作业人时数÷实际装卸作业人时数

装卸设备开工率＝装卸设备实际开动时间÷装卸设备标准开动时间

单位工作量修理费＝装卸设备修理费÷总工作量

单位工作量装卸费＝装卸费÷总工作量

4）有关物流信息活动指标。

$$物流信息处理率＝\frac{物流信息处理量（传票张数等）}{标准物流信息处理数（传票张数）}$$

单位产品物流信息流通费＝物流信息流通费÷总产量

2. 配送成本的具体分析方法

（1）配送运输成本的分析方法。配送企业通过编制"配送运输成本汇总表"进行分析，根据表中所列数值，采用比较分析法，计算比较本年计划、本年实际与上年实际成本升降情况，结合有关统计、业务、会计核算资料和其他调查研究资料，查明成本水平变动原因，提出进一步降低物流配送成本的建议。

（2）分拣成本的分析方法。分拣成本的分析方法与上述配送运输成本的分析方法相同，也是先编制"配送分拣成本汇总表"，然后进行差异分析，在此不再赘述。在编制"配送分拣成本汇总表"时，表中所列项目应根据分拣成本的构成项目进行填列，如表7-8所示。

表7-8 配送分拣成本汇总表

编制单位： 年 月 日 单位：元

项 目	行 次	计划数	本期实际数	本年累计实际数
一、分拣直接费用	1			
（1）工资	2			
（2）职工福利费	3			
（3）修理费	4			
（4）折旧费	5			
（5）其他费用	6			
二、配送分拣间接费	7			
三、配送分拣总成本	8			
四、分拣量	9			
五、单位成本	10			
六、成本降低额	11			
七、成本降低率	12			

配装成本和流通加工成本的分析方法与上述配送运输成本的分析方法相同，也是先编制成本汇总表，然后进行差异分析。在编制成本汇总表时，项目根据各成本构成项目进行填列。

三、配送定价的方法

企业在为顾客进行配送活动时，配送价格的制定有多种方法，最为常用的为单一定价、分区定价和分线定价。

1. 单一定价

单一定价是指对在同一地理区域内的所有收货人，不论货物配送到哪里，单位配送货物费用的收取是相同的。如对于顾客甲和乙，只要他们处在企业规定的配送区域内，配送相同数量的商品收取的价格是一样的。单一定价适用于配送距离短、配送货物标准化程度相对较高的配送企业。采用单一价格一般需要对被配送品的规格有一定的限制，如每件不超过 10 公斤或者 $2m^3$。

2. 分区定价

分区定价是指将企业配送覆盖区划分成若干个价格区间，对运送到不同区间的配送采用不同的收费标准。分区价格主要是针对距离远、交通条件相差较大的顾客。一般来说，区间的划分以距离为原则，结合经过路程中的交通条件等因素，对不同区间的配送业务收取不同的价格。

3. 分线定价

分线价格是指将配送区按照配送运输线路进行划分，对每一条线路进行定价。只要是属于该线路的配送，就使用该线路价格，而无论是否达到该设计线路的基点。分线价格适用于有固定配送线路的配送企业。

☞ **技能训练**

【训练7-4】某物流配送企业发生的配送运输费用资料，如表7-9所示。根据表中所列示的数值进行配送运输成本的分析。

表7-9　配送运输成本汇总表

编制单位：　　　　　　　　年　月　日　　　　　　　　单位：元

项　目	行次	计划数	本期实际数	本年累计实际数
一、车辆费用	1	5217100		5139188
（1）工资	2	258700		258265
（2）职工福利费	3	28700		28696
（3）燃料	4	1683400		1670141
（4）轮胎	5	462000		455372
（5）保修	6	851200		835996
（6）大修	7	487000		477960
（7）折旧	8	394500		380938
（8）养路费	9	905600		882645
（9）公路运输管理费	10	8500		88985
（10）修车事故损失	11	31000		35240
（11）其他费用	12	30000		29950
二、配送运输间接费	13	967000		933254
三、配送运输总成本	14	6184100		6072442
四、周转量（千吨公里）	15	43452		43395134
五、单位成本（元/千吨公里）	16	142.32		139.93
六、成本降低额	17	65601		168684
七、成本降低率	18	1.05%		2.73%
补充资料（年表填列）	19			
上年周转量	20			42689642
上年单位成本（元/千吨公里）	21			143.83
总行程（千车公里）	22	115		10999
燃料消耗（升/百吨）	23	7.3		7.36
历史最好水平：单位成本	24			

分析：

（1）本年度计划配送成本要求比上年实际降低 1.05%，成本降低额 65601 元。实际成本降低 168684 元，成本降低率 2.73%。成本降低额大幅度超过计划要求，配送单位成本的降低是主要原因。

（2）车辆费用和配送间接费用的实际数均低于计划数，表明企业在节约开支方面是有成绩的。

（3）养路费计划为 904600 元，实际为 883645 元。实际数低于计划数，应进一步分析原因。

（4）行车事故损失，计划数是 31000 件，实际数为 34240 件。虽然实际数与计划数相差不大，但应引起重视，仔细分析原因。

通过配送运输成本的一般分析，只能了解成本水平升降的概略情况，为了进一步揭示成本变动的具体原因，需要从以下几个方面作深入的分析：①各种燃料、材料价格和一些费用比率（如折旧率、养路费率等）变动对成本水平的影响。②各项消耗定额和费用开支标准变动对成本水平的影响。③配送车辆数及其载重量变动和车辆运用效率高低对成本水平的影响。

任务三：配送成本的优化

☞ 任务描述

物流企业追求的目标是以最少的成本为客户提供最优质的服务，这似乎是矛盾的。但是，我们必须清楚，在整个配送作业过程中，有哪些成本点发生？我们是否进行了有效的核算与控制？哪些指标可以反映我们的工作绩效？

☞ 教学方法与手段

案例分析、操作演示、学生自主学习。

☞ 相关知识

配送成本的控制不仅是客户考虑的内容，也是配送企业考虑的内容。在企业日常经营管理中，通过对企业物流配送成本不合理原因的分析，可以考虑从优化配送业务、优化配送作业效率、优化配送信息系统、优化配送成本的管理目标、优化配送成本的核算方法和优化配送中心的管理模式等方面着手实施物流配送成本的优化。

一、配送成本不合理的原因

在进行配送作业时，由于很多原因，导致配送成本的支出较高，呈现不合理的现象。配送成本不合理的主要原因归纳如下：

1. 配送中心选址不科学

配送中心的选址对配送成本的高低起着关键性作用。配送时间、配送速度、配送要求都与配送中心的选址有关。配送中心与客户的距离以及周围的交通运输情况决定了配送运输成本；配送中心所在地的劳资关系决定了配送中心的人员工资成本；配送中心周围的基础设施决定了配送中心的营运成本。配送中心如果选址不科学、与客户距离远、当地工资水平高、基础设施不完善等，就会加大配送成本的支出。

2. 配送中心功能不完善

一般来说，配送中心应当具有储存保管功能、集散转运功能、流通加工功能、包装增值功能、配送及信息传递功能等。配送中心通过上述功能达到满足客户需求的目的。如果配送中心功能不完善，为了满足客户需求势必要增加成本的支出，致使配送成本大幅度的增加。

3. 配送资源利用不充分

配送利用规模优势降低配送成本。企业采用配送外包的目的，就是要利用第三方配送。企业通过筹措资源的规模效益来降低资源筹措成本，使配送资源筹措成本低于用户自己的筹措资源成本，从而取得优势。如果配送中心不是集中多个用户需要进行批量资源筹措，充分利用规模优势，而仅仅是为极少数客户服务，对用户来讲，就不仅不能降低资源筹措费，相反却要多支付一笔配送企业的代筹代办费。如果配送资源得不到充分利用，就会使资源闲置或超负荷运载，两种现象都会加大配送成本的支出。

另外，配送如果缺少计划性也会大大降低资源的使用效率。比如进货的批量小会增加订货成本，进货量较大会增加库存成本；配送线路不进行科学选择就不能达到配送线路最短；对客户配送没有计划，会增加配送次数。

4. 配送中心库存管理不到位

配送应充分利用集中库存总量低于各用户分散库存总量，从而大大节约社会财富，同时，降低用户实际平均分摊库存负担的优势。因此，配送中心库存管理应该依靠科学的方法确定一个最佳的，既能满足客户需求，又能降低库存总成本的最低库存量。如果库存管理不到位，一方面可能导致库存量过大，甚至出现库存转移；另一方面可能导致库存储量不足，不能保证满足客户的随机需求，就会造成缺货损失，甚至失去客户。如果库存管理不到位，还会加大库存商品损失。

5. 配送价格制定不合理

企业选择其他企业配送的目的是降低配送成本，即支付的配送价格低于企业自己配送的费用。所以一般来说，配送的价格应低于不实行配送时，用户自己进货时的配送成本。如果配送价格普遍高于用户自己进货价格，损害了用户利益，就是一种不合理的表现。当然，价格制定过低，使配送企业处于无利或亏损状态运行，这不仅会损害服务者，而且也是不合理的。

6. 配送运输规划不合理

配送与用户自提比较具有一定优势。尤其对于多个小用户来讲，企业可以集中配装一车送至几家，这比一家一户自提要大大节省运力和运费。如果不能利用这一优势，仍然是一户一送，而车辆达不到满载，就属于不合理。此外，不合理运输还有若干表现形式，在配送中都可能出现，这会使配送变得不合理。

二、配送成本优化的途径

对物流配送的管理就是在物流配送的目标即满足一定的顾客服务水平与物流配送成本之间寻求平衡：在一定的物流配送成本下尽量提高顾客服务水平，或在一定的顾客服务水平下使物流配送成本最小。物流配送成本优化的途径有以下几种方式：

1. 优化配送业务

（1）混合策略。混合策略是指物流配送业务一部分由企业自身完成。这种策略的基本思想是，尽管采用纯策略（物流配送活动要么全部由企业自身完成，要么完全外包给第三方物流完成）易形成一定的规模经济，并使管理简化，但由于产品品种多变、规格不一、销量不等情况，采用纯策略的物流配送方式如果超出一定程度，不仅不能取得规模效益，反而还会造成规模不经济。而采用混合策略，合理安排企业自身完成的物流配送和外包给第三方物流完成的物流配送，能使物流配送成本降到最低。

（2）差异化策略。差异化策略的指导思想是：产品特征不同，顾客服务水平也不同。

当企业拥有多种产品线时，不能对所有产品都按同一标准的顾客服务水平来物流配送，而应按产品的特点和销售水平来设置不同的库存、不同的运输方式以及不同的储存地点，忽视产品的差异性会增加不必要的物流配送成本。

（3）合并策略。合并策略包含两个层次：一是物流配送方法上的合并；另一个则是共同物流配送。

1）物流配送方法上的合并。企业在安排车辆完成物流配送任务时，充分利用车辆的容积和载重量，做到满载满装，是降低成本的重要途径。由于产品品种繁多，不仅包装形态、储运性能不一，在容重方面，也往往相差甚远。一车上如果只装容重大的货物，往往是达到了载重量，但容积空余很多；只装容重小的货物则相反，看起来车装得满，实际上并未达到车辆载重量。这两种情况实际上都造成了浪费。实行合理的轻重配装、容积大小不同的货物搭配装车，就可以不但在载重方面达到满载，而且也充分利用车辆的有效容积，取得最优效果。最好是借助电脑计算货物配车的最优解。

2）共同物流配送。共同物流配送是一种产权层次上的共享，也称集中协作物流配送。它是几个企业联合，集小量为大量，共同利用同一物流配送设施的物流配送方式，其标准运作形式是：在中心机构的统一指挥和调度下，各物流配送主体以经营活动（或以资产为纽带）联合行动，在较大的地域内协调运作，共同为某一个或某几个客户提供系列化的物流配送服务。这种物流配送有两种情况：一是中小型生产、零售企业之间分工合作实行共同物流配送。即同一行业或在同一地区的中小型生产、零售企业单独进行物流配送，其运输量少、效率也低。在这种情况下进行联合物流配送。这样不仅可以减少企业的物流配送费用，使物流配送能力得到互补，而且有利于缓和城市交通拥挤，提高物流配送车辆的利用率。二是几个中小型物流配送中心之间的联合。针对某一地区的用户，由于各物流配送中心所配物资数量少、车辆利用率低等原因，几个物流配送中心将用户所需物资集中起来，进行共同物流配送。

（4）延迟策略。传统的物流配送计划安排中，大多数的库存是按照对未来市场需求的预测量设置的，这样就存在着预测风险，当预测量与实际需求量不符时，就出现库存过多或过少的情况，从而增加物流配送成本。延迟策略的基本思想就是对产品的外观、形状及其生产、组装、物流配送应尽可能推迟到接到顾客订单后再确定，一旦接到订单就要快速反应。因此采用延迟策略的一个基本前提是信息传递要非常快。一般说来，实施延迟策略的企业应具备以下几个基本条件：

1）产品特征。模块化程度高、产品价值密度大、有特定的外形、产品特征易于表述、定制后可改变产品的容积或重量。

2）生产技术特征。模块化产品设计、设备智能化程度高、定制工艺与基本工艺差别不大。

3）市场特征。产品生命周期短、销售波动性大、价格竞争激烈、市场变化大、产品的提前期短。

实施延迟策略常采用两种方式：生产延迟（或称形成延迟）和物流延迟（或称时间延迟）。而物流配送中往往存在着加工活动，所以实施物流配送延迟策略既可采用形成延迟方式，也可采用时间延迟方式。具体操作时，常常发生在诸如贴标签（形成延迟）、包装（形成延迟）、装配（形成延迟）和发送（时间延迟）等领域。

（5）标准化策略。标准化策略就是尽量减少因品种多变而导致附加物流配送成本，尽可能多地采用标准零部件、模块化产品。例如，服装制造商按统一规格生产服装，直到顾客购买时才按顾客的身材调整尺寸大小。采用标准化策略要求厂家从产品设计开始就要站在消费者的立场去考虑怎样节省物流配送成本，而不要等到产品定型生产出来了才考虑采用什么技巧降低物流配送成本。

2. 优化配送作业效率

配送作业效率的高低，不仅直接影响配送质量且对配送成本产生重大的影响。物流企业必须要仔细分析各个配送作业的环节的工作情况，对比同行业的工作水平找出差距，不断革新，提高配送作业的效率。这是降低配送成本的一条重要途径，此环节常见的优化方法表现如下：

（1）加强配送作业的计划性。在物流实务中，配送作业的随意性安排经常导致配送效率不高，大幅度增加配送成本。例如，事先计划不好，为了保持服务水平又不能拒绝的临时配送就是典型的无计划配送。在此项作业中，由于时间紧张，无法认真安排车辆配装和配送路线，车辆不满载，里程多，有一笔送一笔，造成配送资源的极大浪费。为了加强配送的计划性，配送中心必须与客户共同探讨各种物品的需求规律，掌握不同物品的配送节奏，有计划、有组织地安排配送，尽可能减少低效率配送情形的出现。

（2）优化配送路线，合理配装各项物品。配送路线合理与否对配送速度、配送成本的影响很大，采用科学方法确定合理的配送路线是配送的一项重要工作。在配送服务质量保持不变的情况下，尽可能多地采用各种数学方法和在数学方法基础上发展、演变出有借鉴意义的经验方法。在优化配送路线的基础上，合理提高车辆货物装载量也是节约配送成本的重要环节。由于货物的需求复杂多样，货物的包装形态也变化多端，如果有效利用车辆的装载空间，提高单次装载货物的负荷，将大大降低运输费用。在配送实务中，可结合物品的密度及体积，实行轻重配装等方法科学装载多种物品。

3. 优化配送信息系统

配送信息系统最主要的功能是客户资料的录入，并按客户的要求进行资料预处理，生成所需要的各种数据，如订车单、装车单等，并将其迅速准确地传递到相关部门。此外，还可为客户提供货物当前状态的查询、订单查询、结算单查询等。借助于现代信息系统的构筑，一方面，使各种配送作业或业务处理能准确、迅速地进行；另一方面，能由此建立配送经营战略系统。

优化配送中心的信息系统不仅对配送活动具有支持保障的作用，而且具有连接整个供应链和使整个供应链活动效率化的作用。建立配送中心信息系统，提供迅速、准确、及时、全面的配送信息是配送中心提升运营效率，提高服务水平，降低成本，获得连续正常运作的关键一环。

4. 优化配送成本管理目标

对于配送中心经营的总目标，从表面上看，可能是以更高的服务质量，且以更低的成本作业完成向各个顾客的配送。但这只是管理上的目标，还需要从更深层次去分析，即从财务的角度去分析，并且导入目标成本管理，建立目标成本管理体系。设定一些具体指标，如成本、现金流量、净投资回报率、库存、净利润等，分目标来进行具体的控制。

实现这些目标时，要以总目标"经济效益"为基准。降低库存成本、流通加工成本和运输成本，通常是以降低对顾客的服务水平和提高供应商的库存成本、运输成本为代价的，可能会出现配送中心的成本、费用在减少，商品的周转率、资金周转率在加快，但与此同时供应商所提供的商品价格在上升，来自客户的埋怨在增多等后果。因此，配送中心在运营中，应在成本和服务之间进行权衡，在设计目标成本时，尽量使目标成本和服务共同迈上一个台阶。

另外，现金流量对正常运营起着关键性的作用，在条件允许的情况下，配送中心要加快资金周转率，同时保持充足的现金流量，这样更有利于配送中心在竞争中降低成本，获得竞争优势。

目标管理的重点应放在控制影响成本降低的"瓶颈"因素。目标管理要求配送中心的运营以总目标为准绳，对各个分目标进行有效地整合，同时结合各个时期的不同指导方针，对某些目标有所侧重。善于发现"瓶颈"因素，将更有利于分目标的实现，很多时候，"瓶颈"的消除会使总目标轻而易举地实现。

5. 优化配送成本核算方法

不同的客户对配送服务的需求不同，企业提供给不同客户的服务成本也不同，当然，不同客户带来的利润也是不同的。通常企业利润中有相当大的比例来源于少数客户，即所谓的"二 A 原则"：80%的利润来源于 20%的客户，而80%的服务成本集中在 20%的客户身上。

企业在向一个特定客户提供配送服务时会发生很多与该客户相联系的成本，如装卸费、运输费等。企业应该注意比较客户服务的成本和收益，提供不同的服务组合。而传统成本计算法不将每个客户作为成本对象来计算与之相关的成本，就不利于对特定客户服务的获利情况进行分析。

面对日益激烈的市场竞争，企业也要改变经营战略，优化配送成本核算方法，建立作业成本核算体系也是必须考虑的。企业应该由原来的以产品为核心转向以市场为核心，以满足客户的需求为导向，一切活动围绕客户开展。

6. 优化配送中心管理模式

随着企业规模的不断扩大，企业应将配送中心当做一个责任中心来对待，并考虑划分出若干责任区域并指派配送经理进行管理。在财务控制上，根据分部经理的职权不同，将责任中心分为成本中心、收入中心、利润中心和投资中心四种。

（1）成本中心，其经理人员仅对成本负责的责任中心。

（2）收入中心，其经理人员仅对收入负责的责任中心。

（3）利润中心，其经理人员要对成本和收入同时负责的责任中心。

（4）投资中心，其经理人员不仅要对成本和收入负责，同时还要对投资负责的责任中心。

为了指导各责任中心管理者，并评估其经营业绩和该中心的经营成果，实施责任中心管理的关键是制定一个业绩考量标准，包括制定决策规则、标准和奖励制度。利用这个标准，公司可以表达希望各中心应该如何做，并对它们的业绩进行判断和评价。但同时注意加强监控，避免过度浪费而造成配送中心总成本的增加。

☞ **技能训练**

【训练7-5】一家电厂商采用的是商流、物流一体化配送模式。产品销售部门要进行商品交易，还要负责配送活动，导致物流环节过多、手续复杂，无法快速响应市场需求。为此，企业决定将配送业务外包，将原来在某省的7个配送仓库全部撤销，只设一个配送中心，并由第三方公司负责配送。对该企业混合策略的应用和物流外包前后库存成本的变化进行分析，如表7-10所示。

表7-10　两种配送模式下的库存成本对比

项　目	自营配送（元）	外包配送（元）	成本节约（元）	节约比例（%）
库存资金成本	58581	19477	39104	66.75
仓储成本	20721	24545	-3824	-18.45
管理成本	12660	3120	9540	75.36
库存总成本	91962	47142	44820	48.74

分析：通过对配送业务实行外包，产品的库存成本降低了 48.74%，接近一半。

【训练 7-6】一家生产化学品添加剂的公司，为降低成本，按各种产品的销售量比重进行分类：A 类产品的销售量占总销售量的 70% 以上，B 类产品占 20% 左右，C 类产品则占 10% 左右。试分析该企业差异化策略的应用。

分析：对 A 类产品，公司在各销售网点都备有库存，B 类产品只在地区分销中心备有库存而在各销售网点不备有库存，C 类产品连地区分销中心都不设库存，仅在工厂的仓库才有存货。经过一段时间的运行，事实证明这种方法是成功的，企业总的物流配送成本下降了 20%。

【训练 7-7】美国一家生产金枪鱼罐头的企业通过采用延迟策略改变物流配送方式，降低了库存水平。历史上这家企业为提高市场占有率曾针对不同的市场设计了几种标签，产品生产出来后运到各地的分销仓库储存起来。试分析该企业延迟策略的应用。

分析：由于顾客偏好不一，几种品牌的同一产品经常出现某种品牌因畅销而缺货，而另一些品牌却滞销压仓的状况。为了解决这个问题，该企业改变以往的做法，在产品出厂时都不贴标签就运到各分销中心储存，当接到各销售网点的具体订货要求后，才按各网点指定的品牌标志贴上相应的标签，这样就有效地解决了此缺彼涨的矛盾，从而降低了库存。

知 识 拓 展

一、京东打物流战 降低配送成本

在上海嘉定占地 200 亩的京东商城"华东物流仓储中心"内，投资上千万的自动传送带已投入使用。工人们手持 PDA，开着小型叉车在数万平方米的仓库内调配商品。

这是京东迄今为止最大的物流仓储中心，承担了一半销售额的物流配送，也是公司将去年年底融到的 2100 万美元的 70% 投放到物流建设的结果。在这里，京东每日能正常处理 2.5 万个订单，日订单极限处理能力达到 5 万单。在此基础上，公司计划 2011 年在嘉定建成一座 15 万~18 万平方米的超大型仓储中心，其规模将是鸟巢的 8 倍。随着这项"亚洲一号"计划的公布，京东预计未来三年投入 20 亿~30 亿元到物流建设中。

不难发现，京东对仓储物流的"热衷"并不是个案。此前，马云便参股了星晨快递、百世物流，当当亦宣布，2010 年将斥资 10 亿元在华北、华东、华南新增三个物流基地。而京东的老对手新蛋更是先行一步，在全国 7 个分公司都设有分仓和自主配送队伍。大笔的资金换成了实实在在的土地和库房，B2C 电子商务公司俨然迎来了一阵"仓储热"，各地的物流竞赛正在上演。

二、快递配送服务与快递成本之间的关系

快递配送服务与快递配送成本之间一直是企业需要很好平衡的问题，而且二者之间的效益是背反的，即高水平的快递配送服务是以较高的快递配送成本为支撑的，较高的快递配送成本又会使得企业的效益下降。而且，快递配送服务水平与快递配送成本之间并非成比例变动。当配送成本和服务水平都处于较低水平时，相加一定数量的快递配送成本就可以使配送服务水平有一个较明显的提升。但是，当快递配送服务水平提升到一定程度时，再通过增加快递配送成本来提升快递配送服务水平的效果就不再明显。也就是说，用来提升快递配送服务水平的配送成本的边际效益是递减的。

企业应根据快递配送成本效益递减的原理，以及企业自身的目标市场定位和企业的市场战略，科学地、有针对性地确定快递配送的服务水平。企业所追求的目标应是，要在尽可能低的总成本条件下实现既定的顾客服务水平，而不是追求最高的快递配送服务水平。因为它需要企业为之付出很高的配送成本，当然也不是用最低的快递配送成本，来换得顾客的不满意。快递公司配送服务水平的高低直接取决于企业的战略定位，所有的企业都必须通过快递配送来达到其业务目标。从战略上看，快递配送的重要程度常取决于是否积极利用快递配送的能力去获得竞争优势，所有的企业都必须努力为顾客创造价值，这种价值是获得并维系忠诚顾客的关键。创造顾客价值的方法就是为顾客提供满意的配送。

快递配送活动及企业所能做的是达到配送服务水平和配送服务成本的一种平衡。如果不考虑企业的成本和效益，几乎任何水平的快递配送服务都是可以达到的，在现在的经营环境和技术装备条件下，限制快递配送服务水平的因素是经济，而不是技术。也就是说，如果企业愿意承担必要的成本费用，任何快递配送服务水平都是可以达到的。企业在快递配送服务水平和快递配送成本的平衡上，可以采用价值工程即价值分析的方法进行平衡。

内 容 小 结

配送是物流活动中非常重要的一项活动，也是现代物流的体现。它与人们熟知的送货有着本质的区别。现代企业界普遍认识到配送是企业经营活动的重要组成部分，它能给企业创造出更高的经济效益，是企业增强自身竞争力的重要手段。配送成本在物流成本中占据着较大的份额。情境七介绍了配送成本的构成，阐述了配送成本的核算，对如何控制配送成本进行了分析。通过案例引入和分析，使学生具备熟练应用配送成本优化的策略和方法、解决企业实际配送成本管理问题的能力。

课 业 训 练

一、复习思考题

1. 配送的作用是什么？
2. 配送成本由哪些因素构成？
3. 配送成本计算的一般程序是什么？
4. 配送成本降低的策略有哪些？
5. 哪些配送成本控制的策略可供企业选择？

二、案例分析题

案例一：鑫达天洁：打通三关，配送路宽

北京鑫达天洁公司是一家专业的配送商，该公司配送能力十分强大，是露露、农夫山泉、燕京啤酒在北京最重要的配送商之一，经销的品牌众多，网络宽泛，货物吞吐量十分巨大。该公司运作十几年来，立足于发展专业配送的路子，不断在网络建设、物流配送能力、仓库管理和服务上下工夫，不断强化配送能力，逐渐形成对上下游强大的吸引力，自身发展十分稳健。

1. 网络维护，赢在细节

鑫达天洁拥有一个优秀的零售终端网络，囊括了数百家北京大型卖场和连锁超市。他们在网点选择上只针对上规模的大型零售网点，放弃小型超市，这

样做的目的，是选择优秀客户，节约配送成本，提高配送效益。

对于一个专业配送商而言，网络是其生存最基础的元素，鑫达天洁的网络建设也非一朝一夕完成的。不过，该公司在网络建设方面有其行之有效的方法，他们利用销势火暴的大品牌作为进攻超市的尖刀班，打开大门之后，大部队便长驱直入。

鑫达天洁的总经理王秉水此前在部队所属食品生产企业做管理，由于当时企业项目停办，他垫资租下的仓库被闲置下来。为了挽回损失，他开始销售北京五星啤酒（朝日啤酒的前身）。当时，五星啤酒非常畅销，他很快就将销量做到一个可观的规模，并初步奠定基础。随后，他先后吸纳了露露、燕京、农夫山泉等大品牌。手里有了大品牌，鑫达天洁的零售终端网络建设之路便十分顺畅，许多超市，它都是第一批进入的，北京物美、大润发等超市，鑫达天洁都是在第一时间进驻的。

随着网络建设的成熟，鑫达的配送功能也越来越强大，接受的品牌也越来越多，业务量也越来越大。谈到网络维护，总经理王秉水说："运作终端网络，首先不要抱着挣钱的心态，尤其像我们这样的专业配送商，维护其稳定是最为关键的。配送商和经销商不同，同样的产品，一样的价格，超市凭什么要你送不要他送？除了服从，就是服务！"

对于经销商而言，话语权掌握在零售商手里，对于网络的维护，首先表现在遵守超市规则，按照超市制定的游戏规则玩，一般像家乐福、沃尔玛、欧尚，以及物美、大润发等大型超市，都会按照规则办事，所以，服从是第一需要遵循的准则。其次就是服务，在条件等同的情况下，配送商唯一比拼的就是服务。除了送货准确及时，卸货到位、码放整齐也很重要。要有本位主义思想，超市仓库寸土寸金，一定要和超市人员一样珍惜库位。

配送商的竞争力更加明显地体现在细节上，鑫达天洁这些细节上的功夫，的确给他们带来了明显的效果，在北京，他们唯一的竞争对手是北京朝批，部分产品的销量甚至高于朝批，正是这样的业绩，让他们获得了极好的生存空间。

2. 物流配送，见缝插针

在北京做一个配送商，比外地更加不容易，对于以物流运输为重要生存手段的配送商而言，必须要在严格的交通管制与高效快捷的配送效率之间寻找平衡，因此，打时间差，见缝插针就显得尤为重要。对于像鑫达天洁这样配送量庞大的公司尤其如此。鑫达天洁一个月配送货物在27000吨左右，10辆车，平均每辆车每天的送货量就达7.5吨，保证高效配送是公司第一件大事。如果没有一套行之有效的配送方式，是没有办法完成任务的。

北京对于货车入城有严格的时间限制，上午 7~10 点，下午 16~20 点货车不能行走，而一般超市卸货截止时间是晚上 18 点，中间的有效送货时间十分有限。如果不见缝插针，就很难完成送货任务。

案例来源：http://www.51edu.com/

问题：为什么北京鑫达天洁公司能有强大的配送竞争力？该公司成功的配送经验对其他配送商有何重要的启示和借鉴？

案例二：易初莲花的物流配送

2008 年 6 月 20 日起汽油、柴油价格每吨提高 1000 元，7 月 1 日开始，北京限制黄标车的行驶，7 月 20 日北京开始施行两个月的单双号限行。一系列的政策让零售企业不得不面对物流难的现实，不过，这也是对零售业物流配送的一场大考。

"运输的车辆受到限制，白天货车禁行，夜间卸货又存在扰民问题，所以我们采用了甩挂运输方式，从根本上缓解了这些问题。"易初莲花物流配送中心副总经理刘海峰在接受《中国商贸》记者采访时如是说。

1. 搭建供应商与卖场的中转平台

对于大型零售企业的这种较强的"抗风险"能力，刘海峰认为与企业对物流配送的重视程度有很大关系，完备的物流配送体系是经得起"风浪"的。作为一家跨国零售企业，易初莲花在华发展迅速。据统计，截至 2007 年易初莲花已经在华开设了 75 家卖场，销售额以每年 20% 以上的速度增长。易初莲花的业务之所以能迅速增长，很大的原因是在节省成本以及在物流配送、配送系统方面有所成就。

"与其他竞争者相比，易初莲花能够给客户提供更好的价值，这是因为易初莲花把注意力放在物流运输和配送系统方面。"刘海峰表示，"物流和配送在公司的地位非常重要"。刘海峰告诉记者："卖场配送中心是在供应商和卖场之间搭建的一个中转平台，目的是减少整个供应链的运作成本及保证商品能快速、及时地运送到卖场进行销售。在整个供应链环节中配送中心是一个很重要的组成部分。"

据介绍，易初莲花先后在上海、广州、北京建立了三个大型干货配送中心及一家生鲜配送中心，这些中心负责对全国的卖场进行商品配送，目前易初莲花卖场的绝大部分商品是通过这四家配送中心进行配送的。

易初莲花北京配送中心位于北京城南的大兴区，是一座面积为 10000m² 的货架式立体仓库，可存放 7000 个标准托盘的商品，每天进出货量约 20000 箱，目前只负责干货的配送。另外，易初莲花在上海和广州各设有一个干货配送中心，面积分别是 48000m² 和 18000m²。刘海峰表示："易初莲花的配送中心为划区域配送，即每个配送中心只负责配送本区域内的易初莲花卖场，但三个配送中心之间也会有商品的配送，是区域间的商品调拨。"

2．低成本与高效率

在比较完善的系统的支持下，易初莲花的物流以配送为主，仓储为辅，呈现出商品周转快的特征。配送的职能就是将商品集中起来，配送给门店，同时可以储存部分促销商品。

刘海峰表示："就配送中心而言，我们是通过采购和门店订货，有专门的订单管理部门向供应商发出订单，供应商接到订单后，按照订单的要求备货，并将商品直接送到配送中心，不用去配送到每个门店，这样既节省了供应商的配送费用又加强了我们对商品的掌控力度，可以保证商品及时到店，减少商品的缺货概率，这一点是没有配送中心的零售企业无可比拟的。"

刘海峰向记者介绍了整个配送的流程：顾客到易初莲花的卖场时，他们买了一些产品，比如毛巾被。如果物流循环是比较成功的，那么在他买了之后，系统就开始自动进行供货。这个系统当中的可变性使得这些卖方和买方（工厂与商场）可以对于这些顾客所买的东西和订单能够及时地补货。"不过，易初莲花真正的挑战是能够提供顾客所需要的服务"。刘海峰表示，"物流业务要求比较复杂，如有的时候可能会有一些产品出现破损，因此在包装方面就需要有一些针对产品特性的特别的运销能力。因此，对易初莲花来说，能够提供的产品的种类与质量是非常重要的，不过，我们已经能够寻求到这种高质量与多品种结合，而且对于商场来说，它的成本也是最低的"。

3．无缝的补货系统

易初莲花物流配送的成功，是因为它有一个补货系统，每一个卖场都有这样的系统。这使得易初莲花在任何一个时间点都可以知道，现在这个商店当中有多少货品，有多少货品正在运输过程当中，有多少是在配送中心等。与此同时，易初莲花也可以了解某种货品上周卖了多少，去年卖了多少，而且可以预测易初莲花将来可以卖多少这种货品。

"易初莲花所有的货品都有一个统一的产品代码，这是非常重要的。因为可以对它进行扫描，可以对它进行阅读。"刘海峰表示，"这个自动补货系统，可以自动向商场经理来订货，这样就可以非常及时地对商场进行帮助。经理们在商场当中走一走，然后看一看这些商品，选到其中一种商品，对它扫描一下，就知道现在商场当中有多少这种货品，有多少订货，而且知道有多少这种产品正在运输到商店的过程当中，会在什么时间到，所有关于这种商品的信息都可以通过扫描这种产品代码得到，不需要其他的人再进行任何复杂的汇报"。

另外，作为易初莲花的供货商，他们也可以进入易初莲花的零售链接当中，可以了解他们的商品卖得如何。通过零售链接，供货商们就可以了解卖的情况，来决定生产的状况，根据易初莲花每天卖的情况，他们可以对将来卖货进行预测，以决定他们的生产情况，这样他们产品的成本也可以降低，从而使整个过程是一个无缝的过程。

4．"精准"是硬道理

在易初莲花的物流当中，有一点非常重要，易初莲花必须要确保卖场所得到的产品是与发货单上完全一致的产品，因此易初莲花整个的物流配送过程都要确保是精确的，没有任何错误的。"做好这一步，将为我们节省很多时间和成本"。刘海峰介绍，"卖场把整车的货品卸下来就好了，不用再逐一去检查每个产品，因为他们相信配送过来的产品是没有任何问题的"。精准的良好传统让易初莲花赢得消费者的心，也为他们赢得了大量的时间和金钱。这些货品直接可以摆上货架，并让消费者满意。

"当消费者买了某产品的时候，系统会精准地设定需要补货的情况，所以整个物流配送是个循环的过程，每个环节都是做到精准。"刘海峰表示，"我们还追求消费者对产品需求的精准化配送，这是比较难的一件事，因为你知道各地的消费习惯不同导致卖场配送什么样的产品要经过调研。比如，燕京啤酒在北京销售得非常好，但是到了其他城市它的销售可能就不如北京好。易初莲花已经考虑到了这方面的问题，并针对这种问题也做了相应的变通，比如增加地方采购等"。

案例来源：http://www.nbbaoda.cn/sz14/wuliu3556/

问题： 易初莲花物流配送中心是如何实现企业物流配送合理化的？有哪些具体措施？

三、实训题

1. 请深入本市一家物流配送企业，了解其有关生产管理的基本情况和配送作业的基本环节、经营特点，分析存在的问题，提出进一步提高经营效益的方法。

2. 请学生具体调查某一企业的配送成本情况，针对调查结果，分析企业配送成本中的现状、存在的问题及改进的措施。

附 录

附录 I 物流英文词汇

物流	logistics
成本	cost
物流成本	logistics cost
供应链成本	supply chain cost
物流活动	logistics activity
物流服务水平	logistics service level
立体仓库	stereoscopic warehouse
增值物流服务	value-added logistics service
废弃物物流	waste material logistics
物流单证	logistics documents
物流联盟	logistics alliance
国际多式联运	international multimodal transport
绿色物流	environmental logistics
物流成本特征	logistics cost characteristics
物流成本分类	logistics cost classification
物流冰山	logistics iceberg
第三方利润源	the third-party profit headspring
物流成本影响因素	logistics cost influence factor
物流成本管理	logistics cost management
物流成本分析模块	logistics cost analysis module
物流成本决策模块	logistics cost decision-making module

物流成本控制模块	logistics cost control module
现代成本意识	modern cost consciousness
成本节省模式	cost saving mode
成本避免模式	cost abstain mode
成本效益模式	cost benefit mode
总成本模式	total cost mode
物流质量管理模式	logistics quality management mode
供应链管理模式	supply chain management mode
物流外包模式	logistics outsourcing mode
物流成本核算	logistics cost calculation
成本归集与分配	cost collection and distribution
物流成本功能报表	logistics cost function report forms
物流成本作业计算法	logistics cost task calculation methods)
物流成本控制	logistics cost control
预算成本法	budgetary method of cost
标准成本法	normative method of cost
责任成本法	liability cost control
目标成本法	objective method of cost
采购	stock
采购成本管理	stock cost management
经济采购量	economic stock quantity
数量折扣	quantity discount
价值分析	value analysis
作业成本	task cost
综合措施	integrated measures
运输成本	transport cost
运输成本控制	transport cost control

第三方物流	the third-party logistics
集运	consolidation
合理化运输	rationalized transport
复合运输	compound transport
仓储成本	storage cost
库存持有成本	inventory holding cost
缺货成本	out-of-stock cost
净现值法	net present value method
ABC 分析方法	the ABC analysis method
JIT	just-in-time
MRP	material requirement planning system
MRP II	manufacturing resource planning
ERP	enterprise resource planning
配送	distribution
配送成本	distribution cost
定时配送	timing distribution
定量配送	ration distribution
配送运输成本	transport cost of distribution
分拣成本	pick up cost
流通加工成本	processing cost of circulation
仓储保管成本	storage cost
配送价格	distribution price
配送路线	distribution route
配送中心	distribution enter
目标成本管理	objective cost management
选址布局	location layout
配送需求计划法	distribution demand planning method

绩效评价	performance evaluation
评价原则	evaluation principles
评价步骤	evaluation steps
本量利分析	cost-volume-profit analysis
物流成本效益	cost and profit of logistics
财务指标	financial index
绩效评价报告	performance evaluation report
物流战略管理	logistics strategy management
经济订货批量	economic order quantity
ABC 分类管理	ABC classification
电子订货系统	electronic order system
零库存技术	zero-inventory technology
物料需求计划	material requirements planning，MRP
制造资源计划	manufacturing resource planning，MRP
配送需求计划	distribution requirements planning，DRP
配送资源计划	distrlbution resource planning
物流资源计划	logistics resource planning
企业资源计划	enterprise resource planning
快速反应	quick response
有效客户反应	efficient customer response
连续库存补充计划	continuous replenishment program
计算机辅助订货系统	computer assisted ordering
供应商管理库存	vendor managed inventory
业务外包	outsourcing
自动化仓库	automatic warehouse

附录Ⅱ 公路普通货物运价分等表

等 级	序 号	货 类	货 物 名 称
一等货物	1	砂	砂子
	2	石	片石、渣石、寸石、石硝、粒石、卵石
	3	非金属矿石	各种非金属矿石
	4	土	各种土、垃圾
	5	渣	炉渣、炉灰、水渣、各种灰烬、碎砖瓦
二等货物	1	粮食及加工品	各种粮食（稻、麦、各种杂粮、薯类）及其加工品
	2	棉花、麻	皮棉、籽棉、絮棉、旧棉、棉胎、木棉、各种麻类
	3	油料作物	花生、芝麻、油菜子、蓖麻子及其他油料作物
	4	烟叶	烤烟、土烟
	5	植物的种子、草、藤、树条	树、草、菜、花的种子、干花、牧草、谷草、稻草、芦苇、树条、树根、木柴、藤等
	6	肥料、农药	化肥、粪肥、土杂肥、农药（具有危险货物性质的除外）等
	7	糖	各种食用糖（包括饴糖、糖稀）
	8	酱菜、调料	腌菜、酱菜、酱油、醋、酱、花椒、茴香、生姜、芥末、腐乳、味精及其他调味品
	9	土产杂品	土产品、各种杂品
	10	皮毛、塑料	生皮张、生熟皮毛、鬃毛绒及其加工品、塑料及其制品
	11	日用百货、一般纺织制品	各种日用小百货、一般纺织品、针织品
	12	药材	普通中药材
	13	纸、纸浆	普通纸及纸制品、各种纸浆
	14	文化体育用品	文具、教学用具、体育用品
	15	印刷品	报刊、图书及其他印刷品

等　级	序　号	货　类	货物名称
二等货物	16	木材	圆木、方木、板料、成材、杂木棍等
	17	橡胶、可塑材料及其制品	生橡胶、人造橡胶、再生胶及其制品、电木制品、其他可塑原料及其制品
	18	水泥及其制品	袋装水泥、水泥制品、预制水泥构件等
	19	钢材（管、丝、线、绳、板、皮条）、钢铁、有色金属及其制品	生铁、毛坯、铸铁件、有色金属、材料、大小五金制品、配件、小型农机具等
	20	矿物性建筑材料	普通砖、瓦、砖、水泥瓦、乱石、块石、级配石、条石、水磨石、白云白、蜡石、莹石及一般石制品、滑石粉、石灰膏、电石灰、矾石灰、石膏、石棉、白垩粉、陶土管、石灰石、生石灰
	21	金属矿石	各种金属石
	22	煤	原煤、块煤、可燃性片岩等
	23	焦炭	焦炭、焦炭末、石油焦、沥青、焦木炭等
	24	原煤加工品	煤球、煤砖、蜂窝煤
	25	盐	原盐及加工精盐
	26	泥、灰	泥土、淤泥、煤泥、青灰、粉煤灰等
	27	废品及散碎品	废钢铁、废纸、破碎布、碎玻璃、废鞋、废纸袋等
	28	空包装容器	篓、坛罐、桶、瓶、箱、筐、袋、包、箱皮、盒等
	29	其他	未列入表中的其他货物
三等货物	1	蜂	蜜蜂、蜡虫
	2	蚕、茧	蚕、蚕子、蚕蛹、蚕茧
	3	观赏用花、木	观赏用长青树木、花草、树苗
	4	蔬菜、瓜果	鲜蔬菜、鲜菌类、鲜水果、甘蔗、瓜类
	5	植物油	各种食用、工业、医药用植物油
	6	蛋、乳	蛋、乳及其制品
	7	肉脂及制品	鲜、腌、酱肉类、油脂及制品
	8	水产品	干鲜鱼、虾、蟹、贝、海带
	9	干菜、干果	干菜、干果、子仁及各种果脯
	10	橡胶制品	轮胎、橡胶管、橡胶布类及其制品

续表

等 级	序 号	货 类	货 物 名 称
	11	颜料、染料	颜料、染料及助剂与其制品
	12	食用香精、树、木蜡	食用香精、糖精、樟脑油、芳香油、木榴油、木蜡、橡蜡（橡油、皮油）、树胶等
	13	化妆品	护肤、美容、卫生、头发用品等各种化妆品
	14	木材加工品	毛板、企业板、胶合板、刨花板、装饰板、纤维板、木构件等
	15	家具	竹、藤、钢、木家具
	16	交电器材	普通医疗器械、无线电广播设备、电线电缆、电灯用品、蓄电池（未装酸液）、各种电子元件、电子或电动玩具
	17	毛、丝、棉、麻、呢绒、化纤、皮革制品	毛、丝、棉、麻、呢绒、化纤、皮革制品、鞋帽、服装
	18	烟、酒、饮料、茶	各种卷烟、各类瓶罐装的酒、汽水、果汁、食品、罐头、炼乳、植物油精（薄荷油、桉叶油）、茶叶及其他制品
	19	糖果、糕点	糖果、果酱（桶装）、水果粉、蜜饯、面包、饼干、糕点
三等货物	20	淀粉	各种淀粉及其制品
	21	冰及冰制品	天然冰、机制冰、冰淇淋、冰棍
	22	中西药品、医疗器具	西药、中药（丸、散、膏、丹成药）及医疗器具
	23	贵重纸张	卷烟纸、玻璃纸、过滤纸、晒图纸、描图纸、绘图纸、国画纸、蜡纸、复写纸、复印纸
	24	文娱用品	乐器、唱片、幻灯片、录音带、录像带及其他演出用具及道具
	25	美术工艺品	刺绣、蜡或塑料制品、美术制品、骨角制品、漆器、草编、竹编、藤编等各种美术工艺品
	26	陶瓷、玻璃及其制品	瓷器、陶器、玻璃及其制品
	27	机器及设备	各种机器及设备
	28	车辆	组成的自行车、摩托车、轻骑、小型拖拉机
	29	污染品	炭黑、铅粉、锰粉、乌烟（墨黑、松烟）、涂料及其他污染人体的货物、角、蹄甲、牲骨、死禽兽
	30	粉尘品	散装水泥、石粉、耐火粉
	31	装饰石料	大理石、花岗岩、汉白玉
	32	带釉建筑用品	玻璃瓦、其他带釉建筑用品、耐火砖、耐酸砖、瓷砖瓦

注：未列入表中的其他货物，除参照同类货物分等外，均列入二等货物。

参考文献

［1］王亚军:《运输组织管理》,科学出版社 2009 年版。

［2］黄静:《物流运输管理实务》,上海财经大学出版社 2008 年版。

［3］现代物流管理课题组:《物流成本管理》,广东经济出版社 2007 年版。

［4］韩光军:《采购管理》,首都经济贸易大学出版社 2007 年版。

［5］赵忠玲:《物流成本管理》,经济科学出版社 2007 年版。

［6］赵家俊:《仓储与配送管理》,科学出版社 2009 年版。

［7］陈文:《物流成本管理》,北京理工大学出版社 2009 年版。

［8］包红霞:《物流成本管理》,科学出版社 2007 年版。

［9］陶源:《如何控制采购成本》,中国经济出版社 2007 年版。

［10］王为人:《采购案例精选》,电子工业出版社 2007 年版。

［11］赵涛:《仓储经营管理》,北京工业大学出版社 2006 年版。